팬데믹 이후의 시민권을 상상하다

팬데믹 이후의 시민권을 상상하다

1판1쇄 | 2021년 12월 27일

엮은이 | 인천대학교 인문학연구소
지은이 | 한상원, 임옥희, 장진범, 김민아, 황병주, 배상미, 강용훈, 신나미

펴낸이 | 정민용
편집장 | 안중철
편집 | 강소영, 윤상훈, 이진실, 최미정

펴낸곳 | 후마니타스(주)
등록 | 2002년 2월 19일 제2002-000481호
주소 | 서울 마포구 신촌로14안길 17, 2층 (04057)
전화 | 편집_02.739.9929/9930 영업_02.722.9960 팩스_0505.333.9960

블로그 | blog.naver.com/humabook
트위터, 페이스북, 인스타그램 | @humanitasbook
이메일 | humanitasbooks@gmail.com

인쇄 | 천일문화사_031.955.8083 제본 | 일진제책사_031.908.1407

값 18,000원

ISBN 978-89-6437-392-7 94300
   978-89-6437-319-4 (세트)

INU 후마니타스 총서 | **04**

팬데믹
이후의
시민권을
상상하다

인천대학교 인문학연구소 엮음

한상원 · 임옥희 · 장진범 · 김민아 · 황병주 · 배상미 · 강용훈 · 신나미 지음

후마니타스

일러두기

1. 단행본·정기간행물·연재물에는 겹낫표(『 』)를, 논문·기사·기고문 등에는 홑낫표(「 」)를,
   법령·영화에는 홑화살괄호(〈 〉)를 썼다.
2. 각 글의 인용문에서 인용자가 첨가한 내용은 대괄호([ ])로 처리했다.

책을 펴내며

이 책은 코로나19 팬데믹(대유행)의 조짐이 보이던 2020년 초반 기획되었고 '위드 코로나'라는 이름으로 단계적 일상 회복이 시도되고 있는 2021년 말 발간될 예정이다. 애초에 인천대학교 인문학연구소는 2020년이 한국 현대사의 상징적 사건인 4·19가 일어난 지 60년, 5·18 광주 민주화 항쟁이 일어난 지 40년이 된 시점이라는 점에 초점을 맞춰 2016~17년의 '촛불 항쟁' 전후로 부각된 '시민' 관련 논의를 인문학적으로 성찰하는 학술 행사 및 컬로퀴엄을 준비하려 했다. '참여하는 시민의 출현'에 주목했던 한국 사회의 '시민' 담론을 비판적으로 바라보며, 기존의 '시민' 관련 논의가 배제한 이들의 목소리를 드러낼 방법을 모색하려 했던 것이다.

그러나 2020년 발생한 코로나19 팬데믹은 애초의 기획 의도를 한 번 더 돌아보게 만들었다. 갑작스럽게 당면한 팬데믹 상황으로 말미암아 생겨난 2020년 초 공포와 불안의 정념들은 때로는 팬데믹 상황을 먼저 맞닥뜨린 지역에서 온 외국인, 때로는 방역 규칙을 지키지 않은 사람들에 대한 강렬한 분노를 촉발했다. 확진자 수가 비교적 안정되기 시작한 시점에 이르러서야 비로소 많은 사람들은 사회적 거리 두기가 콜센터 상담 노동자, 배달 노동자, 돌봄 노동 종사자들의 희생을 통해 가능했음을 감지할 수 있었다.

단계적 일상 회복이 시도되고 있지만 여전히 미래의 상황을 가늠하기 어려운 2021년 말, 우리는 이 모든 정념을 되새기며, 팬데믹 이후 발생한 여러 현상들에 대해, 그리고 우리 자신이 이제껏 향유하고 있던 권리들 자체에 대해 질문을 던져야 할 것이다.

국경의 전면적 봉쇄는 앞으로도 지속될지 모를 팬데믹 상황을 해결할 방책이 될 수 있을까? 다수 사람들의 안전을 보장받기 위해 특정한 사람들, 이를테면 바이러스에 감염된 사람들의 사적 생활을 보호받을 권리가 제한된다면 그 제한의 양태는 어떤 방식으로 결정되어야 하는가? 비상사태로 말미암아 규제된 권리의 즉각적 실현을 요구하는 목소리와 사회적 약자의 건강할 권리를 강조하는 의견이 충돌할 때 우리는 이를 어떤 관점에서 바라봐야 하는가? 또한 국가가 취한 방역 조치가 특정 계층 사람, 이를테면 자영업자나 플랫폼 노동자 및 돌봄 노동자 등에게 불평등한 결과를 야기했다면 그 문제는 어떤 방식으로 해결되어야 할 것인가? 이런 형태의 쟁점들은 팬데믹 상황 때문에 발생했지만, 궁극적으로는 팬데믹 이전의 우리 사회에 존재했던 문제들과 연관되어 있다. 지젝이 예리하게 지적했듯 "팬데믹은 단지 이미 존재했던 것을 조금 선명하게 부각"[1]했을 뿐이다.

이번 INU 후마니타스 총서에서는 팬데믹이 부각한, 그러나 팬데믹 이전에도 존재하고 있던 한국 사회의 다층적 문제들을 '시민권'이라는 틀 아래에서 재조명하려고 한다. 토머스 험프리 마셜은

---

1 지젝, 슬라보예, 『잃어버린 시간을 찾아서』, 강우성 옮김, 북하우스, 2021, 11쪽.

1950년 발표된 「시민권과 사회계급」에서 '시민권'을 "공동체의 완전한 구성원에게 부여되는 일종의 지위"이며 "동등한 지위를 가진 사람들은 지위가 부여하는 권리와 의무의 측면에서 평등"하다는 생각을 내재한 개념으로 규정한다. 이때의 시민권은 ① "신체의 자유, 언론·사상·신앙의 자유, 재산을 소유하고 유효한 계약을 맺을 권리, 그리고 공정한 대우를 받을 권리 등 개인적 자유를 위해 필요한 권리들", ② "정치적 권력의 행사에 참여할 수 있는 권리", 더 나아가 ③ 교육·의료·주거 등의 사회적 분야에서 "일반적으로 받아들여지는 수준의 문명화된 삶을 영위"할 수 있는 사회권 등의 분야로 구분되며 마셜은 이 중 사회권을 20세기에 들어서야 부각된 영역으로 규정한다.[2]

그러나 이런 마셜의 '시민권' 개념은 그 권리를 행사할 수 있는 자를 '공동체의 완성한 구성원'으로 한정한다는 면에서 이미 '배제'의 지점을 내포하고 있다. 역사적으로도 '시민권'의 점진적 확대를 통해 용인될 수 있는 차원을 넘어서는 수준의 경제적 차이는 해소될 것이라고 본 마셜식 믿음[3]은 1970년대 이후 서양 사회에서는 설득력을 잃었고 이는 시민권 자체에 대한 다층적 물음을 야기했다. 그중 하나의 물음이 국민국가의 역할이 역사적으로 변화하고 대규모의 이주 노동 및 초국적 기업이 생겨난 변화와 연관된

---

2 마셜, T. H.·T. 보토모어, 『시민권』, 조성은 옮김, 나눔의 집, 2014, 30~31, 55~61쪽; 판 휜스테런, 헤르만 R., 『시민권의 이론 : 동시대 민주정들에서 다원성을 조직하기』, 장진범 옮김, 그린비, 2020, 32~33쪽.

3 마셜, T. H.·T. 보토모어, 『시민권』, 129쪽.

다면, 다른 물음은 사회권의 축소로 말미암아 불평등이 증대된 상황과 연결된다.[4] 그렇기에 오늘날 시민권에 대해 질문하는 작업은 권리를 향유하는 자와 권리에서 배제된 자들의 경계, 더 나아가 시민권의 근간을 이루는 국민국가의 경계에 대한 문제 제기를 수반한다. 그 질문들은 앞에서 언급했던, 팬데믹 이후 부각된 문제들, 이를테면 인종주의 및 외국인 혐오증, 그리고 사회적 불평등의 문제들과 밀접하게 연결되어 있다.

한편으로 시민권에 대한 문제 제기는 시민권 개념 자체가 보편적 원리들, 즉 평등하고 자유로운 이들의 공동체를 이상적 형태로라도 상정하고 있기 때문에 생겨난 것이기도 하다. 1789년의 「인간과 시민의 권리 선언」처럼 근대적 시민권의 형성을 선언한 문서들에 혁명, 봉기, 저항권의 흔적들이 남아 있다는 점 역시 시민권을 끊임없이 재구축할 수 있는 문제적 개념으로 받아들이게 했다. "시민권이 지닌 평등적 측면과 신분적 측면 사이의 긴장"을 부각하며 시민권 안에 내재한, 배제의 상이한 양상들과 실천적으로 대결하는 작업이 새로운 시민권의 정초 계기를 구성한다고 본 견해,[5] 시민권의 이상이 자유와 평등 원칙을 급진적이고 다원적으로 확장하는 데 크게 이바지할 수 있음을 강조하며 이때 자유와 평등의 원칙은 "성·계급·인종·종족·성적 지향 등과 관련된 서로 다른 사

---

4 보토모어, T., 「시민권과 사회계급, 40년」, 같은 책, 216~219쪽.

5 이상의 내용은 발리바르, 에티엔, 『우리, 유럽의 시민들? : 세계화와 민주주의의 재발명』, 진태원 옮김, 후마니타스, 2010, 159쪽; 발리바르, 에티엔, 『정치체에 대한 권리』, 진태원 옮김, 후마니타스, 2011, 62, 72~75쪽.

책을 펴내며

회적 관계들과 주체 위치들을 고려하는 방식으로 이해"되어야 함을 역설한 주장[6]에서도 유사한 문제의식을 발견할 수 있다.

이 책은 정치철학·여성학·사회학·종교학·역사학·한국문학·미국 문학 등 다양한 분야의 연구자들이 오늘날 시민권과 관련된 다층적 쟁점들을 재조명한 논의를 담고 있다. 이들의 연구는 팬데믹이 가져온 사회적 불평등, 가부장적 한국 사회와 돌봄 노동, 인종 차별과 혐오, 피난민과 이주자의 권리 등 오늘날 한국 및 세계가 직면한 쟁점들과 연결되어 있다. 그러나 이 총서는 그 문제들에 대한 즉각적이지만 임시방편적일 수밖에 없는 해결책을 제시하는 데 초점을 맞추기보다는, 이런 쟁점들을 발생시킨 역사적이고 철학적인 조건들을 근본적으로 탐색하며 팬데믹 이후의 새로운 시민권을 상상하는 데 주력했다.[7]

---

6 무페, 샹탈, 『정치적인 것의 귀환』, 이보경 옮김, 후마니타스, 2007, 116~119쪽.
7 여기에서는 '상상'이라는 용어를 다음 단락에 소개될 연구들을 참조해 사용했지만, '상상'의 의미는 레이먼드 윌리엄스가 『키워드』에서 정리한 다층적 용례와 연결해 느슨하게 규정하려고 한다. 윌리엄스는 영어 'image'의 어원에 해당하는 라틴어 'imago'에 환영이라는 의미와 개념 또는 관념이라는 의미가 동시에 담겨 있었으며, 이와 연결되어 있는 '상상'imagination과 '상상의'imaginary라는 용어에는 "분명히 보이지 않는 것", 혹은 "존재하지 않는 것"을 본다는 의미가 포함되어 있었다고 말한다(윌리엄스, 레이먼드, 『키워드』, 김성기·유리 옮김, 민음사, 2010, 234쪽).
　상상적인 것을 이데올로기와 연결한 대표적 논의는 널리 알려졌듯 "이데올로기 속에서 표상되는 것은 개인들의 존재를 지배하는 현실적 관계의 체계", 즉 "생산관계와 생산관계에서 파생된 관계"가 아니라 그 개인들이 "자신들이 사는 틀인 그 현실적 관계와 맺는 상상적 관계"라고 규정한 알튀세르에게서 발견된다(알튀세르, 루이, 『재생산에 대하여』, 김웅권 옮김, 동문선, 2007, 280쪽). 진태원은 이런 알튀세르의 논의가 스피노자의 영향을 받았다고 봤으며 스피노자에게서 '상상'은 "인간

이번 총서에 참여한 연구자들이 시민권을 바라보는 입장에는 다소의 차이가 있고, 어떤 지점에서 그 입장들은 충돌하고 있다. 그러나 '시민'을 단일하고 초역사적인 주체로 상정한 뒤 이에 기반해 오늘날의 사회적 문제를 재단하려는 시각에 비판적으로 접근했다는 점에서는 공통점을 지닌다. 또한 이들의 시각은 '인권운동'·'여성해방운동'·'개신교 사회운동' 등 여러 사회운동과 프랑스혁명, 4·19혁명, 5·18 광주 민주화 운동 등의 정치적 사건들이 시민권 관련 담론과 맺는 관계에 주목하려 했다는 점에서도 교차하고 있다.

이 외부 세계와 접촉하고 교류하는 접촉면 자체"이자 "유한 양태로서의 인간이 지닐 수밖에 없는 수동적인 측면을 표현"하고 있다고 분석한다. 동시에 진태원은 스피노자에게서 "상상적 관계는 이러한 수동적이고 예속적인 삶 속에서 인간이 자신의 행위 역량을 조직하고 합리화할 수 있는 계기를 나타낸다"는 점을 강조했다(진태원, 「스피노자 철학에 대한 관계론적 해석」, 서울대학교 박사 학위논문, 2005, 237, 319쪽; 진태원, 「스피노자와 알튀세르에서 이데올로기의 문제 : 상상계라는 쟁점」, 『근대철학』 제3권 1호, 서양근대철학회, 2008). 서관모의 경우 발리바르가 알튀세르의 논의를 발전시켜 지배적 이데올로기에 의해 "보편화될 수 있는 상상적 경험은 피지배 대중들의 체험된 경험"이라는 점을 강조했고, 그 결과 피지배자들의 능동적 역할을 해명할 수 있었다고 말한다(서관모, 「알튀세르에게서 발리바르로」, 진태원 엮음, 『알튀세르 효과』, 그린비, 2011, 623쪽).

　　알튀세르나 발리바르처럼 상상적인 것에 내재되어 있는 갈등적이고 투쟁적인 요소들에 주목하지는 않았지만 찰스 테일러 역시 '사회적 상상'이라는 개념을 통해 "공통의 실천을 가능하게 하고 정당성에 대한 감각을 공유"하도록 만드는 과정에 개입되는 '상상'의 역할을 강조하고 있다(테일러, 찰스, 『근대의 사회적 상상』, 이상길 옮김, 이음, 2010, 43~44쪽).

**

이 책의 1부 '미완의 시민권과 팬데믹'에는 한상원, 임옥희, 장진범, 김민아의 글이 실려 있다. 1부에 실린 글들은 카를 마르크스, 한나 아렌트, 에티엔 발리바르, 낸시 프레이저, 마사 누스바움 등 서양의 대표적 사상가들의 시민권 관련 논의를 비판적으로 재구성하며 오늘날의 시민권 담론이 새롭게 나아가야 할 방향을 모색하고 있다. 그런 모색은 팬데믹 전후의 사회적 상황을 바라보는 필자들의 비판적 시각과도 겹쳐지고 있다.

한상원의 「인간과 시민의 '이데올로기적' 권리 선언?: 마르크스, 아렌트, 발리바르」는 1789년 혁명 직후 프랑스에서 선언된 인권선언, 즉 '인간과 시민의 권리선언' 등에 제시된 '인권' 개념을 비판적으로 바라본 논의들에 대해 재조명하고 있다. 마르크스와 아렌트의 논의가 그 대표적 예이며 한상원은 이들의 담론이 현대 사회의 두 핵심 제도인 시장과 국민국가가 근대성의 핵심 가치인 인권의 실현을 근본적으로 방해하고 있다는 역설을 예리하게 지적했다고 말한다. 그러나 이 연구는 궁극적으로는 마르크스의 인권선언 비판이 갖는 일면성을 지적하며 아렌트를 적극적으로 재해석한 발리바르의 논의를 통해 시민권 담론이 새롭게 나아가야 할 방향을 모색하고 있다. 시민권을 근거로 종족적·민족적 차별을 정당화하는 논리, 사회적 경쟁의 압력 속에 개인을 몰아넣는 신자유주의의 반정치성에 맞설 방안을, 정치적 권리로서 평등이라는 이념에 입각해 시민권을 지속적으로 재정립하는 움직임에서 찾으려 했다는 점에서 한상원의 연구는 시의성이 있다.

한상원의 연구가 시민권 담론이 봉착한 난관을 1789년의 프랑스혁명, 그리고 제1차 세계대전 이후 국민국가가 겪은 위기의 상황까지 거슬러 올라가 규명하려 했다면, 임옥희의 「'여성'해방 기획으로서 시민적 참여와 정치적 감정」은 팬데믹 상황에서 돌봄 노동이 폄하되고 있는 당대적 문제에 밀착해 페미니즘의 해방 기획과 시민권 사이의 관계를 고찰하고 있다. 그 과정에서 이 글은 낸시 프레이저의 여성해방 기획과 마사 누스바움의 '정치적 감정'을 통해 페미니즘의 기본적 문제의식을 재고하고 있다. 낸시 프레이저가 '보편적 돌봄 제공자'라는 모델을 제시하며 돌봄을 최우선적인 시민사회의 가치로 설정하는 동시에 젠더 정의를 실현하려고 했다는 점, 마사 누스바움이 페미니즘의 해방 기획에 감정의 정치가 어떻게 개입하는지에 초점을 맞추었다는 점에 이 연구는 주목하고 있다. 그러나 임옥희는 낸시 프레이저와 마사 누스바움 모두 제1세계의 교육받은 백인을 '시민'으로 전제한다는 점을 비판하며 시민의 범주에서 배제와 포함의 경계를 허물어 내는 것을 통해 시민적 참여의 새로운 이야기가 가능하다는 점을 강조한다. 팬데믹 상황의 플랫폼 노동자들을 제시카 브루더의 책 『노마드랜드』와 연결한 뒤, 이야기 속 유랑 노동자들의 연대를 바라보며 보편적 돌봄 공동체를 상상하고 있는 이 글의 결론 부분은 읽는 이들에게 다층적 울림을 전해 줄 것이다.

장진범의 「비상사태의 시대, 민주주의와 시민권을 위한 모색 : 아렌트의 '기적' 개념을 중심으로」는 코로나19의 대유행에 따른 비상사태의 시대를 문제 삼고 있다는 점에서는 임옥희의 연구와 연결되고 있고, 한나 아렌트를 재해석하며 시민권의 새로운 방향을 모색하려고 했다는 점에서는 한상원의 연구와 문제의식을 같이하고 있다. 이 연구는 비상사태의 시대, 적과 동지를 구별 짓는 주권적 결단으로 정치를 규정했던 카를 슈미트의 견해가 지니는 위험성과 영향력에 동시에 주목하며 그 영향력을 슈미트 이론의 강점 중 하나인 '기적' 등의 은유에서 찾고 있다. 장진범은 '무로부터의 창조'를 강조한 슈미트의 '기적' 개념을, 민주주의 및 시민권에 친화적일 수 있는 한나 아렌트의 '기적' 개념과 대결시킨다. 이 글에서 가장 흥미로우면서도 논쟁적인 부분은 한나 아렌트의 기적 개념에 '상대적 시작'이자 '비주권적 공동 행위'의 의미가 담겨 있음을 분석하고 있는 지점, 더 나아가 아렌트가 구분한 노동/작업/행위 사이의 상호 관계를 재해석하고 있는 지점이다. 장진범은 슈미트의 기적이 신과 그의 현세적 대항자인 주권자가 일으키는 것인 반면, 아렌트에게서 기적은 자유와 행위라는 재능을 부여받은 모든 인간과 시민이 능동적으로 수행할 수 있는 것임을 강조한다. 이 글의 결론은 비상사태의 시대에 우리가 주목할 지점은 주권자의 결단이 아니라 노동과 작업 등의 여러 활동을, 세계를 사랑하고 돌보는 방향으로 이끄는 시민적 정서라고 역설하고 있다. 슈미트의 주권 기획을 비판하려는 의도를 담고 있는 이론적 연구이지만, 이 글의 이면에는 팬데믹 상황의 우리 모습들을 다시 한번 돌아보게 만드는 구체적 문제의식 또한 깃들어 있다.

　김민아의 「한국 개신교 사회운동 담론과 초월성의 정치 : 토지 공개념과 기본 소득 논의를 중심으로」 역시 팬데믹 상황이 우리 사회의 약자, 이를테면 배달 노동자와 성소수자, 그리고 코로나 상담 노동자들을 가시화한 점에 주목하며 논의를 시작한다. 이 글은 종교의 사회운동 담론이 우리 사회의 균질하고 매끈한 삶의 경계 바깥에 존재하는 사람들을 어떻게 인식하고 있는지에 초점을 맞추고 있다. 김민아는 종교의 사회운동을 종교인들이 종교적 신념과 가치를 바탕으로 사회문제를 해결하거나 모순적인 사회체제를 근본적으로 변혁하기 위한 활동으로 규정한 뒤 그 운동이 '초월성의 정치'와 맥이 닿아 있음을 강조하고 있다. 이 연구는 초월성의 정치가 의미하는 바를 규명하기 위해 낸시 프레이저가 정체성의 정치를 비판하는 지점을 탐색하고 있다. 김민아는 낸시 프레이저의 논의가 분배와 인정을 가로지르는 정의론을 바탕으로 삼고 있지만, 인정 투쟁과 분배 투쟁이 상호 보완될 만한 현실적 방식에 대해 별다른 언급이 없다고 비판하며 경계 밖의 사람들에 대한 환대를 제안한 존 카푸토 및 테드 제닝스의 신학 담론에서 종교적 사회운동의 가능성을 찾고 있다. 종교 담론이 가진 보편주의가 사회운동으로 구현되는 실례를, 사회적 쟁점이 되고 있는 '토지 공개념'과 '기본 소득 담론'에서 찾고 있는 김민아의 논의는 시의적이며 논쟁적이다. 시민권의 범주와 내용을 확장해 가는 것에서 종교적 사회운동의 의미를 찾고 있는 이 글의 결론 부분은 오늘날의 종교 담론이 나아가야 할 방향에 대한 의미 있는 제안을 던져 주고 있다.

이 책의 2부 '시민권의 경계, 또 다른 주체들'에는 황병주, 배상미, 강용훈, 신나미의 글이 실려 있다. 2부에 실린 글들은 1990년대 이후 한국 사회에서 '시민'이라는 개념이 부각된 양상을 고찰한 뒤 민중·여성 노동자·피난민·이주자 등 '시민'으로 환원되지 않는 다층적 주체들이 시민권과 연관되어 있는 지점을 탐색하고 있다. 이를 통해 오늘날의 시민(권) 담론이 포함하고 있는 것과 배제하고 있는 것의 경계를 문제 삼고 있다. 1부에 실린 네 편의 연구들이 시민권을 둘러싼 현재의 쟁점을 이론적 문제틀과 연결해 고찰하고 있다면, 2부에 실린 네 편의 글들은 한국과 미국의 역사적·문화적 상황에 조금 더 밀착해 논의를 전개하고 있다.

황병주의 「시민의 귀환: 1990년대 시민 담론과 자유주의」는 현재 한국에서 가장 대표적 집단 주체 개념으로 사용되고 있는 '시민'을 조선 시대 이래의 용례와 서양에서 유입된 근대 용례가 착종된 역사적 용어로 규정한다. 이 글은 시민이 행정구역 거주민의 의미를 넘어 정치적 행위 주체를 의미하게 된 결정적 역할을 한 것은 4·19 이후였지만 그 용례는 제한적이었다고 말한다. 반면 1980년대는 민중 개념이 급진화되었고, 마르크스주의와 결합되면서 계급적 성격이 뚜렷해진 시기였으며 1980년대 민중 개념의 급진화와 확장이 1990년대 시민 개념의 대두와 긴밀하게 관련되었다고 주장한다. 황병주는 1990년대 귀환한 시민이 1980년대의 민중을 대체하거나 대립하는 주체로 등장했으며, 이는 1987년 체제의 성립 이후 경제적 자유주의와 시민운동이 동시에 확산된 양상과 맞닿아 있었다고 분석한다. 이 연구에서 가장 흥미로운 부분은 한국에서 시민 개념이 사용된 독특한 사례로 5·18 광주 민주화 항쟁 당시의 '시민군'을 들고 있다는 점이다. 이 용례에 기반해 황병주는 하층민 중심의 시민군과 1990년대 시민운동의 기반을 이루는 중산층 중심 시민 주체 사이의 간극을 부각한 뒤 시장의 문법을 따라 생존경쟁에서 우월한 지위를 획득한 집단인 시민이 생존 경쟁에서 밀린 민중을 전유하고 있다고 비판한다. 시민을 호명하는 주체가 발 딛고 선 자리에 주목해야 한다는 이 글의 결론은 여러 가지 고민할 지점들을 던져 주고 있다.

황병주의 연구가 1990년대 시민 담론에 초점을 맞추었지만 그 담론에서 배제된 자들의 행방을 물으며 논의를 끝맺었다면, 배상미의 「2000년대 여성 노동자 투쟁 다큐멘터리와 '여성 노동자'의 시민권」은 2000년대 다큐멘터리에 재현된 여성 노동자에 초점을 맞추어 그들의 운동이 새롭게 정의하는 시민권의 모습을 보여 주고 있다. 이 글은 국제통화기금IMF 관리 체제 이후 정부의 대대적인 정리 해고와 비정규직화의 폭풍을 맞은 영역은 여성들이 주로 종사하는 서비스직이었음을 지적한 뒤 저임금·불안정 노동과 부당 해고에 투쟁으로 맞선 여성 노동자의 모습이 2000년대 여러 다큐멘터리를 통해 재현되고 있음을 말한다. 그 작품들 중 이 연구가 주되게 논의하고 있는 것은 2007년 대형 할인 마트 홈에버에서 일하던 여성 노동자 500명이 상암 홈에버 매장을 20여 일 동안 점거 농성 했던 사건을 재현한 김미례 감독의 〈외박〉(2009)이다. 배상미는 〈외박〉의 여성 노동자들이 가정에서도, 그리고 일터에서도 가정 내 노동 전담자와 임금노동자라는 두 가지 정체성으로 호명되기 때문에 모순적 상황이 발생했다고 지적하며, 이 다큐멘터리가 그 상황을 다층적 측면에서 포착했음에 주목한다. 〈외박〉에서 재현된 여성 노동자의 투쟁을 통해 이 글은 성차별적이고 가부장적인 사회가 전제하는 시민권에 문제 제기를 하며 모든 성별의 구성원이 '가족 구성원을 돌볼 권리'를 갖추는 것을 새로운 시민의 덕목으로 제시하고 있다. 배상미의 논의는 팬데믹 이후의 시민권 담론이 나아가야 할 방향으로 '보편적 돌봄 공동체'

를 제안했던 임옥희의 논의와도 긴밀한 관련을 맺고 있다.

강용훈의 「유동하는 경계와 피난민의 시민권 : 1960년대 초반 안수길의 신문 연재소설에 나타난 '폭력의 공간화' 양상을 중심으로」는 동아시아 국경 질서의 변화 과정 및 이에 대응했던 이주자의 시선을 밀도 있게 재현하고 있는 안수길 소설을 한국에서의 시민권 논의에 흥미로운 참조 지점을 제시해 주는 텍스트로 소개하고 있다. 1911년 함경남도 함흥에서 태어나 만주에서 작품 활동을 하다가 해방 이후 남한으로 귀환한 안수길의 문학 세계에 대해서는 만주국 시기의 체험을 서사화한 작품들과 간도 이주민의 삶을 서사화한 대표작 『북간도』를 중심으로 연구가 이루어졌다. 강용훈의 연구는 기존 연구가 주목하지 않았던 안수길의 신문 연재소설 중, 4·19와 5·16 및 한일 협정 반대 운동 등의 역사적 격변이 진행되던 1960년대 초반 발표된 작품에 초점을 맞추어 이들 소설 속의 월남한 피난민 인물이 한국전쟁과 4·19혁명으로 대표되는 해방 이후 한국 사회의 급격한 변화 과정을 어떻게 바라봤는지 분석하고 있다. 이 연구는 안수길의 소설이 해방 이후 한국 사회에서 폭력의 발현 양상을 '경계에 놓여 있는 공간', 즉 한국전쟁 시기 남한과 북한의 치안 질서가 교차했던 전시 서울, 그리고 공권력의 폭력과 대항 폭력이 맞부딪혔던 4·19의 거리 공간과 연결해 형상화하고 있음에 주목했다. 이 글은 시민증을 부여받은 것에 안도하던 안수길 소설 속 '월남한 피난민'이 4·19혁명과 같은 역동적 시민권의 재구축 과정과 결합될 수 있었던 계기를, 경계 공간에 놓여 있는 자가 감당해야 했던 폭력에 대한 응시에서 찾고 있다. 시민권과 폭력을 바라보는 마이너리티의 시선이 오늘날 다큐멘터리에서 재현되고 있는 탈북자 형상과 어떻게 겹쳐지는지 분석한 결론 부분을 통해 이 글은 안수길 소설이 오늘날 한국 사회의 문제와 연결될 수 있는 지점도 탐색하고 있다.

강용훈의 연구가 한국 문학/문화에 재현된 피난민 혹은 탈북자에 초점을 맞추어 이주자 문제를 분석하고 있다면, 신나미의 「정착 너머의 이민 서사: 주노 디아스의 『드라운』을 통해 본 이주와 기억」은 미국 문학의 이민 서사를 주된 연구 대상으로 삼아 20세기 후반 이주의 경험이 새롭게 서사화된 양상을 탐색하고 있다. 신나미의 연구는 이민 서사의 새로운 양상을 도미니카계 미국 작가 주노 디아스의 단편소설집 『드라운』에 대한 분석을 통해 살펴보며 이 소설집을 이루는 10편의 단편소설들이 다양한 공간들과 인물들의 시각을 포괄할 수 있는 서술 방식을 취하고 있다는 점에 주목했다. 그렇기에 20세기 미국 이민 서사가 이주자의 경험 중심 정착 서사를 주로 형상화한 것과 달리, 『드라운』은 고향에 남겨진 가족의 시선에서도 이주를 형상화하며 미국과 도미니카공화국이 계속해서 영향을 주고받는 공간임을 보여 줄 수 있었던 것이다. 신나미는 『드라운』이 취하고 있는 이야기 연결망이 20세기 후반 도미니칸 디아스포라의 집단적 기억을 담고 있으며, 더 나아가 라틴아메리카계 이주자들의 기억을 아우른다고 결론 내린다. 이 글에서 분석한 이민 서사의 새로운 방식은 이주자의 이야기를 체류권으로서의 시민권을 획득하기까지 과정으로 국한해 상상하는 관습을 탈피했다는 점에서 의미가 있다.

***

이 책은 인천대 인문학연구소의 INU 후마니타스 총서 네 번째 권이다. INU 후마니타스 총서의 1권인 『호모 에코노미쿠스, 인간의 재구성』이 경제적 이익을 위해 합리적으로 행동하는 주체들의 초상을 재구성하려고 했다면, 작년 발간된 총서 3권 『인문학, 정의와 윤리를 묻다』는 2017년 이후 한국 사회에 던져진 정의와 공정이라는 화두에 대해 인문학적 물음을 던졌다. 이번 총서 4권 『팬데믹 이후의 시민권을 상상하다』는 앞서 발간된 총서들의 문제의식을 일정 부분 이어받았지만, 호모 에코노미쿠스의 확산과 정의에 대한 요청이 팬데믹 전후의 우리 사회 안에 모순적 형태로 혼재되어 있다는 점, 그리고 이를 제도적으로 뒷받침하고 있는 것이 '시민권'에 깃든 '포함과 배제의 경계'라는 점에 더 주목했다.

이번 총서 작업은 함께 준비한 여러 선생님들 덕분에 무사히 마칠 수 있었다. 2020년 10월 열렸던 인천대 인문학연구소의 학술 세미나에 참여해 총서에 실린 글들의 초고를 발표하며 이번 기획의 핵심적 문제의식을 함께 마련해 주신 한상원 선생님, 장진범 선생님, 황병주 선생님, 신나미 선생님께 감사드린다. 같은 해 12월 인문학연구소의 컬로퀴엄 발표를 통해 팬데믹 이후의 불평등과 돌봄의 정치경제를 고민하게 해주신 임옥희 선생님 덕분에 이번 총서의 기획 의도를 구체화할 수 있었다. 다시 한번 깊은 감사의 말씀을 드린다. 학술 세미나와 컬로퀴엄에서 적극적으로 토론해 주시고 이번 총서에 실린 원고를 통해 깊이 있는 문제의식을 보여 주신 김민아 선생님, 총서의 기획 의도에 공감하며 소중한 원고를 보내 주신 배상미 선생님께도 이 기회를 빌려 감사드린다.

학술 세미나의 준비 단계부터 여러 조언을 해주시고 총서 발간 과정을 함께해 주신 인문학연구소장 노지승 선생님, 이번 총서의 기획 의도에 공감하며 학술 세미나와 컬로퀴엄 준비 과정에 도움을 주신 전임 소장 이용화 선생님, 작년 학술 세미나와 컬로퀴엄을 함께 준비해 주신 박은영 전임 상임연구원 선생님, 이번 총서의 발간 작업에 여러 도움을 주신 정현경 상임연구원 선생님, 그리고 인문학연구소의 활동과 INU 후마니타스 총서에 관심을 기울여 주신 인천대 인문대학의 여러 선생님들께도 감사의 말씀을 드린다. 네 번의 총서 발간 작업을 함께해 주신 후마니타스 출판사 편집진 덕분에 또 한 권의 책이 발간될 수 있었다는 점을 감사히 기억하려고 한다.

단계적 일상 회복이 시도되고 있지만 앞으로의 세계가 어떤 방향으로 변해 갈지는 여전히 불확실하다. 예측할 수 없는 미래와 맞부딪히며 우리는 이제껏 우리가 당연시하던 권리들 자체에 대해, 그리고 권리들의 불평등한 향유에 대해 질문을 던질 수밖에 없다. 그 질문은 시민권을 구획하는 경계를 지금까지와는 다른 방식으로 바꾸어 내려는 태도 또한 수반하고 있다. 이 책에 실린 여러 글들이 전망하는 미래의 시민권은 제각기 달랐지만, 어떤 지점에서는 겹쳐지고 있다. 그 겹쳐짐의 자리에서 이 책을 읽는 독자 여러분의 또 다른 상상과 마주칠 수 있기를 기대해 본다.

한상원, 임옥희, 장진범, 김민아, 황병주, 배상미, 신나미의 뜻을 모아
강용훈 씀.

1부

미완의 시민권과
팬데믹

After
The
Pandemic

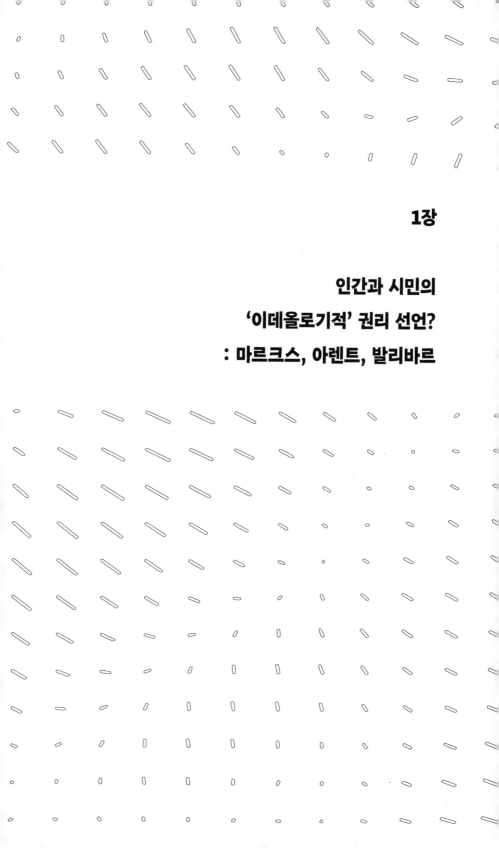

1장

인간과 시민의
'이데올로기적' 권리 선언?
: 마르크스, 아렌트, 발리바르

1. 인권과 시민권의 현주소

미국에서 '블랙 라이브스 매터'Black Lives Matter 운동의 폭발, 그리고 미투 운동에 대한 전 세계 여성들의 공감 등 오늘날 '인권'은 여전히 정치적 쟁점을 형성하고 있다. 이런 쟁점들은 1789년 혁명 직후 프랑스에서 선언된 인권선언, 즉 '인간과 시민의 권리선언'Déclaration des droits de l'Homme et du citoyen과 이를 토대로 한 1793년 프랑스공화국 헌법, 그리고 프랑스 인권선언에 토대를 두며 이를 사회적 의제로 더욱 확장한 1948년 '유엔 세계인권선언'을 그 근거로 삼고 있다.

그런데 이런 인권선언들은 여전히 오늘날 사회운동들이 의지할 만한 개념적·규범적 척도가 될 수 있을까? 오히려 일련의 학자들은 '인권'이 이제 정치적인 저항을 위한 규범적 무기가 될 수 없으며 그것은 새로운 형태의 지배를 위한 수단에 불과하다고 주장한다. 인권 개념에 대한 이 같은 비판은 전통적으로 두 가지 방향에서 제기되어 왔다.

먼저, 인권 개념의 '이데올로기적' 성격은 주로 마르크스주의 진영으로부터 제기되어 왔다. 그것은 비단 정통파를 자처하는 마르크스·레닌주의에 의해서만 주장된 것이 아니다. 비교적 개방적·비非정통적 방식으로 마르크스의 텍스트를 해석하는 데이비드 하비 역시 마르크스를 인용해 다음과 같이 주장한다. "1948년의 유엔 세계인권선언은 시장 중심적인 부르주아 개인주의를 지향하는 핵심 문건으로, 이것은 자유주의적(혹은 신자유주의적) 자본주의에 대한 철저한 비판의 토대가 될 수 없다."[1]

1부 미완의 시민권과 팬데믹

나아가, 인권에 대한 이데올로기적 의심은 전통적인 좌우파적 비판으로 환원되지 않는다. 특히 냉전 해체 이후 미국을 위시한 강대국들의 군사적 개입 명분으로 새롭게 '인권'이 채택되고, '인도주의적 개입'이라는 이름의 군사적 개입 명분이 제기된 이래, '인권' 개념의 이데올로기적 성격은 새로운 각도에서 제기되었다. 여기에는 대표적으로 생명 정치를 주장하는 조르조 아감벤이 있는데, 그에 따르면 프랑스혁명에서 선언된 인간의 '자연적' 권리는 "자연 생명이 국민국가의 법적·정치적 질서 속에 기입되는 원초적인 형태"[2]이며, 따라서 인권선언은 인간의 생명과 권리를 '보호'하기는커녕 '벌거벗은 생명'이 주권 권력의 직접적 통제와 관리에 포섭/배제되도록 만드는 사건이었다. 아감벤은 인간의 신체와 주권 권력 사이의 그런 잘못된 만남의 역사적 귀결은 수용소에서 드러난다고 본다.

반면 에티엔 발리바르와 자크 랑시에르는 공통적으로 '인권의 정치'를 전개하면서 이 같은 인권 개념 비판을 재비판하며 인권의 해방적 가능성에 주목한다. 그런데 양자 사이에는 근본적 차이가 있다. 랑시에르는 인권 개념을 기각할 뿐만 아니라 정치적 영역의 고유성을 부정하는 마르크스에 더는 의존하지 않으며, 한나 아렌트(그리고 아감벤)에 의해 제기된 인권 비판 역시 보수적인 관점(아

---

1 하비, 데이비드, 『맑스의 「자본」 강의』, 강신준 옮김, 창비, 2011, 99쪽.
2 아감벤, 조르조, 『호모 사케르 : 주권 권력과 벌거벗은 생명』, 박진우 옮김, 새물결, 2008, 249쪽.

르케 정치)으로 간주하고 기각한다. 반면 발리바르는 마르크스의 이론을 폐기하지 않으면서도 자기비판을 도출해 내며, 이를 수행하기 위해 적극적으로 아렌트에 의존한다. 이를 통해 발리바르는 인권선언으로부터 새로운 시민권에 대한 전망을 도출한다. 이 글에서는 인권의 해방적 가능성을 살릴 뿐만 아니라, 그것에 가해진 고유한 비판에 대해서도 주목하는 발리바르가 어떻게 이 같은 종합을 통해 새로운 문제 제기를 수행하는지 살펴보고자 한다.

구체적으로 이 글은 다음과 같은 점을 주장할 것이다. 마르크스와 아렌트의 인권 비판은 권리 그 자체에 대한 비판이 아니며 (따라서 마르크스의 인권 비판은 현실 사회주의 국가들에서의 '인권 탄압'과 직접적인 관련을 갖지 않으며, 아렌트의 인권 비판은 국민국가 외부의 인간에게 아무런 권리가 없다는 냉소가 아니다), 오히려 권리가 수행되는 특정한 제도적 틀에 대한 비판으로 해석되어야 한다. 마르크스는 시장의 권력을, 아렌트는 국민국가의 배타성을 근거로, 근대사회의 핵심적 두 제도들(시장과 국민국가)이 근대성의 핵심 가치인 인권의 실현을 근본적으로 저해하고 있다는 역설에 대한 예리한 통찰을 보여 준다. 이런 통찰은 발리바르에게 연결되며, 그는 인권선언의 이념을 폐기하는 것이 아니라 급진적으로 재구성해 냄으로써 오늘날 필요한 시민권의 정치를 도출한다. 우리는 이 과정을 추적해 보기로 한다.

2. 마르크스 : '인간학적' 인권 비판과 그것의 정치적 해석 가능성

1) 마르크스의 '인권선언' 비판 : 『유대인 문제에 관하여』

마르크스의 『유대인 문제에 관하여』*Zur Judenfrage*[3]는 '프랑스 인권선언', 곧 '인간과 시민의 권리선언'과 이를 토대로 한 1793년 헌법에 대한 역사적인 비판으로 유명세를 얻었다. 이 비판은 과연 마르크스 내지 마르크스주의 사유에서 인권 개념이 차지하는 위치가 무엇인지를 놓고 오늘날까지 치열한 논쟁을 추동하고 있다. 이 글에서는 마르크스의 이 비판이 기대고 있는 '인간학적' 문제틀을 넘어서, 이 텍스트를 '정치적'으로 재구성하고자 한다.

마르크스는 브루노 바우어에게 한 가지 논점을 제기한다. 유대인은 '인권'을 가져도 좋은가? 바우어는 이를 인정하지 않았다.

---

3 프로이센 사회에서 유대인이 겪는 차별은 결코 마르크스와 동떨어진 일이 아니었다. 유대인 마르크스의 아버지는 트리어를 점령한 프랑스의 나폴레옹 치하에서는 자유롭게 일할 수 있었으나, 트리어가 다시 프로이센으로 수복된 뒤에는 취업이 금지되어, 변호사로서 공직에 종사하기 위해 1817년 기독교로 개종해야 했다. 마르크스의 대학 스승인 에두아르트 간스Eduard Gans 역시 처음에는 대학에서의 교수직을 맡을 수 없었다. 간스는 이를 진정해 달라며 당국에 청원을 제기했는데, 이에 대해 그는 1822년의 왕실 내각 교서를 통해 그를 포함한 유대인들의 교수직은 허용될 수 없다는 답변을 받아야 했다(이를 간스에 관한 법령이라는 의미에서 렉스 간스lex Gans라고 부른다). 이후 간스 역시 기독교로 개종한 뒤 비로소 베를린 대학 법대의 정교수로 취임할 수 있었다. 이 책에서 마르크스가 유대인에 대한 독일 사회의 차별적 논리를 사실상 정당화하는 브루노 바우어를 냉소적으로 비난할 때, 우리는 마르크스의 개인사적 경험을 염두에 둘 필요가 있다.

그가 보기에 권리란 그것을 위해 투쟁한 자에게만 인정되어야 하는데, 유대인들에게 권리가 주어진다면 그것은 일종의 무임승차가 될 것이며, 기독교인들의 동의를 구하기 어려울 것이었다. 마르크스는 여기서 인권을 일종의 특권으로 여기는 당대 비판적 지식인들의 모순을 본다. 오늘날이었다면 '인권'과 '시민권' 사이의 모순으로 주제화되었을 이 물음을 더 제기하는 대신, 마르크스는 새로운 논점으로 이동한다. 그것은 '인간의 권리'가 제기하는 '인간'이란 무엇인가 하는 인간학적 주제였다. 마르크스가 이 주제로 이동한 것은 '정치적 해방'이 갖는 한계를 묘사하기 위해서였다.

마르크스는 '정치적으로 해방된' 세속적인 법치국가에서 여전히 나타나는 인간의 분열을 묘사한다. 그에 따르면 인간은 정치공동체 내에서의 공동체적 존재Gemeinwesen로서의 삶과 시민사회에서의 사적 인간Privatmensch으로서의 삶으로 분열된다. 이것이 정치적 시민인 시투아앵citoyen과 경제적 시민인 부르주아bourgeois의 분열이다. 여기서 마르크스의 관심은 주로 후자에 있다. 타인을 수단으로 간주할뿐더러 자기 자신을 수단화하는, 낯선 힘에 예속된 소외된 존재인 이 후자로서의 인간은 곧 세속적인 인간이자 시민사회의 인간이며 이기적인 인간이다. 그리고 '인간과 시민의 권리선언'은 정치적 시민으로서의 인간이 아닌, 경제적 시민인 부르주아로서 이기적인 인간을 인간의 자연적 모습으로 제시하고 있다.

1793년 헌법 2조가 규정하는 '평등, 자유, 안전, 소유'의 권리를 검토해 보면 이를 알 수 있다. 먼저 '자유'의 권리를 살펴보자. 1793년 헌법 6조에 등장하는 '타인의 권리에 해를 입히지 않는 한 모든 것을 할 수 있는 자유'라는 구절로부터 마르크스는 "고립되어 자기 자신으로 돌아가는 모나드로서 인간의 자유"를 확인한다.[4] 그것은 결국 16조가 규정하듯 사유재산의 권리를 보장하는 것에 지나지 않는다. "사유재산의 인권"은 "타인과의 관계 없는" 자의적 권리로서, 사회로부터 자립화된 개인의 향유 능력이자, "이기심의 권리"이며, 결국 그것은 "자유의 실현이 아닌 제약"을 낳을 것이다.[5]

이런 이유에서 인권선언이 규정하는 '평등' 역시 고립된 모나드들의 평등이며, 따라서 비정치적 의미를 갖는다. '안전'은 재산을 지키는 치안Polizei의 권리만을 의미할 것이다. 결국 모든 것은 '소유'의 권리로 압축된다. 이것은 사회 전체의 공동선이 아닌 "사적 이익"에만 골몰하는, "공동체로부터 단절된 개인"으로서 이기적 인간의 탄생으로 귀결된다. 여기에서 사회란 개인의 자립성에 대한 외적 제약을 의미할 뿐이다.[6]

이런 의미에서, 인권선언에 대한 마르크스의 '인간학적' 비판은 곧 '정치적' 비판으로 전환된다. (미국과 프랑스가 도달한 근대적인 세속적 공화정의 달성을 뜻하는) '정치적 해방'이란 결국 마르크스가 보기에 정치적 공동체를 부르주아적 권리의 수단으로 격하하는 것을 의미했다. "정치적 혁명은 시민사회의 혁명"[7]이었다. 그런데

---

4 Marx, Karl, *Zur Judenfrage*, Marx-Engels-Gesamtausgabe(MEGA) I.2, Berlin, 1974, p. 157.

5 같은 책, p. 158.

6 같은 곳.

7 같은 책, p. 160.

이는 곧 시민사회의 '정치'로부터의 해방, 다시 말해 '사회의 탈정치화'를 의미하는 것이었다. "정치적 혁명은 시민사회의 정치적 성격을 지양했다. 정치적 혁명은 시민사회를 그 단순한 구성물로, 즉 한편으로는 개인들로, 다른 한편으로는 …… 이 개인들의 시민적 상황을 형성하는 물질적이고 정신적인 요소들로 분해한다." 이런 맥락에서 인권이란 곧 부르주아로서 사적 시민의 '정치 이전적' vorpolitisch 권리에 대한 옹호이며, 그런 의미에서는 인권선언의 실질적 내용은 정치에 대한 포기 선언과 같았다. 따라서 "정치적 해방은 동시에 시민사회의 정치로부터의 해방, 보편적 내용이라는 가상 자체로부터의 해방이었다."[8] 시민사회는 (비록 가상적이나마) 자신을 규제할 보편적 원리인 정치적 공동체로부터 해방되어, 고삐 풀린 자립적 영역이 되었다.

근대국가와 시민사회의 관계에 대한 마르크스의 이런 비판은 훗날 '자유주의적 통치성'이라고 불릴, 시장의 자율성이라는 신화에 대한 날카로운 시선을 예비했다고 할 만하다. 특히 '사회의 탈정치화' 경향에 대한 마르크스의 지적은 정치의 해방이 곧 정치의 소멸을 낳는다는 근대 정치의 역설을 내포하고 있다. 물론 마르크스는 이런 비판을 일관된 결론으로 이끌지 못했다. 그는 탈정치화된 (시민)사회를 다시 정치화하려는 강령과 새로운 민주주의에 대한 대안을 제시하는 대신, 국가로부터 해방된 사회의 자율성을 더욱 밀어붙이는 방향(사회 해방 = 인간 해방)을 취한다. 물론 여기서

---

8 같은 책, p. 161.

의 사회는 시민사회가 아니라 그것이 지양된 이후의, 유적인 삶 Gattungsleben으로서 사회적 공동체를 말한다. 그것은 (더는 정치적 형태를 거치지 않은 채로) 인간 자신으로의 복귀가 될 것이다. 이처럼 초기 마르크스의 인권 비판은 정치를 인간학의 이름으로 비판하며, 따라서 사회의 탈정치화를 정치적 방식 — 새로운 정치에 대한 요구 — 이 아닌, 인간학적 방식으로 극복하는 문제틀에 머물러 있다.

2) 논쟁들 : 인간학적 모델인가, 정치의 재구성인가

많은 정치철학자들은 마르크스의 인권 비판으로부터 현실 사회주의 국가들의 인권에 대한 냉소와 멸시의 흔적을 읽으려 했다. 특히 '인권선언'의 새로운 급진성을 발견하려는 철학자들에게 마르크스의 비판은 넘어야 할 산이었다. 따라서 클로드 르포르는 마르크스가 "인간의 권리를 부르주아적 이기주의의 왜곡으로 만들면서 스스로 지배 이데올로기의 함정에 빠져"[9] 버렸으며, 따라서 "전체주의적 환상"에 이르렀다고 비판한다.[10] 랑시에르 역시 마르크스의 '인권선언' 비판의 문제를 제기한다. 그것은 "인간의 해방은 정치적 시민권의 한계들을 넘어서는 자유로운 인류라는 진리"[11]

9 르포르, 클로드, 『19~20세기 정치적인 것에 대한 시론』, 홍태영 옮김, 그린비, 2015, 40쪽.
10 같은 책, 56쪽.
11 랑시에르, 자크, 『불화 : 정치와 철학』, 진태원 옮김, 도서출판 길, 2016, 139쪽.

를 내세웠다는 점에서 의미가 있지만, 마르크스의 이런 시각은 정치의 고유성을 부정하고 정치를 비진리의 영역으로 보는 한계가 있다고 본다. 즉, 여기서 "정치는 사회라고 불리는 진리에 대한 거짓"이라는 이분법이 작동한다는 것이다.[12]

『유대인 문제에 관하여』의 마르크스에 대한 이런 비판들은 공통적으로 '정치와 사회'의 분리를 극복할 수 있다는 초기 마르크스의 인간학적 문제틀을 겨냥하고 있다는 점에서 타당성이 있다. 왜냐하면 초기 마르크스는 정치를 사회로 흡수하는 인간학적 모델을 해방과 동일시하기 때문이다. 그러나 필자가 보기에, 이 저작의 또 다른 측면은 정치적 해방이 동시에 시민사회의 정치적 성격을 지양하고 시민사회를 정치 자체로부터 해방한다는 테제, 곧 '사회의 탈정치화'에 대한 비판이다. 이것은 이를테면 아렌트가 "사회적인 것의 발생"[13]이라고 불렀던 것, 즉 경제적 인간의 등장과 공적 영역의 소멸이라는 관점에서의 근대성 비판과 맥을 같이한다고 볼 수 있다. 추상적인 도덕적 알레고리로서나마 남아 있는 '정치적 시민'으로서 시투아엥의 완전한 소멸과 사적 시민으로서 부르주아로의 최후의 승리에 대한 마르크스의 묘사는 개인의 자유를 오로지 사적인 개인의 부정적 관계 속에서 이해하는 근대 정치의 한계를 보여 준다.

이런 관점에서, 이 저작에서 수행된 마르크스의 바우어 비판을

---

12 같은 책, 140쪽.
13 아렌트, 한나, 『인간의 조건』, 이정우·태정호 옮김, 한길사, 2012.

로크의 자유주의적 자연권에 대한 급진적 비판으로 해석할 수도 있다. 노동과 소유를 인간의 근원적 본성으로 보는 로크식 자연권 사상은 마르크스가 보기에 인간의 소외된 상태의 자연화였으며, 그것은 '시투아앵의 정치적 권리'가 배제된 사적 부르주아의 현주소를 영구화하는 효과로 이어진다. 조지 매카시는 이런 맥락으로부터, 마르크스의 자연권 비판에서 아리스토텔레스의 정치적 동물 개념과의 유사성이 발견된다고 주장한다.[14] 실제로 마르크스는 『유대인 문제에 관하여』가 저술되기 몇 달 전인 1843년 5월, 아르놀트 루게에게 보낸 편지에서 독일의 '비정치적' 현실을 고발하면서 아리스토텔레스를 직접 언급하기도 한다. "가장 완전한 속물 세계, 즉 우리의 독일은 인간을 다시 창조해 낸 프랑스혁명에 비해 물론 훨씬 뒤처져 있음에 틀림없다. 우리의 상태로부터 자신의 정치학을 도출하려는 독일의 아리스토텔레스가 있다면, 그는 조롱조로 이렇게 적을 것이다. '인간은 사교적인gesellig, 그러나 완전히 비정치적unpolitisch 동물이다.'"[15]

독일인은 '사적 영역'에서의 '사교적' 존재일 뿐이며, 그런 의미에서 비정치적이다. 아리스토텔레스적인 구분에 따르자면, 그는 오이코스oikos의 삶을 넘어서는 폴리스polis에서의 '정치적 삶'을 경험하지 못했다. 마르크스의 이 같은 관점 속에는 정치적 관계

---

14 McCarthy, George E., *Marx and Social Justice: Ethics and Natural Law in the Critique of Political Economy*, Chicago: Haymarket Books, 2018, p. 147.

15 Marx, Karl, *Brief an Arnold Ruge*, MEGA I.2, p. 476.

속에서 자신의 개별성을 드러내는 시민들의 공동체에 대한 강한 집념이 표현된다. 이제 '프랑스를 닮지 못하는 독일인'만이 아니라, 프랑스혁명(정치적 해방) 이후 시민사회의 승리에 대한 (『유대인 문제에 관하여』에서의) 마르크스의 비판에서도 유사한 구도가 전개되는가?

시투아앵의 소실과 부르주아의 최종적 승리, 부르주아의 '인간'으로의 정립에 대한 마르크스의 비판 속에서는 다니엘 로이크가 지적하듯, 인권선언의 내용이 가진 "경제의 우위"에 대한 비판이 드러난다.[16] 경제적 존재인 인간은 자신의 현재적인 형태에 적합한 법적 형식을 요구하며 그에 걸맞은 법적 주체로 거듭난다. 따라서 이런 경제의 우위는 (랑시에르적 구분 속에서) '정치'politics의 주체가 되어야 할 '인간'이 (재산의 보호와 연결된) '치안'police의 논리에 종속되는 것을 의미한다. 이런 관점 속에서 우리는 "인권과 치안Polizei 사이의 내적 연관"[17]을 확인할 수 있다. 결국 법적 주체로 간주되는 개인은 실질적으로는 국가의 정치적 질서의 객체로 전락하며, 주객전도가 발생한다. '치안'은 1793년 헌법 2조에서도 평등, 자유, 소유와 함께 가장 중요한 권리로 선언된 안전의 권리와도 직결된다. 그것은 결국 현재의 자신의 모습에 걸맞은 법적 형식에 대한 선언이다. 인권선언을 토대로 한 근대적 헌법의 구성

---

16 Loick, Daniel, *Abhängigkeitserklärung: Recht und Subjektivität*, Rahel Jaeggi/ Ders. (Hg.), *Nach Marx: Philosophie, Kritik, Praxis*, Frankfurt/M, 2014, p. 299.
17 같은 책, p. 304.

constitution은 '경제적 인간'의 법적 주체화 논리를 보여 준다.

또 하나의 논점은 자유에 관한 것이다. 마르크스의 자유 비판을 어떻게 이해할 것인가? 마르크스의 비판은 자유주의적 자유가 현대 시민사회에서 자유가 취하는 하나의 형태를 특권화·절대화하는 방식으로 실현된다는 것에 초점을 맞춘다. 그것은 사유재산에 대한 신성시로 연결된다. 그러나 프레더릭 노이하우저가 지적하듯, 마르크스의 주장은 자유주의적 자유 개념으로부터는 이기적인 자립적 원자들 사이의 관계 이상을 기대할 수 없다는 것이며, 따라서 마르크스가 보기에 그것은 다른 자유 개념에 의해 대체되어야 했던 것이다.[18] 그런 새로운 자유 개념에 대한 요청을 아렌트적인 의미에서의 '공적 자유'에 대한 요청과의 유사성 속에서 해석해 볼 수도 있다. 즉, 아렌트 역시 프랑스혁명에서 천명된 공적 자유가 결국은 (부르주아라는 의미에서) '시민적 자유의 보호'라는 소극적인 사적 자유로 국한되었음을 (마르크스와 매우 유사한 어조로) 다음과 같이 비판한다. "자유는 더 이상 공공 영역에 존재하지 않고 시민들의 사적 영역에 존재하게 되어 공중과 그 권력으로부터 보호를 받아야 한다. 자유와 권력은 분리되었다. 그 결과, 권력과 폭력은 숙명적으로 같은 것이 되었고, 정부와 정치적인 것, 그리고 정부와 필요악이 같은 것으로 인정되기 시작했다."[19]

---

18 Neuhouser, Frederick, *Marx (und Hegel) zur Philosophie der Freiheit*, Jaeggi, Rahel und Daniel Loick (Hg.), *Nach Marx: Philosophie, Kritik, Praxis*, Frankfurt/M, 2014, p. 34.

19 아렌트, 한나, 『혁명론』, 홍원표 옮김, 한길사, 2017, 235쪽.

이런 식으로 마르크스의 인권 비판을 인간학적 모델(소외된 인간으로부터 유적 인간으로의 복귀)에서 정치적 비판의 모델(사회의 탈정치화에 저항하는 새로운 정치에 대한 요구)로 재구성한다고 해서, 마르크스의 역사적·이론적 한계를 무화시킬 수 있는 것은 아니다. 나아가 유적 본질Gattungswesen이라는 인간학적 문제틀이 상정하는 소박한 공동체주의적 낭만주의의 한계("시민적 낭만주의"Citoyenromantik[20]) 역시 존재한다. 그럼에도 마르크스의 인권선언 비판은 현대 자본주의적 권리 개념이 필연적으로 취할 수밖에 없는 모순적 형태에 대한 비판으로서 그 의미를 완전히 부정할 수는 없을 것이다.

3. 아렌트와 인권의 난제들

아렌트의 인권 비판은 『전체주의의 기원』*The Origins of Totalitarianism*에 등장하는 유명한 명제인 '인권의 난제들perplexities'로, 인간의 권리가 궁극적으로는 국적을 가진 시민권자의 권리에 지나지 않는다는 사실에 대한 다소 냉소적인 증명이다. '국민국가의 몰락과 인권의 종말'이라는 제목이 붙은 『전체주의의 기원』의 2부 9장에서 아렌트는 국민국가의 몰락 과정에 대한 역사적 고찰을 통한 인권 개념 비판에 착수한다. 제1차 세계대전 이후 특히 동유럽 지역에서 기존 국경의 변화와 정부의 몰락, 내전의 일상화가 발생하면

---

20 Arndt, Andreas, *Geschichte und Freiheitsbewusstsein*, Berlin, 2015, p. 122.

서, 고향을 상실한 무국적자들의 대규모 발생이 이어졌다. 그리고 그들은 어떠한 인권도 박탈당하고, '지구의 쓰레기'라는 모멸적인 호칭을 들으며 고향을 떠나 이주해야 했다. 이처럼 국가 경계의 소멸과 재구성은 억압적 중앙집권적 관료정치의 소멸뿐만 아니라, 주민들의 상호 적대와 불신, 혐오를 초래했다. 그 결과 인종 간의 박해와 학대가 이어지고 소수민족들은 뿔뿔이 흩어져야 했다.

'지구의 쓰레기들'이라는 선전의 가공할 만한 성과는 인권이라는 관념을 순식간에 무력화하는 데에서 드러난다. 국경의 해체와 재구성 속에서 소수민족은 존재하지 않거나 지구상에 불필요한 사람으로 취급되었다. 대규모 무국적자들의 발생은 이제 현대 정치가 출발해야 할 본질적인 어려움으로 등장했다. "제1차 세계대전 이후 발생한 모든 정치적 사건은 법의 외곽 지대에서 살고 있는 사람들에게 불가피하게 새로운 범주의 사람들을 추가한 것처럼 보인다."[21]

이런 실향민들의 존재는 "국가-국민-영토라는 과거의 삼위일체"[22]를 위협하는 존재로 여겨진다. 그리하여 '양도할 수 없는 인권'에 대한 기존의 휴머니즘적·이상주의적인 선언들과 노력들이 새로운 주민들에 대한 배타성으로 귀결된다는 모순이 발생한다. 아렌트는 이것을 "현대 정치에서 가장 신랄한 아이러니로 가득 차 있는 역설"[23]이라고 부른다.

---

21 아렌트, 한나, 『전체주의의 기원』, 이진우·박미애 옮김, 한길사, 2017, 503쪽.
22 같은 책, 510쪽.

이런 진단 속에서 아렌트는 '인권의 난제들'에 대해 언급한다. 18세기 인권 개념 속에서 "인권의 확립을 위해서는 어떤 권위에도 호소할 수 없었다. 인간 자신이 인권의 원천일 뿐 아니라 궁극적인 목표였다."[24] 인간 자신이 그의 권리의 최종적 보증인이라는 이 선량하고 이상주의적인 선언은 그것을 보장한 현실적인 제도에 대한 무감각으로 이어졌다. 인간은 자연적으로 권리를 가지므로, 따라서 인권을 보호할 '특별법'은 필요하지 않다고 간주되었다. 모든 법은 인권에서 기원한다고 추정되고 '인간'이 법의 유일한 주권자였다. 국민주권 역시 '인간'의 이름으로 선언되었으며, 따라서 '양도할 수 없는' 권리가 되었다. 그런데 이로부터 역설이 발생한다. 이제 역으로 '인간'의 이름으로, '양도할 수 없는 국민주권'이 정당화되는 것이다.

그러다 보니 "국민국가 제도 안에서 인권과 국민의 권리가 동일시"되는 현상이 발생한다. 그런데 이것은 예상치 못한 커다란 문제를 낳는다. 인권은 보편적인 권리이므로 특정 정부 소속과 무관하다고 선언되었지만, "사람들에게 자국 정부가 없어지고 그래서 최소한의 권리에 의지해야만 하는 바로 그 순간, 그들을 보호해 줄 권위도 없어지고 그들을 기꺼이 보장해 줄 제도도 없어진다는 사실"이 명백해지는 것이다.[25]

23 같은 책, 507쪽.
24 같은 책, 524쪽.
25 같은 책, 525쪽.

인간의 보편적 권리에 대한 학자들의 추상적인 이념들은 현실에서는 아무런 구속력이 없었다. 유럽의 진보·급진 정치 세력 역시 새로운 인권선언이 필요하다는 생각에 도달하지 못했다. 왜냐하면 이미 국민국가 체제 내에 포섭된 그들이 보기에는 "시민권 — 즉, 여러 국가에서 제각기 다양한 시민들의 권리 — 이 구체적인 법의 형태로 영원한 인권을 구현하고 상세히 설명하고 있다고 생각한 것이다."[26] 여기서 아렌트는 일종의 인권과 시민권의 '딜레마'를 다루고 있다. 이념상으로는 인권이 국적과 무관하게 모든 인간에게 기본권으로서 주어져야 하지만, 현실에서는 특정한 시민권이 우위를 갖는다.

이런 역설이 발생하는 이유는 무엇인가? "처음부터 양도할 수 없는 인권선언에 들어 있는 역설은 그것이 어디에도 존재하지 않을 것 같은 '추상적인' 인간을 염두에 두고 있다는 것이다."[27] 아렌트가 보기에 인권은 추상적 관념에 불과하다. 유럽의 진보적 정치 세력들은 그들의 시민권을 개혁하면 인권도 자연스럽게 신장될 것으로 기대했다. 이런 가운데 이들은 무국적자의 존재를 애써 무시했으며, '시민의 권리와 구분되는 보편적인 인권'이 실제로 필요한 순간에 이를 직시하지 않았다. '고향 상실'을 겪는 사람들의 기본권은 그 어떤 세력에 의해서도 대변되지 못했다.

"인권 개념에 들어 있는 많은 난점들"이 이로부터 분명해진다.

---

26 같은 책, 527쪽.
27 같은 책, 525쪽.

다음과 같은 아렌트의 정식화는 인권 개념의 근본적 한계를 폭로하고 있다. "권리를 상실한 사람들의 재난은 그들이 …… 어느 공동체에도 속하지 않는다는 것이다. 그들의 곤경은 그들이 법 앞에서 평등하지 않아서가 아니라 그들을 위한 어떤 법도 존재하지 않기 때문이고, 그들이 탄압을 받아서가 아니라 아무도 그들을 탄압하려 하지 않는다는 데 있다."[28] 소속된 정치적 공동체의 박탈은 인권의 근본적인 박탈, 자신의 존엄에 실질적 효력을 부여할 장소의 박탈로 이어진다. "인권을 빼앗긴 사람들은 바로 이런 극단적인 궁지에 처해 있는 것"[29]이다.

그런데 이처럼 인권을 '빼앗기는' 것, 즉 인권의 완전한 박탈은 동시에 인권 개념 그 자체에 부합하는 것이라는 아포리아가 발생한다. 그리고 이는 인권 개념의 파괴로 귀결된다. 인권의 난제들이 도달하는 최후의 귀결은 죽음의 수용소다. 여기서는 개성도, 직업도, 시민권도 없고 모든 차이가 제거된, 단지 '인간일 뿐인' 사람들이 수용되며, 인간의 권리는 총체적으로 박탈된다. 아렌트는 여기서 '인권 상실'의 역설은 '인권 자체의 역설'인 셈이라고 지적한다. 보편적인 인간, 인간 존재라는 사실 외에 어떤 규정도 더해지지 않은, 인간 그 자체, 즉 "인간에 불과한 사람"[30]이 되는 순간 '인간'으로서의 모든 권리를 박탈한다는 수용소의 역설은, 자신의

---

28 같은 책, 531쪽.
29 같은 책, 533쪽.
30 같은 책, 538쪽.

절대적 고유성을 얻는 순간 모든 고유성이 상실된다는 비참한 상황의 표현이다.

그렇다면 아렌트의 대안은 무엇인가? 그녀는 "권리를 가질 수 있는 권리"a right to have rights,[31] 즉 공동체에 소속될 권리를 새로운 권리 개념으로 제시한다. 이것은 추상적인 '인권' 개념보다도 훨씬 더 현실적인, 그러면서도 모든 인간을 포괄할 권리 개념을 말한다. 이런 의미에서, 이 정식화는 아렌트가 '인권' 개념 자체를 포기하지 않고 새로운 차원에서 재정립하기 위한 시도로 보인다.

세일라 벤하비브는 '권리를 가질 권리'라는 아렌트의 정식을 다음과 같이 해석한다. 이 표현에서는 두 개의 '권리'라는 단어가 등장하는데, 앞의 권리('권리들'을 가질 권리)는 타자의 승인을 통해 특정한 정치 공동체 내에서 성원이 될 권리를 말하며, 따라서 시민적·정치적 권리로서 법률적-시민적 용례juridico-civil usage를 뜻한다. 반면 뒤의 권리(권리들을 가질 '권리')는 타자의 승인이 필요 없는 권리를 말한다. 즉, 그것은 인류임에서 비롯하는 권리이며 예외가 없어야 한다. 보편적 인권은 곧 "시민사회의 한 구성원이 될 수 있는 자격"이며, "사법적인 시민권을 가질 자격"을 의미한다.[32] 우리는 이처럼 아렌트의 정식을 예외 없는 보편적 권리로 해석하

---

31 같은 책, 533쪽.

32 벤하비브는 이를 정언명령에 비교될 수 있는, 칸트적인 의미에서 '도덕적'인 요청과 의미이며, '인간을 목적 그 자체'로 규정하는 도덕법칙에 상응한다고 주장한다. 벤하비브, 세일라, 『타자의 권리 : 외국인, 거류민 그리고 시민』, 이상훈 옮김, 철학과 현실사, 2008, 85~86쪽.

려는 벤하비브의 해석이 갖는 의미를 발리바르에게서 확인할 것이다.

우리는 이처럼 근대성의 핵심을 이루는 인권이라는 개념이 근대사회의 근간을 이루는 두 가지 사회제도들 — 시장과 국민국가 — 속에 실현되는 과정에서 부딪히는 난점에 대한 마르크스와 아렌트의 비판을 살펴보았다. 이 두 비판은 서로 다른 관점에서 인권의 추상성을 겨냥하고 있으며, 근대사회 이후 등장한 정치와 사회의 역할에 관한 근본적으로 엇갈리는 진단과 대안을 제시하고 있지만, 앞서 보았듯 이 두 비판들 사이에서 공통적으로 교차하는 문제의식이 존재하는 것 역시 사실이다. 이제 우리는 발리바르가 인권에 대한 이 두 비판들을 수렴하면서도 인권 개념을 포기하기보다는 그로부터 급진적인 근대 비판의 모티프들을 도출하는지를 살펴보기로 한다.

4. 발리바르 : 인권의 정치와 시민권의 재발명

1) 마르크스의 한계와 아렌트의 수용

1970년대 후반부터 알튀세르와 이론적으로 갈라지면서, 1980년대 후반 이후 본격적으로 포스트 마르크스주의로의 방향 전환을 시도한 발리바르에게 중요한 이론적 주제는 인권 개념의 재해석과 현재화, 그리고 시민권의 재발명이었다. 이것은 전통적인 마르크스주의의 명제들에 대한 비판적 재독해를 전제했다.

먼저 발리바르는 '지배적인 이데올로기는 항상 지배계급의 이데올로기'라는 마르크스의 명제를 비판한다. 이런 관점은 "어떤 이데올로기가 …… '지배'하기 위한 필요조건은 그 이데올로기가 '인민', '다수자', 나아가 '다중'의 가치들 및 요구들의 가공물을 구성한다는 것, 단적으로 그 이데올로기가 …… 피지배자들의 담론으로 구성된다는 것"을 망각한다는 것이다.[33] 다시 말해, '지배 이데올로기'와 완전히 단절된 자립적인 '피지배계급의 이데올로기'(또는 '계급의식')란 존재하지 않는다. 지배계급의 이데올로기는 반드시 피지배계급을 체제 내로 통합하면서도 그들에게 지배에 저항할 수 있는 합법적인 공간을 제공함으로써 헤게모니적 방식으로 이루어지며, 피지배계급의 저항은 반드시 지배계급의 이데올로기가 가진 관념적(이상적) 보편성에 호소함으로써 이루어진다. 이런 관점에서 발리바르는 마르크스의 인권선언 비판이 갖는 일면성을 넘어서고자 시도한다.

다음으로 발리바르는 마르크스의 정치 개념, 특히 국가 개념에 내재된 아포리아를 지적한다.[34] 발리바르에 따르면 국가 소멸론을 위시한 마르크스주의 내의 강한 반反제도적 성향은 "마르크스주의와 전체 자유지상주의 전통이 공유하는 이론적 아나키즘"[35]으

---

33 발리바르, 에티엔, 『대중들의 공포 : 맑스 전과 후의 정치와 철학』, 최원·서관모 옮김, 도서출판b, 2007, 535쪽.

34 이에 대해서는 진태원, 「마르크스주의의 탈구축 : 네 가지 신화와 세 가지 쟁점」, 『인문학연구』 제30집, 2018 참조. 또 서용순, 「19~20세기 해방정치 이념에 대한 비판적 검토」, 『인문학연구』 제30집, 2018; 김정한, 「한국 맑스주의의 위기 이후 인문학의 쟁점들」, 『인문학연구』 제31집, 2019 역시 참조.

35 Balibar, Étienne, "The Infinite Contradiction", *Yale French Studies*, No. 88, 1995, p. 157.

로, 그것은 국가를 오로지 지배계급의 도구로, 법과 상부구조를 토대의 반영으로 이해하는 관점에서도 드러나며, 실천적으로는 대안적인 정치의 창출이 아닌, 반反정치로 귀결된다. 반면 발리바르는 "제도 일반(사실상의 정치 일반)을 거부하는 것이 아니라 제도 안에 부정성을 기입하는 것"[36]을 목표로 삼으며, 이에 따라 자신의 권리를 요구하며 그런 봉기의 부정적 운동을 형성하는 주체성에 주목한다.

이런 관점에서 발리바르는 마르크스의 『유대인 문제에 관하여』를 독해한다. 그는 이 저작에서 '인간 해방'과 '사회 해방'의 동일시에 주목한다. '인간 해방 = 사회 해방'은 곧 정치적 해방이 낳는 인간의 분열과 소외로부터의 완전한 해방을 뜻한다. 이런 관점은 (앞서 소개된 랑시에르의 비판에서도 언급되었듯) 해방이 '정치'의 외부에 있는 '사회'에서 발생한다는 것을 의미하기도 하지만, 이를 넘어 마르크스가 '인간적'human인 것을 '사회적'social이라는 술어와 동일시한다는 것에서도 드러나듯, 부르주아사회의 공리주의적 개인주의를 넘어서는 사회화를 향한 운동의 필요성을 제기하기도 한다.[37]

그러나 발리바르는 이 저작의 일면성을 강도 높게 비판한다. 앞서 살펴보았듯, 『유대인 문제에 관하여』에서 마르크스는 정치

---

36 장진범, 「에티엔 발리바르: 도래한 시민(권)을 위한 철학적 투쟁」, 홍태영·장태순·최정우 외, 『현대 정치철학의 모험』, 난장, 2010, 176쪽.

37 Balibar, Étienne, *Citizen Subject: Foundations for Philosophical Anthropology*, Fordham University Press, 2017, p. 278.

적 시민으로서 시투아옝과 부르주아의 분열을 지적하며, 이를 소외의 표현으로 비판한다. 그러나 발리바르에 따르면, 프랑스 '인권선언'에서 시민이 삭제되었다는 마르크스의 비판은 "완전한 오해"에 불과하다. "'인권선언'의 인간은 국가의 구성원인 시민에 대립하는 사적 개인이 아니다. 그는 정확하게 시민이다."[38] 즉, '인권선언'의 '인간'은 마르크스의 비판과 달리, 부르주아가 아니라, 정치적 시민으로서의 시투아옝이다. 오히려 인간이 정치적 시민과 부르주아로 분열하며 궁극적으로는 부르주아로 귀결된다는 마르크스의 비판은 불가능하다. 모든 인간은 '동시에' 정치적 시민이면서 사적 개인으로서의 부르주아이기 때문이다. 인간은 동시에 '국민적 인간'homo nationalis이자, '경제적 인간'homo oeconomicus이며, '법적 인간'homo juridicus일 수 있다. 이런 인간학적 조건과 상황이 바로 독특한 근대적 주체성을 형성하며, 정치적 운동을 추동한다.[39] 이를 혼동할 경우 인권선언을 단지 '부르주아계급 이익의 표현'으로 간주할 위험에 빠진다.

이런 맥락에서 발리바르는 인권선언을 재해석하며 이로부터 '평등자유'egaliberte 명제를 도출한다. 이때 발리바르의 전략은 마르크스주의의 이론적 아나키즘을 극복하기 위해 아렌트를 적극적으로 재해석해 수용하는 것이었다.

발리바르가 보기에 아렌트의 급진성은 종종 무시되어 왔다. 특

---

38 Balibar, Étienne, *Equaliberty: Political Esaays*, Duke University Press, 2014, p. 46.
39 Balibar, Étienne, *Citizen Subject*, p. 280.

히 "권리를 가질 권리"라는 "아렌트의 정리"Arendt's theorem는 현대 정치에서 나타나는 '봉기와 구성의 변증법'을 이해하기 위한 중요한 토대를 뜻했다. 발리바르는 이런 "권리를 가질 권리"로부터, 아렌트가 인권을 비판하지만 더욱 보편적인 기본적 권리를 요구하며, 이는 보편적 시민권의 논의로 확장될 필요가 있음을 의미한다고 보았다. 아렌트가 말하는 권리란 "개별 주체들의 '특성'qualities"이 아니라, "개인들이 상호 인정하는 특성들"이다. 이런 의미에서 아렌트에게 권리는 "공통 세계"를 형성하는 계기로 작동한다.[40] 그런데 '국가 없는 사람들'에게 결여된 것은 이와 같은 공통 세계에 기입될 자신의 권리를 '청원'할 권리다. '권리를 가질 권리'란 바로 이런 상황에 대한 지적으로 해석될 수 있다.

발리바르는 이런 아렌트의 관점이 '인권'과 '시민권'을 통일시키려는 자신의 해석과 부합한다고 해석한다. 만일 '권리에 대한 권리'가 인간 존재자들은 그들의 '공통적' 존재 조건을 갖는다는 사실에 대한 인정을 의미하는 것이라면, "아렌트의 정리"란 결국 "'인간의 권리'는 '시민의 권리' 이전에 또는 그 위에 존재하지 않으며, 후자와 동시적이거나 상호 연관적이라는 통찰"[41]과 다름없을 것이다.

---

40 Balibar, Étienne, "(De)Constructing the human as human institution: A reflection on the coherence of Hannah Arendt's practical philosophy", *Social Research*, Vol. 74, No. 3, 2007, p. 732.

41 발리바르, 에티엔, 『우리, 유럽의 시민들? : 세계화와 민주주의의 재발명』, 진태원 옮김, 후마니타스, 2010, 255쪽.

우리는 발리바르가 어떤 맥락에서 '인권'과 '시민권'의 동일시를 추구하는지를 곧 살펴볼 것이다. 다만 지적해 둘 것은, 이런 발리바르의 해석은 "아렌트에게 시민의 권리만이 현실적이고 인간의 권리는 허구"[42]라는 클로드 르포르의 해석과 큰 차이가 있다는 것이다.

오히려 발리바르는 '권리를 가질 권리'라는 아렌트의 정리를 '정치 공동체를 창설(구성)할 수 있는 권리'로 적극적으로 해석하는데, 이런 관점은 그가 주장하는 '해방의 정치'와도 부합한다고 볼 수 있다. 왜냐하면 이런 정치 공동체의 창설 혹은 구성은 '봉기의 권리'를 포함하는 것일 수밖에 없기 때문이다. 즉, '권리를 가질 권리'를 '정치 공동체를 창설할 권리'로 해석할 경우, 그것은 자신이 정치적 주체로 대우받을 수 있는 '공통 세계'를 요구할 권리로서, 모든 인간의 봉기할 권리, 공적으로 발화할 권리에 대한 주장으로 이어지며, 따라서 그것은 '정치체'에 대한 권리일 뿐만 아니라 '정치' 그 자체에 대한 보편적 권리를 의미할 것이다.[43] 이런 맥락에서 발리바르는 아렌트를 다시 마르크스와 결합하고자 시도한다. 예컨대 그는 마르크스 자신이 저술한 '인터내셔널 임시규약'에 포함된 "노동계급의 해방은 노동계급 자신에 의해"라는 구절이 아렌트가 말하는 "권리를 가질 권리"의 봉기적 양상에 대

---

42 르포르, 클로드, 『19~20세기 정치적인 것에 대한 시론』, 84쪽.

43 전혜림, 「인간과 시민, 자유와 평등 사이 : 아렌트와 발리바르의 인권과 시민권의 정치」, 『철학논집』 제47집, 2016, 140쪽.

한 완벽한 묘사라고 주장한다.[44] 이제 이런 '권리를 가질 권리'를 발리바르가 어떤 방식으로 자신의 '평등자유' 명제와 결합하는지 알아보기로 하자.

2) 권리를 가질 권리 : 평등자유

인권선언은 '인간은 자유롭고 평등하게 태어났다'는 자연권을 토대로 한다. 그런데 이런 자연권 사상은 많은 현대 이론가들에게 비판의 대상이 되었다. 특히 가장 많이 지적받는 것은 '자연 상태에서 인간의 권리'라는 관념의 이데올로기적 추상성이다. 그러나 발리바르는 자연권은 단지 상상된 이데올로기가 아니라고 주장한다. 왜냐하면 그것은 "선언된 자연권"[45]이며 이런 '선언'의 행위가 물질적 효과를 발휘하기 때문이다. 즉, 그것은 일정한 "표현 행위의 물질성"[46]을 갖는다.

그렇다면 이 혁명적 표현들은 무엇을 나타내고 있는가? 여기에는 이중적 동일시가 존재한다. 그중 하나는 '인간과 시민의 동일시'다. 인권선언에서 인간의 권리와 시민의 권리는 동일하며 양자 사이에 차이는 없다. 이런 이유에서도 인권선언의 '인간' 개념은 인간 본성에 대한 소박한 자연주의적 상상으로 환원되지 않는

---

44 Balibar, Étienne, "On the Politics of Human Rights", *Constellations*, Vol. 20, No. 1, 2013, p. 22.

45 Balibar, Étienne, *Equaliberty*, p. 42.

46 같은 곳.

다. 나아가 인권선언의 '인간 = 시민' 등식은 인간을 '정치적 동물' zoon politikón로 보는 고대 그리스의 정치관과도 다르다. 그리스인들이나 로마인들은 인간의 정치적 본성이 도시국가의 현존 제도들과 대응한다고 생각했으나, 인간의 자연 본성에 따른 신분상 차별을 정당화했다. 반면 오히려 인권선언의 자연권은 이런 '자연주의적 인간 본성론'과 단절함으로써 '인간 = 평등한 시민들'이라는 등식을 가능하게 한다.

이 같은 사실로부터 우리는 인권선언의 두 번째 동일시를 유추할 수 있다. 그것은 '자유와 평등의 동일시'다. 인권선언은 "평등은 자유와 동일identical하며, 자유와 동등equal하다는 사실, 그리고 그 역도 성립된다는 사실"을 보여 준다.[47] 발리바르는 이로부터 "평등자유" 테제를 도출한다. 평등자유 명제는 인간과 시민의 동일시 근저에 놓여 있다. '시민'으로서의 인간은 평등하면서 동시에 자유로운 존재여야 하는 것이다.

이와 같은 평등자유 명제는 '평등'과 '자유'를 대립 명제로 보는 근대적 시각 ― 예컨대 자유주의는 자유를, 사회주의는 평등을 각각 대변하는 사상이라는 시각 ― 과 대립한다. 그러나 평등과 자유 가운데 어느 하나를 우선시하는 것은 시민권과 민주주의의 변증법적이고 내적인 긴장 속에 정치를 사유하는 데 실패할 수밖에 없다. 왜냐하면 이런 시각은 자유와 평등 중에 한쪽으로 정치를 환원해 갈등을 종결하려 하기 때문이다. 그러다 보니 전통적

---

47 같은 책, p. 46.

자유주의는 정치에서의 '제도적' 측면만을 강조하고 정치가 가질 수밖에 없는 '봉기적' 성격을 애써 무시해 왔다. 반면 사회주의는 민주주의의 역동성을 특권화하면서, 정치를 '제도 밖의 투쟁'과 동일시한다. 이런 관점에서는 '시민권'이 현대 정치에서 차지하는 중요성을 보지 못한다.[48]

3) 시민권의 아포리아 : 민주적·사회적 시민권?

그러나 시민권이란 아포리아적인 개념이다. 사실 시민권은 일정한 배제를 낳는다. 그리스의 아테네에서 여성, 노예는 시민이 될 수 없었고, 19세기 후반까지도 노동계급의 투표권은 보장되지 않았으며, 20세기 초반까지도 여성의 참정권은 대부분의 국가에서 배제되었다. 남아프리카공화국에서는 20세기 후반까지 공식적인 흑인 차별이 존재했다. 오늘날 유럽연합 시민권 역시 일종의 신분제의 역할을 담당하면서 이주민들에 대해 차별적 효과를 만들어 내고 있다.

따라서 발리바르는 시민권과 민주주의는 평화롭게 공존한다고 볼 수 없으며, 오히려 시민권과 민주주의 사이에 이율배반적 관계가 존재한다고 말한다. 즉, 시민권의 확산은 그것을 가능하게 할 민주주의라는 정치 원리를 필요로 하지만, 동시에 민주주의의 보

48 최원, 「민주주의적 시민권? : 발리바르의 민주주의론」, 『민족문화연구』 70호, 2016, 76쪽.

편적 원리를 무제약적으로 확장할 경우 시민권의 제도적 틀 자체가 유지될 수 없다는 딜레마에 봉착한다. 따라서 주민 전체에게 권리를 배분해야 한다는 민주주의의 보편성 논리와 시민권의 특수성 논리(또는 달리 말하면 시민권 자체가 내포한 보편성의 논리와 특수성의 논리)는 언제나 갈등적 관계를 맺어 왔다.

그런데 시민권이 갖는 배타성이나 민주주의에 대한 이율배반적 성격으로 인해, 제한된 시민권을 확장·재구성하기 위한 저항들이 언제나 등장했다. 이런 저항들은 언제나 정치적 변화의 내적 추동력이 되었으며, 발리바르는 넓은 의미에서, 즉 좁은 의미의 '정치체제'라는 의미를 벗어나 정치적 변화를 추동하는 과정에 '민주주의'라는 이름을 붙인다. 달리 말하자면 민주주의는 특정한 정치체제(아르케)가 아니라, 갈등적 세력 관계를 통한 역사적 운동을 포함하는 정치적 투쟁과 변화의 과정에 붙는 이름이다. 물론 발리바르는 이런 양자의 모순적인 상호작용 속에서 정치의 제도적 측면과 주체화의 변증법적 관계를 사유한다는 점에서, 이런 갈등과 모순의 생산적 효과에 주목한다고 말할 수 있다.[49]

이런 모순은 시민권이 오늘날 (일종의 특권적) '신분'으로 기능하는 제1세계 국가들에서 첨예화되고 있다. 이 경우 시민권은 심지어 차별과 배제를 양산함으로써 민주주의의 확대를 가로막는 역할을 하기도 한다. 자신의 권리를 청원하는 주체가 된 난민 또는

---

49 진태원, 「무정부주의적 시민성?: 한나 아렌트, 자크 랑시에르, 에티엔 발리바르」, 『을의 민주주의: 새로운 혁명을 위하여』, 그린비, 2018, 201~202쪽.

이주자들이 새로운 민주적 주체가 되는 순간, 시민권을 향유하는 기존 주민들이 이에 반대하는 역설적 상황마저 전개된다.

이 해결되지 않는 이율배반이자 아포리아적인 상황은 '사회적 시민권' 개념에서도 반복되고 있다. 일부 급진주의 진영의 반대와 달리, 발리바르는 '복지국가'라는 이름으로 표현되는 '사회적 시민권'을 가치 있는 것으로 평가한다. 즉, 20세기 시민권은 단지 자본가의 시혜적 조치가 아니며, 자본주의의 장기적 유지를 위한 위로부터의 수동 혁명도 아니다. 그것은 동시에 계급투쟁의 성과이자 보편적 연대의 실현으로 간주되어야 한다. 사실 국가가 보장하거나 제공하는 대부분의 '사회적 권리'는 능동적 개인들의 지속적 참여에 의해 조건 지어진 것이며, 행위자는 국가가 아니라 시민들의 연대적 실천이다. 사회적 시민권은 사회에 보편주의의 원칙을 도입한 사례로 그 의미를 인정받아야 한다. 능동적인 개인들의 안정적인 직업적 사회 참여를 기반으로 이뤄지는 시민권의 보편적 확산은 소수자들의 권리 증대에도 크게 기여했으며, 여성 역시 직업 참여 확대로 인해 크게 권리 진전을 이루기도 했다.[50]

그런데 이런 사회적 시민권의 보편적 확산은 어디까지나 역사적으로 국가의 국민적 경계 내에서 국가주권의 보호 속에 가능했다. 근대국가는 언제나 "동시에 국민적이면서 사회적인 국가"[51]였다. 사회적 권리들은 국민국가라는 틀 속에서 보편화될 수 있었

---

50 Balibar, Étienne, *Equaliberty*, p. 14.
51 같은 책, p. 17.

다. 문제는 이런 결합이 모순을 내포하고 있다는 것이다. 사회적 시민권의 '보편성'은 국민국가라는 '특수성'의 제약 속에서만 가능했다. 이런 모순으로 인해, 20세기 후반 이래 이른바 '세계화' 국면에서 국민국가의 경계 위기가 초래되고 신자유주의 축적 체제의 효과로 인해 노동과 개체성 사이의 관계가 불안정해지면서 사회적 시민권은 커다란 위기를 맞이하고 있다.

4) 시민권의 역동성과 인권의 정치

이런 위기의 맥락에서 발리바르는 '시민권 제도의 민주화'가 필요하다고 말한다. 그것은 '체류증'이라는 무기를 통해 이뤄지는, 포함과 배제라는 시민권의 제도적 도식이 스스로를 넘어서도록 만드는 것이다. 이를 개념화하기 위해 발리바르는 헤르만 R. 판 휜스테런을 차용한다. 휜스테런에 따르면 (칸트 이래의) '세계 시민권'의 추상적 개념과 달리, 시민권은 제한된 공동체 내에서의 권리이자 의무로 이해돼야 하지만, 동시에 이런 시민권을 혈연적 동질성이라는 폐쇄적 개념으로 이해함으로써 현대사회의 다양성을 배제하는 것 역시 거부해야 한다. 그가 보기에, "시민권은 영원한 본질이 아니라 문화적 인공물이다. 시민권은 사람들이 시민권을 재료로 만들어 내는 산물이다."[52] 그는 따라서 오늘날 '개방

<hr />

[52] 판 휜스테런, 헤르만 R., 『시민권의 이론 : 동시대 민주정들에서 다원성을 조직하기』, 장진범 옮김, 그린비, 2020, 28쪽.

적 시민권', '미완의 시민권'을 사유하고 그 지평을 넓혀 가려는 제도적 실천들이 필요함을 주장한다.

이를 발리바르는 "시민권 제도에 대해 민주주의적 '역량'을 부여하는 구성적 운동"이라고 부른다.[53] 이런 운동은 "시민권의 경계들에서 출발해 시민권을 민주화하고, 따라서 '권리를 만들어 내고' 이로써 국가와 정치를 문명화"[54]하는 시민들 간의 공동의 작업이자 공유된 행동으로서 (아렌트식으로 표현하자면) 하나의 '공통세계'를 구성하는 과정이어야 한다. 여기서도 발리바르가 강조하는 '봉기와 구성의 변증법'의 면모가 드러난다. 즉, 시민권은 포함/배제를 내포하는 제도적 차원의 개념이지만, 동시에 주체적 개념이면서 시민들의 주체화를 낳는 개념으로 전화될 수도 있으며, 그런 주체화의 봉기적 계기들은 새로운 제도적 요소들을 구성할 수 있을 것이다.

그렇다면 이런 과정은 어떻게 가능한가? 시민권의 봉기적 측면, 즉 민주주의의 발명(르포르), 권리의 쟁취, 권리와 의무 사이의 상호성에 대한 재정의 등은 이미 존재하는 시민권의 불변하는 '이념' 그 자체에서 비롯한다. 이것은 이미 1789년 이래 '인권선언'이 포함하고 있는 이념이기도 하다. 이런 의미에서 '민주주의의 발명'은 동시에 민주주의의 '보존'이기도 하다. 시민권의 봉기적 측면, 예컨대 시민 불복종운동은 이미 현대 민주주의가 내포하고

---

53 발리바르, 에티엔, 『우리, 유럽의 시민들?』, 159쪽.
54 같은 책, 160쪽.

1부 미완의 시민권과 팬데믹

있는 이념에 근거하기 때문이다.[55]

여기서 현대 시민권의 특징이 드러난다. 그것은 특정한 개인 주체에 의해 수행되지만, 그것의 획득은 사회적 운동에 의해, 연대의 형태와 언어 속에서 가능하다. 따라서 시민권의 평등자유 유산은 계급투쟁이라는 집합적 실천 속에 드러나는 개인적 참여와 집합적 운동의 유대를 실현한다.[56] 이런 측면에서도 발리바르에게서 '시민권의 정치'와 '인권의 정치'는 상호 결합되어 있다. 양자는 동일한 '변증법적' 시각을 보여 준다. 그것은 '자연권'의 형태로 제시되는 인권 이념과, 그것의 '실증적'·'제도적' 측면인 시민권 제도가 공히 지니고 있는 일종의 '규범적 이념의 추상성'을 그 자체로 거부하는 것이 아니라, 그것의 현실적인 모순적 효과를, 그런 제도적 측면의 변화 가능성의 실현으로 전화하는 실천이다.

이런 '내재적 비판'의 원리는 언제나 발리바르 사유의 핵심 축을 이룬다. 그는 이런 사유 과정을 "급진적 부정성의 형상"[57]이라고 부르기도 한다. 필자가 보기에 발리바르의 이런 '변증법적' 시각은 아도르노가 말하는 '부정변증법적 운동'과 유사성을 갖는다. 아도르노가 보기에, "변증법적 길은 언제나 내재적 비판의 길이다. …… 즉, 사태에 외적 척도가 도입되는 것이 아니라, …… 사태가

---

55 물론 발리바르는 여기에는 자신의 역할을 '보존'에서만 찾으려는 형태의 민주주의는 오늘날의 탈민주주의화를 막을 수 없을 것이라는 단서 역시 필요하다고 덧붙인다. Balibar, Étienne, *Citizenship*, Cambridge: Polity Press, 2015, p. 37.

56 같은 책, p. 43.

57 Balibar, Étienne, *Equaliberty*, p. 90.

자기 자신에게 돌아오기 위해, 그 개념에 비춰 평가되어야 하는 것이다."[58] 현실을 외부의 척도가 아니라 그 자신의 개념적(규범적) 요구에 맞춰 비판하고 그 가능성을 확장하는 부정성의 운동은 발리바르의 인권의 정치와 시민권의 정치에도 적용된다. 중요한 것은 인권 또는 시민권이라는 추상적 이념이 아니다. "인권의 정치는 본질적으로 모호하다." 그것은 따라서 '인도주의적 개입'과 같이 지배적인 실천들에도 적용될 수 있는 양가적인 것이다. 그러나 그것이 내포하고 있는 "민주적 헌정이 기본권의 보호, 그리고 새로운, 확장된 권리들의 실행과 맺는 이상적 결합"이라는 그 개념적·규범적 요구는 그것의 양가성이나 추상성을 근거로 폐기될 수 없는 것이며, 오히려 "민주주의의 발명과 연결되는 봉기적 운동"으로 확장될 필요가 있다.[59]

시민권이 시민들의 집합적 능력(또는 역량)과 관계 맺는다는 것은 시민권이 어떤 선험적 형상에 갇혀 있거나, 미리 완성되어 있지 않음을 뜻한다. 시민권을 근거로 종족적-민족적 차별을 정당화하는 논리에 맞서서, 정치적 권리로서 평등이라는 이념에 입각해 시민권을 재정립하기 위한 사회운동 역시 가능하다. 그것은 시민의 정치적 참여 확장을 이끌어 내는 운동으로서 '정치에 대한 권리'이며, 다시금 이는 아렌트의 '권리를 위한 권리'를 '해방의

58 Adorno, Theodor W., *Einführung in die Dialektik*, Nachgelassene Schriften IV.2, Frankfurt/M, 2010.

59 Balibar, Étienne, "On the Politics of Human Rights", p. 20.

정치'에 적용한 것이라 할 수 있다.

5. 인권의 세속화, 시민권의 민주화

1789년 '인간과 시민의 권리선언', 그리고 1793년의 헌법이 선언한 자연권 사상은 '천부인권'God-given rights이라는 형태로 인간의 '신성한' 권리를 선언한다. 그런데 마르크스의 언급대로, 이런 '신성한' 권리는 정치적 공동체를 해체하는 개인의 사적 권리에 불가침의 신성한 권한을 부여하는 결과로 연결되었다. 오늘날 권리라는 용어는 정치적 시민권을 의미하기도 하지만 많은 경우 사유재산의 권리, 공적 이익에 대한 무관심의 권리, 보편적 물질적 부에 대한 소수의 약탈적 착취의 권리로 이해되기도 한다. 따라서 이런 의미에서의 '인간'의 권리는 '세속화'되어야 한다.

발리바르의 전략대로 인권선언의 인간을 시민과 동일시하는 것은, 이런 맥락에서 '신성한' 인간을 현실적 정치 공동체의 구성원으로 세속화하는 일일 것이다. 그런데 이런 세속화는 동시에, 부르주아로서의 원자화된 개인이라는 인간 관념의 일면성을 넘어, 개인들 사이의 연대가 가능한 시민들의 정치화·주체화를 사유하는 것으로 연결된다. 이런 시민권은 오늘날 '체류권'의 이름으로 일종의 특권으로 작용하고 있으며, 따라서 시민권의 정치는 시민권의 고유한 효력을 가능하게 하는 제도적 틀과 경계를 근본적으로 부정하지 않으면서도, 그것을 시민들 간의 연대적 주체화를 통해 민주화하는 전략을 택한다.

그런데 오늘날은 '시민의 소멸'을 경험하는 시대다. 사회적 경쟁의 압력 속에 개인을 몰아넣는 신자유주의의 반정치성은 '시투아앵으로서의 시민'을 원자화된 부르주아로 해체하는 탈정치화의 과정을 무서운 속도로 밟아 왔다. 오늘날 '시민권자'란 사회적으로는 신분적 지위를 나타내지만, 실제로는 투표권에 불과한 '이름뿐인' 시민권, '명목적' 시민권의 불분명한 수혜자로 전락했다.[60]

필자가 보기에, 이런 시대에는 근대적 권리의 주체로서 '인간'이 부르주아로 환원되며, 정치적 시민의 존재가 소실된다는 『유대인 문제에 관하여』의 마르크스의 비판은 (발리바르가 지적하는 그 일면성이라는 한계에도 불구하고) '시장'이라는 사회적 권력이 어떻게 정치적 공동체성을 파괴하는지, 정치적 시민권을 어떻게 와해하는지라는 주제 속에 재조명될 수 있다.

마찬가지로 아렌트의 '인권의 난제들'은 국민국가의 배타성과 세계화의 압력이 동시에 상승하는 모순적인 국가 질서 속에서 '인간'의 권리는 소멸하며, 시민권이 사실상 특권적 '신분'으로 전락하고 체류권이 하나의 무기가 되어, 지구상에 존재하는 수백만의 무국적 고향 상실자들을 권리의 외부로 배제할 위험성을 보여 준다는 점에서 난민이 현대사회의 정치적·윤리적 상황의 핵심을 이루는 오늘날 시효를 잃지 않고 있다. 또한 '권리를 위한 권리'라는 '아렌트의 정리'는 오늘날 이런 시민권의 딜레마적 상황에서 어떻

---

60 Pfeifer, Geoff, "Balibar, citizenship, and the return of right populism", *Philosophy and Social Criticism*, 2019, pp. 11~14.

게 해방의 정치를 사유할지에 관한 통찰에 기여한다.

발리바르는 이런 맥락에서 오늘날 '인권의 정치'와 '시민권의 정치'로부터 해방의 정치를 사유하기 위한 다양한 사유 모험들을 시도했다. 그것은 한마디로 "시민의 주체 되기"citizens' becoming a subject[61]라는 표현으로 요약할 만하다. '주체'를 뜻하는 단어 수브 엑트subject(프랑스어 쉬제sujet)는 본래 근대 초기까지 '신민, 예속된 자, 복종하는 자'를 의미하는 라틴어 수브엑투스subjectus에 해당하는 뜻을 가진 단어였다. 이후 칸트 이래 근대 철학에서는 철학적 '주체'가 강조되면서 이 단어는 동시에 '주체'(수브엑툼subjectum)이자 '신민'(수브엑투스)을 이중적으로 뜻하게 되었다. 정치적으로 이런 의미의 변화는 주체의 '자발적 복종'을 강조하는 것으로 이어졌다.

역사적으로, 수브엑투스와 완전히 단절하는 수브엑툼으로서의 주체는 1789년 프랑스혁명과 시민의 등장 이후 비로소 가능했다. 이런 의미에서 발리바르는 '인권'과 '시민권'의 탄생은 곧 '정치적 주체'의 탄생과 일치한다고 본다. 따라서 같은 맥락에서 "시민의 주체 되기"는 동시에 "주체의 시민 되기"becoming-citizen of the subject[62]이기도 하다. 즉, '시민'의 등장은 주체subject가 예속subjection에서 벗어나 주체화subjectivation되는 과정을 의미하는 것이기도 했다.

바로 이런 맥락에서 필자는 시민의 주체 되기, 또는 주체의 시

---

61 Balibar, Étienne, *Citizen Subject*, p. 30.

62 Balibar, Étienne, *The Infinite Contradiction*, p. 156.

민 되기야말로 오늘날 필요한 시민권의 정치를 압축적으로 보여주는 것이 아닐까 싶다. 오늘날의 신자유주의 사회에서는 아렌트가 '사회적인 것의 등장' 또는 '사적 자유의 승리'로 표현한, 또는 마르크스가 '부르주아사회'라는 이름으로 비판한 '사적인 것(오이코스)의 권력'이 공적 자유 공동체적 연대 관계를 근본적으로 와해하고 있다. 이렇듯 자립화된 오이코스의 권력에 대한 대항 정치를 만들어 가는 과정은 '인권의 세속화'이자 '시민권의 민주화'의 방향을 택해야 할 것이며, 나아가 이는 다시금 '시민의 주체 되기'이자 '주체의 시민 되기'를 요구할 것이다. 그리고 이는 공동선을 상실하고 '제로섬' 경쟁에만 몰두해 있는 오늘날 '공통의 것'을 복원하기 위한 정치의 필요성을 함축한다. 새로운 보편성의 창출을 위한 대항 정치의 관점에서 새로운 인권과 시민권의 정치를 발명할 때다.

참고문헌

김정한, 「한국 맑스주의의 위기 이후 인문학의 쟁점들」, 『인문학연구』 제31집, 2019,
317~340쪽.

랑시에르, 자크, 『불화 : 정치와 철학』, 진태원 옮김, 도서출판 길, 2016.

르포르, 클로드, 『19~20세기 정치적인 것에 대한 시론』, 홍태영 옮김, 그린비, 2015.

발리바르, 에티엔, 『대중들의 공포 : 맑스 전과 후의 정치와 철학』, 최원·서관모 옮김,
도서출판b, 2007.

_____, 『우리, 유럽의 시민들? : 세계화와 민주주의의 재발명』, 진태원 옮김, 후마니타스,
2010.

벤하비브, 세일라, 『타자의 권리 : 외국인, 거류민 그리고 시민』, 이상훈 옮김, 철학과
현실사, 2008.

서용순, 「19~20세기 해방정치 이념에 대한 비판적 검토」, 『인문학연구』 제30집, 2018,
47~72쪽.

아감벤, 조르조, 『호모 사케르 : 주권 권력과 벌거벗은 생명』, 박진우 옮김, 새물결, 2008.

아렌트, 한나, 『인간의 조건』, 이진우·태정호 옮김, 한길사, 2012.

_____, 『전체주의의 기원』, 이진우·박미애 옮김, 한길사, 2017.

_____, 『혁명론』, 홍원표 옮김, 한길사, 2017.

장진범, 「에티엔 발리바르 : 도래한 시민(권)을 위한 철학적 투쟁」, 홍태영·장태순·최정우
외, 『현대 정치철학의 모험』, 난장, 2010.

전혜림, 「인간과 시민, 자유와 평등 사이 : 아렌트와 발리바르의 인권과 시민권의 정치」,
『철학논집』 제47집, 2016, 123~150쪽.

진태원, 「마르크스주의의 탈구축 : 네 가지 신화와 세 가지 쟁점」, 『인문학연구』 제30집,
2018, 73~118쪽.

_____, 「무정부주의적 시민성? : 한나 아렌트, 자크 랑시에르, 에티엔 발리바르」, 『을의
민주주의 : 새로운 혁명을 위하여』, 그린비, 2018.

최원, 「민주주의적 시민권? : 발리바르의 민주주의론」, 『민족문화연구』 70호, 2016,
71~94쪽.

판 휜스테런, 헤르만 R., 『시민권의 이론 : 동시대 민주정들에서 다원성을 조직하기』,
장진범 옮김, 그린비, 2020.

하비, 데이비드, 『맑스의 「자본」 강의』, 강신준 옮김, 창비, 2011.

Adorno, Theodor W., *Einführung in die Dialektik*, Nachgelassene Schriften IV.2, Frankfurt/M, 2010.

Arndt, Andreas, *Geschichte und Freiheitsbewusstsein*, Berlin, 2015.

Balibar, Étienne, *Citizen Subject: Foundations for Philosophical Anthropology*, Fordham University Press, 2017.

_____, *Citizenship*, Cambridge: Polity Press, 2015.

_____, "(De)Constructing the human as human institution: A reflection on the coherence of Hannah Arendt's practical philosophy", *Social Research*, Vol. 74, No. 3, 2007, pp. 727~738.

_____, *Equaliberty: Political Esaays*, Duke University Press, 2014.

_____, "On the Politics of Human Rights", *Constellations*, Vol. 20, No. 1, 2013, pp. 18~26.

_____, "The Infinite Contradiction", *Yale French Studies*, No. 88, 1995, pp. 142~164.

Loick, Daniel, *Abhängigkeitserklärung: Recht und Subjektivität*, Jaeggi, Rahel/ Ders. (Hg.): *Nach Marx: Philosophie, Kritik, Praxis*, Frankfurt/M, 2014.

Marx, Karl, *Brief an Arnold Ruge*, Marx-Engels-Gesamtausgabe (MEGA) I.2, Berlin, 1974.

_____, *Zur Judenfrage*, Marx-Engels-Gesamtausgabe (MEGA) I.2, Berlin, 1974.

McCarthy, George E., *Marx and Social Justice: Ethics and Natural Law in the Critique of Political Economy*, Chicago: Haymarket Books, 2018.

Neuhouser, Frederick, *Marx (und Hegel) zur Philosophie der Freiheit*, Jaeggi, Rahel und Daniel Loick (Hg.), *Nach Marx: Philosophie, Kritik, Praxis*, Frankfurt/M, 2014.

Pfeifer, Geoff, "Balibar, citizenship, and the return of right populism", *Philosophy and Social Criticism*, 2019, pp. 1~19.

2장

'여성'해방 기획으로서
시민적 참여와 정치적 감정

1. 팬데믹 시절, 돌봄 노동을 다시 생각하다

코로나19 비상사태가 이제 뉴노멀이 되고 있다. 마스크 없는 외출은 상상조차 힘들다. 코로나19 초기 한국의 '방역 위생 독재'와 공손한 '시민 의식'은 개인의 자유와 사생활을 중시하는 '서구의 시선 아래' 아시아적인 집단주의로 비춰졌다. 게다가 아시아인들은 '우한' 바이러스를 전파한 주범으로 무차별적인 인종 혐오의 대상이 되었다. 다른 한편 유럽은 수많은 생명이 죽어 나가도, '자유가 아니면 죽음을 달라'던 혁명 정신을 마스크 쓰기 투쟁에 적용한 듯했다. 코로나19로 인한 사망이 마치 마스크를 쓰지 않을 개인의 자유를 수호한 대가인 양 굴었다. 인간 자신이 바이러스와 합체된 보균자임을 무시한 채, 감염은 타자의 탓이 된다. 팬데믹(대유행) 시절에도 청결한 면역 주체라는 서구적 나르시시즘은 여전했다.

코로나19 팬데믹 상황에서 한국 정부는 개인적인 이동의 자유를 침해하는 강제적인 전면 봉쇄 조치에 들어가지는 않았다. 대신이른바 '아시아적인 집단적' 시민 의식을 강조하고 계몽해 왔다. 그것은 코로나19 바이러스 확산에 최적 환경인 '3밀'(밀폐·밀접·밀집)에서 벗어나라는 것이었다. 적어도 시민으로 호명된 사람들은 고강도 거리 유지를 자발적으로 준수해야 한다. 정은경 질병관리청장의 계몽처럼, 이제 '시민적 연대는 모이는 것이 아니라 흩어지는 것'이다.

팬데믹 상황에서는 누구나 감염될 수 있다. 영국 수상이든, 슬럼가의 흑인이든, 인도의 빈민 여성이든, 한국의 이태원 클럽 출입자든, 신천지 신자든 차별하지 않는다. 누구나 감염될 수 있다는 점에서 코로나19는 국적·인종·지위·지역·성별·섹슈얼리티·나이·장애·종교 등에 상관없이 전이될 수 있다. 하지만 평등하게 감염되더라도 의료 혜택, 보건 위생, 주거와 노동환경에 따라 결과는 확연히 달라진다. 방치된 독거노인들, 용도가 다한 '오케이 부머들', 장애인들, 격리로 인해 가정 폭력에 시달리는 여자들, 불법 체류 노동자들, 난민들, 시민권이 없는 사람들, 조르조 아감벤이 '호모 사케르'라고 일컬었던 사람들에게 코로나19로 인한 죽음은 결코 평등하게 다가오지 않는다. 코로나19 바이러스 탓에 글로벌 양극화가 초래한 적나라한 불평등의 민낯이 여과 없이 드러났다.

그로 인해 사회적 약자들에게 의존했던 돌봄의 정치경제가 부각되었다. 자가 격리는 상호 의존성, 상호 관계성에 다시금 주목하게 만들었다. 신자유주의적 자본주의 "체제에서 이상적인 시민이란 자율적이고 기업가적이며 실패를 모르고 자급자족할 수 있는 사람이다."[1] 각자도생의 시장 사회를 정당화해 온 신자유주의적 자본주의는 돌봄을 시민사회의 정의의 문제가 아니라 개인의 역량에 달린 문제로 합리화해 왔다. 하지만 생존은 시장경제로 해결되는 것이 아니라 돌봄의 정치경제에 달린 문제다. 시장경제에서 사라진 시민사회의 복원에 상호 의존성과 상호 관계성이 필수

---

1 더 케어 콜렉티브, 『돌봄 선언 : 상호 의존의 정치학』, 정소영 옮김, 니케북스, 2021, 29쪽.

적임을 새삼스럽게 인지하도록 만들어 준 것, 그것이 팬데믹 사태가 보여 준 역설적인 효과 가운데 하나다.

숨쉬기가 불편해졌을 때 비로소 보이지 않았던 공기의 존재를 의식하듯, 자가 격리의 시대이므로 인간 생존의 기본 값이 돌봄과 상호 의존의 네트워크에 기초해 있다는 점이 가시화되었다. 그동안 돌봄 노동은 보이지 않는 저렴한 노동으로 주변화되었다. 생존에 필수적인 노동은 여성화된 노동으로 간주되어 저평가되고 저임금에 묶였다. 그럼에도 타인의 생존이 가능하도록 해주는 돌봄 종사자들은 자기의 생존을 위험에 빠뜨리면서 일한다. 코로나19 비상사태로 인해 '아파도 일한다'가 아니라 '아프면 쉰다'는 사회적 합의에 이른 것처럼 보인다. 이런 사회적 합의에서 배제된 사람들이 언제나 존재한다. 생존을 위해 일하지 않으면 생계가 막연한 사람들이다. 택배 기사, 환경미화원, 간호사, 요양 보호사, 교사 등의 돌봄에 의존함으로써 나의 삶이 가능했다면, 인간이 어떻게 완벽한 자율성·독립성을 주장할 수 있을까?

디지털 4차산업 시대에 잔혹하게 갈려 나간 돌봄 가치와 새삼스럽게 마주하면서, '페미니즘은 무엇을 해야 하는가'라는 질문과 다시금 대면한다. 돌봄은 시민사회의 정의를 실현하는 데 기본 값으로 작동한다. 시민사회의 평등과 정의를 주장해 온 것이 페미니즘의 장구한 역사이기도 하다. 그런 맥락에서 사회주의 페미니스트인 낸시 프레이저와 자유주의 페미니스트인 마사 누스바움에 주목해 보고자 한다. '포스트' 페미니즘 이후 자유주의 페미니즘, 사회주의 페미니즘은 이미 낡은 이론처럼 간주되고 있다. 페미니즘 '진영'에서 그들은 '핫'한 이론가도 아니다. 이론에도 유행은 있다. 하지만 이들이 제기하는 문제는 잊었을 뿐 해결된 것은 아니다. 돌봄 노동은 저평가되고 여성 혐오가 시대정신으로 일컬어지는 시대에 프레이저의 여성해방 기획과 누스바움의 '정치적 감정'을 통해 페미니즘의 기본 값을 재고할 필요가 있다.

이 글에서는 정치적·이론적 입장이 서로 다른 두 사람이 상호 보완할 만한 맥락을 짚어 보고자 한다. 사회주의 페미니스트로서 낸시 프레이저는 계급·젠더 해방 기획을 이상으로 삼는다. 노동자의 집단 주체성 개념이 허물어진 신자유주의 시대를 살아가는 사람들에게 그녀의 해방 기획은 공허하게 들릴지 모른다. 원론적으로 해방과 혁명을 말하기는 쉽다. 사회적 변혁이라는 공적 명분에는 동의한다고 할지라도 그것이 개인의 욕망과 충돌할 때, 공공의 선에 참여하는 시민 주체가 되기는 쉽지 않다. 악마는 대의명분에서가 아니라 세부적인 것에서 출현한다.

그렇다면 4차산업 시대 시장이 흡수한 시민사회를 복원하고 공공의 선에 필수재인 시민적 참여는 어떻게 가능한가? 무엇이 사람들을 움직이게 만드는가? 혐오가 지배하는 시대에 어떻게 인류애로 나아갈 수 있는가? 그런 움직임을 어떻게 변혁의 힘으로 만들어 낼 수 있는가? 페미니즘의 해방 기획에 감정의 정치는 어떻게 개입하는가? 마사 누스바움은 공공의 선을 위한 시민적 참여를 의무적으로 조기 교육해야 한다고 주장한다. 낸시 프레이저가 제시한 사회주의 페미니즘의 삼각형 모델(경제적 분배, 문화적 인정, 정치적 대표성)에 마사 누스바움의 정치적 감정의 '배치'가 필요한 이유다. 이 글에서는 두 이론가를 통해 페미니즘의 해방 기획으로서 정치적 감정과 시민적 참여를 고민해 보고자 한다.

2. 낸시 프레이저 : 여성주의 해방 기획

마사 누스바움이 인문학적인 교양 교육을 통해 세계 시민 정신을 고양해야 한다고 주장한다면, 낸시 프레이저는 글로벌 젠더의 정치경제를 통해 '지구적 정의'를 주장해 왔다. 서구에서 케인스식 복지국가와 베스트팔렌식 영토 국가 체계를 중심으로 한 자민족 중심주의는 자국 '시민'들에게는 복지 정책을 통해 그나마 분배 정의를 실현해 왔다. 하지만 그로 인해 다른 국가(제3세계 등)에 어떤 부정의를 초래하는지에 주목하지 않으면, 정의에 바탕을 둔 서구 시민사회는 타자에 대한 부정의에 구조적으로 의존하지 않을 수 없다.[2]

21세기에 이르러 글로벌 디지털 기업들은 베스트팔렌식 자국 중심주의를 넘어 세계의 부를 채굴하면서 지구환경에 재앙을 초래하고 있다. 나오미 클라인은 글로벌 재난을 호재로 삼아 불평등을 심화하는 방향으로 자원을 채굴하는 것이 재난 자본주의라고 비판한다.[3] 코로나19로 일상이 멈추고 도시가 봉쇄되자 수많은 기업들이 도산했지만 불과 한 줌의 디지털 기업들과 다국적 제약 회사들의 자산은 폭발적으로 증가하고 있다. 플랫폼 사업을 통해 세계의 자본을 흡혈귀처럼 채굴한 제프 베이조스 전 아마존 CEO

---

2 프레이저, 낸시, 『전진하는 페미니즘 : 여성주의 상상력, 반란과 반전의 역사』, 임옥희 옮김, 돌베개, 2017, 261~268쪽.

3 클라인, 나오미, 『자본주의는 어떻게 재난을 먹고 괴물이 되는가』, 김소희 옮김, 모비딕북스, 2021, 363~393쪽.

는 팬데믹 동안 240억 달러를 벌었으면서도 직원들의 병가조차 허용하지 않았다.[4] 베이조스가 스스로 밝히듯 우주 기업 블루 오리진은 아마존 소비자들의 돈으로 우주여행 상품을 출시했다. 세계가 탄소 배출 제로를 말하고 있지만 그들은 미래가 불타든 말든 아랑곳하지 않는다. 그들은 쓰레기 더미로 뒤덮이고 기후변화와 대기오염으로 죽어 갈 지구 행성을 떠나고자 한다. 일론 머스크 등은 2050년 화성 이주 100만 명을 꿈꾼다. 이 기업들은 상상을 초월할 글로벌 양극화를 초래하면서 글로벌 불평등이 마치 자연현상인 것처럼 만들어 낸다. 이 지점에서 낸시 프레이저가 글로벌 정의를 요청한 점에 다시 주목할 필요가 있다.

낸시 프레이저는 페미니즘 이론과 운동을 3막짜리 드라마로 구성한다.[5] 1막의 프로타고니스트는 1960~70년대 제2의 물결 페미니스트들이었다. 제2의 물결은 자본주의 체계의 변혁을 도모한 급진적 봉기였지만 단명했다. 2막은 1980년대 레이거노믹스의 신자유주의와 더불어 문화주의 페미니즘의 부상이었다. 신자유주의에 반발했던 문화주의 페미니즘은 아이러니하게도 그것과 공모 관계가 되어 버렸다고 그녀는 비판한다. 그들은 문화적 인정 투쟁과 젠더 차별에 집중하면서 경제적 분배 정의를 등한시했다. 결과적으로 경제적 양극화가 극단으로 치달은 바로 그 시점에 문화주의 페미니즘이 정체성의 정치로 나아간 것은 '잘못된 길'이었다.

---

4 더 케어 콜렉티브, 『돌봄 선언』, 167쪽.
5 프레이저, 낸시, 「3막짜리 연극에 부치는 프롤로그」, 『전진하는 페미니즘』, 9~32쪽.

그들의 '온건한' 문화정치는 '정치적 올바름'을 통해 페미니즘을 순치했다. 그런 투쟁은 자본주의 타도를 외쳤던 사회주의 페미니스트의 입장에서 보자면 원하든 원치 않든 기존 사회와 공모하는 것처럼 비친다. 물론 이것은 페미니즘에만 국한된 현상은 아니었다. 신좌파 운동 전반이 뉴라이트 세력에게 넘어갔다는 통탄이 나온 것도 그 무렵이었다. 3막은 2008년 금융 위기로 말미암아 페미니즘이 다시금 경제적 분배 정의에 시선을 돌리는 시기였다. 따라서 1% 대 99%의 극단적 양극화 시대에 경제적 분배 정의 실천과 더불어 정체성의 정치를 동시적으로 진행해야 한다는 것이 낸시 프레이저의 입장이다. 여기에 덧붙여 탈정치화 시대에 정치적 참여와 정치적 대표성을 강조한 것이 '수정된' 그녀의 입장이기도 하다. 정치적 목소리의 비대칭성에 저항할 때 해방 기획으로서 페미니즘의 장구한 꿈이 작동할 수 있으리라고 그녀는 믿는다.

섬세한 차이에 입각한 정체성의 정치는 인종·계급·민족·종교 등은 말할 것도 없거니와 섹슈얼리티에 따라서, 즉 LGBITTQ(레즈비언, 게이, 바이, 간성, 트랜스 젠더, 트랜스 섹슈얼, 퀴어)에 따라 촘촘하게 세분화되었다. 정체성의 불가능성을 주장한 퀴어 운동은 아이러니하게도 정체성의 정치에 토대하고 있다. 정체성의 정치에 따르면 각각의 차이와 억압의 지점이 그들의 정체성을 형성하는 토대로 기능하기 때문이다. 이처럼 분화된 정체성의 정치는 신자유주의의 탈정치화에 부합하는 것처럼 보였다. 신자유주의는 경제적인 것을 문화주의로 채널을 돌리게 함으로써 정치경제학을 찬밥으로 만드는 데 일조했고, 페미니즘의 문화주의가 이에 가세한 셈이 되어 버렸다. 여기서 "탈정치화란 불평등, 종속, 주변화,

사회 갈등과 같이 정치적인 분석과 해결책을 필요로 하는 문제들을 자연화함으로써 정치적으로 생산된 정체성을 존재론으로 만들어 버린다"[6]는 뜻이다.

1980년대 이후 신자유주의 이데올로기에 바탕을 둔 레이거노믹스가 복지 예산 감축을 위해 '복지맘'을 어떻게 정치적으로 발명했는지를 밝힌 논문이 낸시 프레이저가 린다 고든과 공저한 「의존의 계보학」[7]이다. 복지 의존성에 대한 논쟁이 한창일 때, 레이거노믹스는 복지 수당으로 세단을 몰고 다니면서 일하지 않고 의존적이며, 게으르고 무책임한 여성의 표본으로 흑인(아프리카계 미국인) 싱글맘의 이미지를 부각했다. 그런 전략은 효과적으로 복지 예산을 감축하게 했다. 백인 여성도 아니고 주로 10대 비혼모 흑인 여성들이 줄줄이 아이를 낳아서 '우리'의 혈세로 호의호식하도록 내버려 둘 수는 없다는 것이 뉴라이트들의 공격이었다. 1980년대 백래시의 물결은 무엇보다 돌봄 복지 예산을 축소하자는 뉴라이트들의 반동적인 입장에 힘을 실었다.

시대적 맥락에 따라 의존적인 사람들은 발명되었다. 의존성의 역사적 계보에 따르면 ① 극빈자, ② 식민지인, ③ 가정주부, ④ 싱글맘 등으로 분류된다. 의존의 계보학에서, 전前자본주의 단계의 가부장적 사회에서 의존은 수치스러운 것이 아니었다. 중세 시대 소수의 봉건귀족을 제외하고는 절대다수가 귀족의 영지에 의지해

---

6 브라운, 웬디, 『관용』, 이승철 옮김, 갈무리, 2010, 40~41쪽.

7 프레이저, 낸시, 「의존의 계보학」, 『전진하는 페미니즘』, 119~156쪽.

살았기 때문이다. 하지만 자본주의사회가 되자 의존은 수치스러운 것이 된다. 이제 절대다수가 임금노동자로서 임금에 '의존'하고 있음에도 남성 노동자들은 경제적으로 독립적인 존재로 간주되었다. 그들에게는 핵가족의 가장으로서 가족을 책임진다는 자부심과 환상이 부여되었다. 따라서 자기 노동력으로 충분히 벌어먹고 살 수 있음에도 여전히 의존적인 사람들은 부끄러워해야 할 잉여 인간이 되어 버린다. 다른 한편, 여성은 임노동 시장에서 배제됨으로써 가정주부라는 직업이 탄생했다. 경제적 독립이 어려웠던 여성들은 남성 가장에게 의존적이지 않을 수 없었다. 의존성에도 위계는 있어서 기혼 여성들의 의존성은 좋은 의존인 반면, 혼외자를 낳고 복지 수당에 의존하는 싱글맘들은 나쁜 의존성에 기생하는 존재들이 되었다.

고든과 프레이저는 의존성/독립성의 이분법을 해체하고자 한다. 즉, 독립성은 바람직한 것, 의존성은 수치스러운 것으로 만드는 윤리적 위계화는 산업자본주의 시대 남성 임노동자를 독립적인 생계 부양자로, 가정주부를 집 안의 천사로 배치하는 성별 노동 분업에서 비롯된 것이었다.

그들의 재해석에 따르면 복지 의존적인 '복지충'으로 조롱의 대상이었던 흑인 싱글맘들의 돌봄 투쟁이야말로 무보수 가사 노동의 임금화에 기여했다. 그들의 임신·출산·양육으로 키워 낸 아이들은 사회의 공공재다. 미래의 노동력과 납세자가 될 것이기 때문이다. 노예제에 시달렸던 흑인 여성들은 자기 가족을 가질 수조차 없었다. 노예제 폐지 이후에도 그들은 백인 가정의 아이들을 보살핀 대가로 그나마 자기 아이들을 키울 수 있었다. 남의 아이를 키우면 보수가 지불되지만 자기 아이를 키우면 보수가 없다. 타인의 아이를 돌볼 때만 비로소 육아는 돌봄 '노동'이 된다. 흑인 싱글맘들이 자기 아이를 돌보면서 복지 수당을 요구하면 '복지충'이 되지만 남의 아이를 돌보면 지불 노동이 된다. 남의 아이를 보살피느라 자기 아이들을 부실하게 돌본 대가로 정부는 그들의 아이를 빼앗아 위탁 부모에게 맡기기도 한다. 위탁 부모에게 더 많은 수당을 주면서도 자기 아이들을 돌봐야 하는 흑인 싱글맘들은 복지에 기생하는 무책임하고 의존적인 여성이 되어 버린다. 흑인 여성들이 자기 아이들을 이웃과 서로 바꿔 키우겠다며 시위한 것도 그런 이유에서다. 이처럼 부조리한 복지 프로그램에 대한 흑인 여성들의 저항과 투쟁으로 보살핌은 돌봄 노동으로 인정받게 되었다.

사회주의 페미니스트들은 사회적 약자들이 담당한 돌봄 노동에 특히 주목해 왔다. 이탈리아 사회주의 페미니스트인 마리아로사 달라 코스타는 『집안의 노동자 : 뉴딜이 기획한 가족과 여성』에서 시민사회의 정치적 주체에서 배제되어 버린 여성들을 정치 세력화하기 위해 돌봄 노동을 사회변혁의 핵심으로 삼는다.[8]

그녀의 관점에서 보자면 여성의 무임금 돌봄 노동으로 생산된 잉여의 수혜자는 자본가 계급이다. 따라서 돌봄의 임노동화 투쟁은 자본주의 사회변혁의 그라운드제로이며 여성을 변혁의 정치적

---

8 코스따, 마리아로사 달라, 『집안의 노동자 : 뉴딜이 기획한 가족과 여성』, 김현지·이영주 옮김, 갈무리, 2017, 178~204쪽.

주체로 만들어 줄 것으로 보았다. 자본주의사회에서 생산/재생산의 핵심에 있는 가정주부는 단지 가부장제에 공모하는 비주체적이고 비정치적인 존재가 아니라 자본주의 타도의 최전선에 설 수 있는 정치 세력이 된다. 그런 맥락에서 실비아 페데리치 또한 '혁명의 영점'으로 가사 노동의 정치성을 강조한다.[9] 핵가족을 구성할 수 없거나 할 마음이 없는 퀴어들의 1인 가구 입장에서는 돈 몇 푼 더 받아 가족주의를 지탱하는 것이 무슨 변혁이냐고 비아냥거릴 수도 있다. 페데리치는 이런 비판에 대해 돌봄 노동 투쟁은 단지 돈 몇 푼이 아니라 여성들이 시민사회와 맺고 있는 관계를 바꾸어 내는 정치적 참여임을 강조한다.

이런 주장은 자본주의 시장경제를 돌봄 경제로 전환해야 한다고 역설하는 낸시 폴브레에게서도 찾아볼 수 있다. 폴브레는 시장의 '보이지 않는 손' 대신 돌봄의 '보이지 않는 가슴'[10]을 주장한다. 애덤 스미스는 『국부론』에서 식탁을 풍성하게 하려면 푸줏간 주인이나 빵집 주인의 자비와 도덕 감정에 호소할 것이 아니라 그들의 이익에 호소하라고 말한 바 있다. 하지만 평생 독신으로 살았던 애덤 스미스의 식탁을 차려 준 사람은 푸줏간 주인이나 빵집 주인이 아니라 그의 어머니였다. 그는 어머니의 집안일은 경제적인 활동에 포함하지조차 않았다. 보이지 않는 손 너머에 보이지

9 페데리치, 실비아, 『혁명의 영점 : 가사노동, 재생산, 여성주의 투쟁』, 황성원 옮김, 갈무리, 2013.

10 폴브레, 낸시, 『보이지 않는 가슴』, 윤자영 옮김, 또 하나의 문화, 2007, 22쪽.

않는 젠더가 있다는 점을 그는 무시했다. 버지니아 울프는 『자기만의 방』에서 왜 우리 어머니들은 이렇게 가난한지를 통탄한 적이 있다.[11] 사회주의 페미니스트들의 입장에서 보면, 성별 노동 분업에 따라 집 안의 천사에 만족해야 하는 여성들은 세월이 갈수록 점점 더 가난해진다. 폴브레는 여성의 가난을 이렇게 설명한다. 세 명의 아이를 생산·양육해 미래 세대를 공급해 온 여성에게는 은퇴도 없고, 연금도 없다. 반면 독신으로 평생 직장 생활을 한 남성에게는 부양가족 수당뿐만 아니라 은퇴 후 연금이 나온다. 그가 연금을 받을 수 있었던 것은 세금을 납부할 다음 세대를 키운 여성이 있었기 때문이다. "여성 노동은 공기와 물처럼 공짜로 구할 수 있는 자연 자원"[12]으로 취급받는다. 돌봄·사랑·의무·호혜와 같은 가족 가치에 바탕을 두고 이윤을 챙긴 자본주의가 가족 해체에 앞장선 것은 자가당착이다.

여성의 무보수 가사 노동과 가족 임금화에 대한 페미니즘의 접근은 급진적인 여성해방 기획이었지만, 새로운 자본축적 형태로 흡수되는 결과로 이어졌다. 여성들은 자본시장에서 저임금 노동자로 동원되었고, 핵가족의 이상은 무너졌으며, 맞벌이 가족은 대량생산되었다. 사회주의 페미니스트들의 가내 생산양식 분석과 임노동화 투쟁은 남성들에게 부양가족 수당이라는 이름으로 지불되었다. 가사 노동의 임금화 투쟁은 여성들에게 사회변혁의 혁명

---

11 울프, 버지니아, 『자기만의 방』, 이소연 옮김, 펭귄클래식코리아, 2010, 60쪽.
12 폴브레, 낸시, 『보이지 않는 가슴』, 116쪽.

적 위치와 경제적 자립보다는 또다시 가족수당에 의존해야 하는 사태로 변형되었다. 복지국가의 가부장적 부성주의에 대한 페미니스트들의 비판은 뉴라이트들의 보모 국가(보모처럼 보살펴 빈민들을 나약하고 복지 의존적으로 만드는 국가)로 전유되었다. 케인스주의 복지국가의 이상은 신자유주의에 이르러 완전히 퇴색하고 시민사회는 시장 사회에 흡수되었다.

낸시 프레이저는 「가족 임금 그다음」에서 세 가지 시나리오를 제시한다.[13] 가족 임금의 시대는 "보편적 생계 부양자"universal bread-winner 시대로 전환된다. 이것은 자유주의자들과 평등주의 페미니스트들의 전제다. 이 모델은 남녀가 평등하게 남성 생계 부양자를 보편적 모델로 삼는다. 남녀는 평등하므로 여성도 남성처럼 될 수 있다는 주장인데, 이 모델의 문제는 보편적 규범으로서 남성만을 남겨 둔다는 점이다. 그렇게 되면 여성적인 삶은 또다시 남성적인 삶에 종속된다. 두 번째 시나리오인 "동등한 돌봄"caregiving parity은 생계 부양자 모델만큼이나 돌봄에 동등한 가치를 두는 것이다. 여성은 남성과 다르고 차이가 있다. 따라서 여성의 돌봄 노동은 남성의 생계 노동과 동등한 것이다. 이 모델은 저렴한 돌봄 노동의 가치를 생계 부양 수준으로 높였다는 점에서 돌봄 제공자에게 자긍심을 부여하는 의미가 있다. 돌봄은 '집 안에서 논다'가 아니라 '집 안에서 돈을 번다'로 전환된다. 하지만 돌봄 노동은 여성의 차이에 바탕을 둔 여성적인 노동으로 재고정할 위험이 있다.

---

13 프레이저, 낸시, 「가족 임금 그다음」, 『전진하는 페미니즘』, 157~192쪽 참조.

1부 미완의 시민권과 팬데믹

낸시 프레이저가 제시한 제3의 길은 "보편적 돌봄 제공자"uni-versal caregiver로, 남성을 여성과 같은 보편적 돌봄의 위치로 설정하는 것이다(지금 스웨덴 여성주의자들의 시도). 돌봄을 최우선적인 시민사회의 가치로 설정하며, 모든 사람을 생계 부양 남성 노동자 모델이 아니라 여성적인 돌봄 제공자 모델에 정초하는 것이다. 생계 부양자와 돌봄 제공자의 이분법을 지양하면서도, 보편적 생계 부양자 모델의 노동 중심주의를 지양하는 동시에 "동등한 보살핌" 모델의 개별적 가족주의를 극복하려 한다. 아직 어디에서도 실현된 적이 없는 보편적 돌봄 제공자 모델이야말로 젠더 정의를 실현하는 것이며, 모든 사람의 안정을 제공하는 것이라고 그녀는 힘주어 말한다.

반세기 동안 페미니즘의 부침과 더불어 2008년 금융 위기를 경험하면서 그녀는 기존 사회주의 페미니즘의 계급/젠더 이중 체계론 대신 새로운 프레임을 제안한다. 그것이 돌봄에 바탕을 둔 경제적 재분배redistribution-문화적 인정recognition-정치적 대표성repre-sentation이라는 삼각형 모델이다. 이 삼각형은 어느 하나로 환원되는 것이 아니라, 각각의 영역이 독립성과 자율성을 지닌다. 이런 모델을 통해 여성해방 기획은 ① 반빈곤 원칙, ② 반착취 원칙, ③ 소득 평등 원칙, ④ 여가 시간 평등, ⑤ 존중의 평등, ⑥ 반주변화 원칙, ⑦ 반남성 중심주의 원칙을 중심으로 하는 운동을 전개하고자 한다. 이 삼각형 모델로 인해 사회주의 페미니즘의 분배의 정치학과 문화주의 페미니즘의 인정의 정치학으로 구분하는 허구적 이분법에서 벗어나 여성의 해방 기획의 가능성이 열릴 수 있다고 프레이저는 보았다.

낸시 프레이저가 말하는 페미니스트 해방 정치 기획은 그야말로 유토피아적인 비전처럼 다가온다. 모든 여성이 페미니즘의 정치적 해방 기획에 복무하는 것은 아니다. 또한 모든 여성이 합리적 이해관계에 따라 움직이지도 않는다. 여성이라고 하여 모두 같은 여성은 아니다. 여성을 노동하는 주체로 구성하는 데 골몰한 나머지 여성들의 다양한 욕망, 복잡한 감정들, 섬세한 정체성의 정치에 둔감했던 것도 사회주의 페미니즘이 신자유주의 시대에 침몰한 한 가지 이유였다. 그런 맥락에서 정치적 해방 기획을 추동하는 정치적 감정에 주목할 필요가 있다. 여기에 주목한 이론가가 마사 누스바움이다.

3. 마사 누스바움 : 정치적 감정

마사 누스바움은 낸시 프레이저와 같은 사회주의 페미니스트들이 폐기 처분한 자유주의 페미니즘을 재활용한다. 그녀에게 페미니즘의 정치는 혁명이 아니라 법 제도 안에서 시적 정의가 실현되도록 하는 것이다. 그런 변혁의 과정에 정치적 감정으로서 연민과 공감뿐만 아니라 혐오(동성애 혐오, 외국인 혐오, 여성 혐오 등)가 어떻게 작동하는지에 주목한다.

누스바움이 보기에 공정 사회를 지향하는 데 위험한 도덕 감정이 역겨움, 혐오, 수치심 등이다. 이런 감정은 원초적 형태로 유아기에 발생한다. 그런 감정들은 인간 육체의 결함, 필멸성, 나약함, 의존성에서 비롯된다. 인간의 삶이 보여 주는 이런 취약성은 불멸을 꿈꾸는 지적인 존재들에게는 견딜 수 없는 것들이다. 그런 취약성은 소크라테스 같은 남성 철학자에게는 억압하고 통제해야 할 인간적인 한계가 된다.

하지만 원초적 혐오는 인간의 취약성에서 비롯된 감정이기도 하지만 바로 그로 인해 혐오는 취약한 인간의 자기보존을 위한 장치이기도 하다. 자기 몸에 유독한 것은 치를 떨면서 뱉어 내야 생명을 유지할 수 있다. 비유적으로 말하자면 '건전한' 시민사회를 유지한다는 명분으로 공동체에 위험한 것들은 추방된다. 공동체에 위험하고 유해한 것을 누가 판단하고 결정하는가? 말하자면 원초적 혐오는 2차적으로 가공되면서 정치적으로 배치되고 생산된다. 동성애 혐오, 외국인 혐오, 무슬림 혐오, 난민 혐오, 노약자 혐오, 여성 혐오처럼 어떤 사회에서 혐오의 대상은 정치적으로 특정된다.

여성 혐오가 시대정신이 되었다고 할 만큼 특정 대상에게 혐오가 만연한 한국 사회에서 보듯이 혐오의 정동은 정치적 자원으로 활용된다. 흥미롭게도 한국 사회에서 MZ 세대 남성들은 불공정성의 피해자로 자신들을 정체화하고, 성별 위계 구조에서 스스로 여성의 위치로 내려감으로써 남성성을 확보하고자 하는 아이러니한 상황에 빠져 있다. 그들은 '여성 억압은 개뿔! 오히려 남성이 차별받는다'는 피해 의식을 공유하고 있다.

2008년 '김치녀'로 시작한 '혐오 드립'에 감염된 '남초 사이트'들은 '여성 혐오 배틀'로 자신의 '남성성'을 확인하는 집단이 되었다. 이들의 혐오 축제에 소금을 뿌린 선수들이 등장했다. 그들을 경악하게 만든 것이 메갈리아들의 '미러링'이었다. 그들은 메갈리아들의 미러링으로 자신이 보편 인간이 아니라 남성으로 젠더화되는 경험을 한 첫 세대가 아닐까 싶다. 거울 이미지 속에서 서로 닮아 가듯이 MZ 세대의 상호 모방 능력 또한 엄청나다. 그들은 메갈리아들의 미러링을 재미러링하는 방향으로 급속하게 진화하고 있다. 그들을 대표하는 정치적 주자가 이준석이다. 이준석은 한국 사회의 혐오 경제를 혐오의 정치로 전환한 인물이다. 그는 '여혐'에 바탕을 둔 혐오 배틀과 시장에서 능력과 기회를 다투는 얄팍하고 납작한 공정성을 대표한다. 2021년 4·7 보궐선거 이후 이준석이 국민의힘 당 대표가 된 것은 20대 남성의 '젠더화' 과정을 투표로 결집한 결과라고 해도 과언은 아니었다.

이와 같은 혐오의 정치화에서 벗어나 인류애, 즉 공감과 연민으로 나아가도록 하려면 무엇보다 인문학적 가치에 주목해야 한다고 마사 누스바움은 역설한다. 한편으로 그녀의 입장은 나이브하지만, 다른 한편으로는 시민적 가치를 회복하는 데 시민교육 이외에 달리 할 만한 것이 과연 무엇일까라는 의문이 들기도 한다. 그녀는 포스트 휴머니즘 시대에 들어와 시장 사회가 거의 소멸시킨 인간적 가치들, 즉 인간의 존엄성과 품위 있는 시민사회를 주장한다. 그리스 고전과 철학을 전공한 철학자이자 백인 '자유주의' 부르주아 페미니스트로서 그녀가 흑인 싱글맘들처럼 엄청난 사회적 불의social injustice를 직접 경험했는지, 혹은 백인 엘리트 여성으로서 인종적 특권을 내려놓은 적은 있는지 모르겠지만, 그녀가 주로 다루는 주제는 흥미롭게도 시민사회의 기본 값인 사회적 '정의의 영토'(사회적 정의, 동물에 대한 정의), 즉 자유민주주의, '타인에 대한 연민', 애국심, 인류애 등이다.

『타인의 대한 연민』에서 그녀는 공포와 혐오가 지배하는 미국 사회의 부끄러운 모습을 인정하면서도 '품위 있는' 시민사회의 가치가 지속되기 위한 교육의 중요성을 끊임없이 역설한다. 혐오가 시대정신이 되었다고 할지라도 어린 시절부터 친밀한 접촉을 통해, 그리고 공동의 선을 배울 수 있도록 '공공 업무 의무 복무 제도'[14]를 제안한다. 병역 대체 복무뿐만 아니라 공공 업무 의무 복무제를 통해 시민사회에서 시민의 역할과 책임을 그야말로 '의무적'으로 배워야 한다는 것이다. 그녀는 그런 제도를 통해 인종, 계급, 성별 정체성, 성적 지향성을 넘어 타자의 고통에 연민하고 공감하는 품위 있는 시민사회가 복원되길 희망한다.

타자의 고통을 느끼려면 무엇보다 상상력이 필요하다. 타자의 고통에 감정이입을 해 공감하고 연민할 방법이 이야기, 즉 서사이다. 마사 누스바움은 그것을 서사적 상상력이라고 일컫는다. 인간은 누구나 동등한 존재이며 그 자체로 존엄하다. 그런 근대적인 민주 시민 의식을 향상하는 데 서사적 상상력은 필수적이다.[15] 그것은 타인에 대한 배려와 이해, 도덕 감정을 함양하는 토양이다. 그러므로 타자의 고통에 공감을 불러일으키는 서사적 상상력이야말로 루소식 '시민 종교'의 토대가 된다.[16]

누스바움은 서사적 상상력을 통한 공감 능력이 '법' 안에 포함

---

14 누스바움, 마사, 『타인에 대한 연민』, 임현경 옮김, 알에이치코리아, 2020, 292쪽.

15 누스바움, 마사, 『공부를 넘어 교육으로』, 우석영 옮김, 궁리, 2012.

16 누스바움, 마사, 『정치적 감정』, 박용준 옮김, 글항아리, 2019.

되어야만 사회적인 정의가 실현될 수 있고 민주주의 사회가 될 수 있다고 여긴다. 사회적 약자에 대한 '동등한' 배려가 가능할 때 민주주의적인 인간성이 실현되기 때문이다. 그러려면 감성과 공감을 여성의 영역이자 사적 영역으로 배제할 것이 아니라 법이라는 공적 영역에 포함해 정의의 한 요소로 파악해야 한다는 것이다. 이처럼 시인과 법관을 동일시하는 그녀의 입장은 법과 예술의 관계를 새롭게 정립하려는 야심 찬 기획[17]으로 연결된다.

문학작품과 예술은 법적 이성을 완성하는 데 없어서는 안 될 과정이다. 그녀에게 시적 '감정'과 법적 '이성'은 충돌하지 않는다. 법은 해석을 필요로 하고, 해석은 궁극적으로 법률가의 몫이다. 법의 가치중립성disinterestedness 이면에 법의 잔혹성이 놓여 있다. 그러므로 몰감정적인 잔혹성에서 벗어나려면 법관은 동시에 시인이어야 한다. 그것이 누스바움이 말하는 '시적 정의'다. 누스바움은 시적 정의라는 개념으로 존 롤스의 정의론을 보완할 수 있으리라고 믿는다. 그녀가 보기에 롤스의 정의론은 탁월하지만 예술적 상상력이 법적 정의의 문제에 개입할 만한 공간이 없다.[18]

누스바움은 『공부를 넘어 교육으로』에서 오로지 이윤과 수익만을 목적으로 하는 신자유주의 시장 논리를 비판한다. 인문학은 이윤 창출을 목적으로 하지 않는다. 누스바움에 따르면 인간을 존

---

17 누스바움, 마사, 「재판관으로서의 시인」, 『시적 정의 : 문학적 상상력과 공적인 삶』, 박용준 옮김, 궁리, 2013, 173~252쪽.

18 누스바움, 마사, 『정치적 감정』, 27~30쪽.

중할 수 있는 교육은 바로 인문학을 통해 성취될 수 있다. 이익을 위한 교육이 아니라 민주주의를 위한 교육에 인문학은 필수적이다.[19] 오로지 수익만을 목적으로 하는 삶은 타인의 고통을 이해하고 공감할 수 없는 차갑고 도구적인 합리성에 지배되는 이윤 기계의 삶이 될 것이라고 그녀는 비판한다. 그럴 경우 인간의 삶은 한없이 천박한 시장 교환 규범으로 말미암아 글로벌 시대의 민주주의를 파괴할 것이며 성숙한 보편적 세계 시민주의에 다다를 수 없다는 것이다.

누스바움의 『정치적 감정』은 어떻게 하면 품위 있는 시민사회와 시민 정신이라는 정치적 감정이 작동할 수 있는가라는 질문으로 시작한다. 그녀에게 품위 있는 사회를 가능하게 하는 정치적 동력은 정치적 자유주의이다. 품위는 타인을 자신과 동등하게 존중하는 사회, 타인을 목적 자체로 대하는 사회, 그러기 위해 시기, 혐오, 차별, 배제, 공격성을 억제하고 감정이입을 통해 공감과 공정성을 함양하는 사회이다. 그런 사회에 이르려면 교육을 통한 역량 강화empowering가 뒷받침되어야 한다. 인간은 내버려 둬도 공공의 선을 추구하는 존재들이 아니다. 따라서 타인과 공감할 수 있는 인문학적 교양 교육이 필요하다. 공정한 사회는 안정성을 유지해야 하므로 그런 역량을 강화하는 방향으로 나아가야 한다. 인간을 목적 자체로 대하는 품위 있는 사회에 대한 그녀의 설명은 인

---

19 누스바움, 마사, 「이익을 위한 교육, 민주주의를 위한 교육」(2장), 『공부를 넘어 교육으로』 참조.

류 사회의 이상일 수 있다. 하지만 그녀의 글이 윤리 '교과서적'으로 다가오는 것은 인간의 욕망과 환상이 작동하는 이해관계에 관한 분석이 여전히 결여되어 있기 때문일 것이다.

4. 시민의 경계와 시민적 참여

낸시 프레이저와 마사 누스바움 두 사람 모두 '시민'을 언급하지만 어떤 사람이 시민인지에 대한 구체적인 언급은 없다. 그들이 상정하는 시민은 제1세계 백인 남성(여기에 여성까지)으로서 교육받은 이성적 주체처럼 보인다.[20]

페미니즘이 신랄하게 비판해 왔던 것은 근대 자본주의와 더불어 탄생한 소유 주체로서의 남성 시민이었다. 오랫동안 페미니즘은 휴머니즘의 인간(남성 시민)중심주의를 해체하려고 노력해 왔다. 인간중심주의는 남성 중심주의의 나르시시즘이다. 이런 남성적 나르시시즘은 혐오와 수치심의 수원지가 된다. 인간이 세계를 지배하는 만물의 영장이라는 나르시시즘은 지구 자원을 인간이 독점적으로 약탈하는 것에 이론적 정당성을 부여해 왔다. 그럼에도 오로지 이성적·합리적 주체로서 휴머니즘에 바탕을 두고 있다는 점에서 누스바움이 주장하는 자유주의 페미니즘의 한계가 지적될 수 있다. 배제와 차별에 반대하지만, 그녀의 텍스트에서 차

---

20 누스바움, 마사, 『정치적 감정』, 208쪽.

별받고 배제된 자들은 관용과 연민의 대상일 뿐이며 비가시화되어 있다. 그런 점을 무지의 베일로 감춰야만 합리적이고 이성적인 시민 남성 주체가 전면에 부각될 수 있다.

시민의 경계에 대한 성찰 없이 시민적 참여를 말할 수 없다. 시민 범주에서 배제와 포함의 경계를 허물어 내는 것이 곧 시민적 참여 행위이다. 우리 사회의 정상성 개념과 시민성을 분리할 수는 없다. 한국 사회에서는 생산성, 젊음, 건강, 면역성, 남성성, 이성애, 시민성을 소유해야 정상적인 시민이 된다. 따라서 인간과 시민의 권리에 관한 질문 자체가 곧 한국 사회에서 시민적 참여 운동이 된다.

한국 사회에서의 '정상성'과 그것의 기본 값을 고려한다면, 소유 자본주의적 주체는 기업형 주체entrepreneur subject다. 아이러니하게도 아무런 사회적 보장도 받지 못하는 특수 고용직이야말로 전형적인 기업형 주체이자 존재이다. 코로나19 시절 한국 사회에서 사재기가 없었던 것은 이들 플랫폼 긱 노동자들 덕분이었다. 존중받지 못하는 그들의 노동을 갈아 넣음으로써 재택근무자들의 삶이 가능해진다. 그들은 타인의 생존을 위해 자신의 생명을 위협받는다. 그들은 사업주이므로 노동자성으로 인한 사회적 안전망(4대 보험과 같은)의 사각지대에 머문다. 다 같은 시민으로서 존중받기 위해서라도 그들은 시민적 참여 운동에 나서지 않을 수 없다. 페미니즘과 을들이 연대해 무슨 일을 하든, 존중받을 만한 운동을 만들어 가는 것이 사회적 참여다. 물론 그들은 시혜적인 동정심과 연민의 대상이 아니다. '그들'의 불평등한 삶 위에서 '우리'의 편리한 삶이 가능하다는 점에서 불평등한 그들의 삶의 조건에 분노로 연대하는 것이 시민적 실천의 한 형태다.

돌봄이라는 단어는 흔히 모성, 여성성, 여성적인 것 등으로 연상된다. 그로 인해 페미니스트들은 돌봄에 대해 양가적인 입장이었다. 돌봄 노동을 사회적 약자들에게 떠넘기면서 무상으로 사용하는 것에 대해 페미니스트들은 분노해 왔다. 그런 맥락에서 돌봄을 윤리화하고 여성적인 덕목으로 만드는 것이야말로 여성에게 다시 족쇄를 채우는 것과 다름없다. 케어care의 어원인 caru가 보여 주듯이 케어라는 개념에는 보살핌, 관심, 슬픔, 염려, 근심, 곤경과 같은 양가성이 공존한다.

한국 사회에서 특히 돌봄은 결혼한, 아이가 있는, 이성애, '정상 가족'으로 연상된다. 임신, 출산, 육아, 여성의 모성, 자연스러운 여성성에서 배제되는 퀴어 가족, 비정규직, 장애, 질병, 미래가 없는(재생산 불가능성), 결혼 제도에 못 들어가는/들어가고 싶지 않은 싱글맘 등은 '규범적이고' 정상적인 시민사회의 구성원에서 배제된다.

시민사회로부터 탈락한 사람들이 어떻게 상호 돌봄으로 연대할 수 있는지를 보여 준 것이 제시카 브루더의 『노마드랜드』다.[21] 이 책에 나오는 유랑 노동자들은 (1930년대 경제공황기 계절노동자들처럼) 긱 경제를 떠받친다. 그들은 밴, 트레일러에서 생활하는 무주택자들이고, 우편번호가 없어 우편물조차 받지 못하는 사람들이다. 대체로 2008년 경제 위기 때 실업, 이혼, 건강 상실 등 복합

---

21 브루더, 제시카, 『노마드랜드』, 서제인 옮김, 엘리, 2021.

적인 이유로 무너진 사람들이다. 이들 중에 워캠퍼workamper인 린다 메이는 자신의 밴을 스퀴즈 여관Squeeze Inn이라고 부르면서 여성 동지들과 함께 온갖 저임금 노동을 마다하지 않는다. 한 곳의 시급직 일거리가 소진되면 그들은 다시 길 위에서 유랑한다.

메이는 반려 동물과 함께 이동하면서 그들을 보살핀다. 병든 자들을 서로 돌보고, 주거지가 불안정해 우편물을 받아 볼 수 없는 트랜스 젠더들이 호르몬 주사를 맞을 수 있도록 서로 돕는다. 타인에 대한 연민, 공감과 공존 돌봄이 상호 호혜적인 자본으로 기능한다. 메이는 길 위에서 반소비주의 가치를 새롭게 구상하는 반半유토피아 공동체를 꿈꾼다. 낙천적인 성격인 메이는 자본주의가 만들어 낸 쓰레기들을 재활용하고 경제적으로 배제된 잔해 속에서 새로운 삶의 유형을 창조하고자 한다.

제시카 브루더는 그들의 에너지, 창의성, 활력을 존경스럽게 전해 준다. 저자는 그들의 곤궁한 삶을 동정하거나 낭만화하지 않으면서도 4차산업 시대 프레카리아트로서 생존하는 법과, 그럼에도 공동체적인 상상력과 공공의 선을 회복하려는 희망을 이야기한다. 린다 메이에게서 시민적 참여 운동이 어떤 것이어야 하며, 무엇인지를 배우게 된다.

5. 여성적인 것이 정치적인 것이다

코로나19 시절 정상성, 생산성, 소유 모델이 아니라 탈인간중심주의 생존 모델로 패러다임의 전환이 요청된다. 그것이 가능하려면 경제적 분배 정의, 문화적 인정 투쟁과 더불어 정치적 대표성과 사람 사이에 흘러 다니는 정동을 정치적으로 배치할 필요가 있다. 소유 자본주의의 탐식으로도 소화할 수 없는 존재들이 있다. 먹고 먹히지만 토해 내거나 잔존함으로써 주체를 변형하지 않을 수 없는 '사이' 공간에서 새로운 존재가 출현하고 그로 인해 잠재 공간의 가능성이 열린다. 완벽하게 먹어 치울 수 없는 그 실패의 영역이 타자와 공생하는 공간이 된다. 도나 해러웨이가 말하듯, 공존·공생·공제작의 세계 짓기에 관한 새로운 이야기를 배달할 수 있는 새로운 상상력이 더더욱 필요한 시기다. 수많은 사람들이 4차산업의 맷돌에 갈려 나가는 시대이므로 더더욱 타인의 고통에 공감할 만한 상상력과 새로운 이야기를 페미니즘은 제공해 줄 수 있을 것이다. 보편적인 남성 중심의 생계 부양자 모델이 아니라 지상의 모든 존재들 사이의 보살핌을 기본 값으로 하는 것이 페미니즘의 해방 기획이어야 한다. 그런 맥락에서 여성적인 것이 정치적인 것이다.

이성애에 기반한 재생산 가족이 시대착오적이며 상투적인 생애 서사가 진부하다는 사실을 인식해야 하는 시대이다. 다른 생애사로서 LGBITTQ, 다형 도착적인 섹슈얼리티, 다양한 트랜스 현상은 윤리적 비난의 대상이 아니라 관계의 정치로 배치되고 파악되어야 한다. 그럴 때 시민적 참여의 새로운 이야기가 기능한다. 그것은 새로운 세계 짓기를 가능하게 해주고, 새로운 미래를 상상하게 하는 힘이 될 것이다.

따라서 탐욕의 정치가 아니라 생존의 정치가 필요하다. 아프면 쉬고, 먹고 마실 물과 깨끗한 대기 속에서 타인들과 공존할 방법을 모색하는 것. 가장 기본적인 것들이 가장 소중한 것이며, 더 많이 가지라는 자본주의적인 명령이 아니라 '탐욕의 뺄셈'이 요청된다. 여성적인 시선이 기본 값이자 세계의 매트릭스가 되도록 만들어 가는 실천이 필요하다. 이를 통해 보편적 돌봄을 공동체의 가치로 귀환시켜야 한다. "보편적 돌봄은 퀴어-페미니즘-반인종차별주의-생태 사회주의의 정치적 비전을 제안하는 것"[22]이다. 그것은 난잡한 친족을 만들고 이 지상의 흙, 물, 공기, 비인간 동물과 더불어 돌봄의 상호관계를 만들어 가는 것이다. 그것은 유연한 통로, 다공성, 틈새를 통해 바이러스처럼 전이된 기억과 이야기를 배우고 관계 맺는 과정 속에서 있는 것이다. 혼종의 난잡한 상호 의존성, 상호 관계성이 지어내는 이야기야말로 '품위 있는' 시민 사회의 기본 값이 될 것이므로.

---

22 더 케어 콜렉티브, 『돌봄 선언』, 177~178쪽. 생태 사회주의에 관해서는 말름, 안드레아스, 『코로나, 기후, 오래된 비상사태 : 21세기 생태사회주의론』, 우석영·장석준 옮김, 마농지, 2021 참조.

참고문헌

누스바움, 마사, 『공부를 넘어 교육으로』, 우석영 옮김, 궁리, 2012.

_____, 「재판관으로서의 시인」, 『시적 정의 : 문학적 상상력과 공적인 삶』, 박용준 옮김, 궁리, 2013.

_____, 『정치적 감정』, 박용준 옮김, 글항아리, 2019.

_____, 『타인에 대한 연민』, 임현경 옮김, 알에이치코리아, 2020.

더 케어 콜렉티브, 『돌봄 선언 : 상호 의존의 정치학』, 정소영 옮김, 니케북스, 2021.

말름, 안드레아스, 『코로나, 기후, 오래된 비상사태 : 21세기 생태사회주의론』, 우석영·장석준 옮김, 마농지, 2021.

브라운, 웬디, 『관용』, 이승철 옮김, 갈무리, 2010.

브루더, 제시카, 『노마드랜드』, 서제인 옮김, 엘리, 2021.

울프, 버지니아, 『자기만의 방』, 이소연 옮김, 펭귄클래식코리아, 2010.

코스따, 마리아로사 달라, 『집안의 노동자 : 뉴딜이 기획한 가족과 여성』, 김현지·이영주 옮김, 갈무리, 2017.

클라인, 나오미, 『자본주의는 어떻게 재난을 먹고 괴물이 되는가』, 김소희 옮김, 모비딕북스, 2021.

페데리치, 실비아, 『혁명의 영점 : 가사노동, 재생산, 여성주의 투쟁』, 황성원 옮김, 갈무리, 2013.

폴브레, 낸시, 『보이지 않는 가슴』, 윤자영 옮김, 또 하나의 문화, 2007.

프레이저, 낸시, 『전진하는 페미니즘 : 여성주의 상상력, 반란과 반전의 역사』, 임옥희 옮김, 돌베개, 2017.

3장

비상사태의 시대,
민주주의와 시민권을 위한 모색
: 아렌트의 '기적' 개념을 중심으로

1. 비상사태와 슈미트의 정치 신학

코로나19의 대유행은 세계인의 삶을 하루아침에 뒤바꿔 놓았다. 코로나19 못지않게, 실은 더 근본적으로 우리의 삶을 바꿔 놓을 기후 위기도 실감할 만한 수준에 이르고 있다. 바야흐로 비상사태state of emergency의 시대가 열리고 있는 것이다.

이와 함께 카를 슈미트가 재차 주목받고 있는데, 지난 수십 년간 비상사태의 문제와 관련해 가장 많이 거론된 이론가가 슈미트이기 때문이다.[1] 2001년 9·11 테러가 미국에서 일어나고, 그를 전후해 조르조 아감벤이 『호모 사케르』(1995년 출간, 1998년 영역)와 『예외 상태』(2003년 출간, 2005년 영역)를 내놓은 것이 결정적 계기였다. 특히 두 번째 책에서 아감벤은 "주권자란 예외 상태를 결정하는 자이다"[2]라는 유명한 문장으로 시작하는 『정치 신학』 및 그를 필두로 한 슈미트의 작업에 초점을 맞추어, 9·11 이후 미국의 대응, 나아가 실정법에 구속받지 않고 비상사태에 대응하는 권위주의적 개입의 정당화 논리를 분석한다.[3]

---

1 Honig, Bonnie, "Three Models of Emergency Politics", *boundary*, vol. 41, iss. 2, 2014, p. 46.

2 슈미트, 칼, 『정치신학』, 김항 옮김, 그린비, 2010, 16쪽.

3 아감벤은 당시 자신이 분석한 '예외 상태의 정상화'가 이번 대유행 상황에서 한층 극단적인 형태로 관철되고 있다고 주장한다. 아감벤, 조르조, 『얼굴 없는 인간 : 팬데믹에 대한 인문적 사유』, 차문정 옮김, 효형출판, 2021; 박이대승, 「예외상태의 정상화, 혹은 예외로서의 정상 : 팬데믹 이후의 법과 국가」, 『문학과사회』 131호, 2020, 42~57쪽.

여기서 핵심 논점은 자유주의와 법치주의의 한계, 그리고 비상사태 시 이들이 드러내는 근본적 무능의 이유다. 슈미트가 보기에 자유주의는 정치의 본질을 근본적으로 왜곡한다는 심각한 결함이 있다. 자유주의가 한 일이란 "'권력'의 분립과 균형의 이론, 즉 국가와 정부의 견제와 통제의 체계"를 만든 것인데, 이것은 기본적으로 권력과 국가(그리고 슈미트에게 있어 국가란 정치의 특권적 주체이므로, 결국 정치)를 "구속"하고 "종속"하는 부정적인 접근일 뿐, 그 본질에 대한 실정적 접근이 아니라는 것이다.[4] 그렇다면 슈미트에게 정치의 본질은 무엇인가? "(전쟁이나 혁명의 형식으로 나타나는) 구체적 상황"을 배경 삼아 수행되는 저 유명한 "적과 동지의 구별"[5]이다. 다시 말해 슈미트에게 정치란, 국가가 전쟁과 혁명, 또는 그에 준하는 백척간두의 비상사태(가령 현재와 같은 감염병의 대유행)에 처할 때, 주권적 결단으로써 적과 동지를 구별 짓고 적으로 규정된 존재를 폭력적으로 제압해, 비상사태로 위협받은 법질서를 회복하는 행위다. 정치가 이런 본연의 역할을 수행할 수 있으려면 "합리화나 토의를 필요로 하지 않는, 또한 정당화조차 필요로 하지 않는, 그야말로 무無로부터 창조된dem Nichts geschaffene 절대적 결정"[6]의 차원을 정치에게 돌려줘야 한다. 이를 위해서는 정치를 견제하고 통제하는 자유주의적 실정법 체계, 탁상공론으로 날

---

4 슈미트, 칼, 『정치적인 것의 개념』, 김효전·정태호 옮김, 살림, 2012, 81~82쪽. 번역은 수정.

5 같은 책, 39, 44쪽. 강조는 원문.

6 슈미트, 칼, 『정치신학』, 89쪽. 번역은 수정, 강조는 인용자.

을 지새우면서 행동과 결단의 발목을 잡을 뿐인 의회주의를 중단시켜야 한다는 게 슈미트의 주장이었다.[7]

이상에서 보듯 슈미트는 자유주의와 법치주의, 의회주의 등 파시즘 출현 이전과 이후 세계를 지배한 정치체제 및 이념을 신랄하게 비판했다. 그런 점에서 파시즘 이후 자유주의 성향의 이론들이 슈미트에 대한 명시적·묵시적 비판 위에 자신의 이론을 세운 것은 어쩌면 당연한 일이다. 이와 관련해 가장 영향력 있는 판본 가운데 하나는 위르겐 하버마스를 필두로 한 심의 민주주의deliberative democracy 이론일 것이다.[8] 이 이론의 요점은 슈미트가 법과 제도로부터 독립시키려 한 결정/결단decision의 차원을 다시 법적·제도적 심의로써 구속하는 데 있다. 이때 그들은 비단 슈미트적 권위주의뿐만 아니라, 실정법과 제도를 초과하고 이에 도전하려는 시도 일체에 '결단주의'라는 이름을 부여하고 비판했다.[9] 하지만 이렇게

---

7 슈미트, 칼, 『현대 의회주의의 정신사적 상황』, 나종석 옮김, 도서출판 길, 2012.

8 Honig, Bonnie, "Between Decision and Deliberation: Political Paradox in Democratic Theory", *American Political Science Review*, vol. 101, no. 1, 2007, pp. 1~17.

9 같은 글, p. 2. 이 비판에는 한나 아렌트도 예외가 아니다. "공화주의적 견해에 따르면 시민들의 정치적 의견 및 의사 형성은 사회가 하나의 정치적 총체로 구성되는 매개체이다. 사회는 국가로 집중된다. 공동체는 시민들의 정치적 자치 실천을 통해 자기 전체를 의식하게 되고 시민들의 집단적 의사를 통해 스스로에게 영향을 미치기 때문이다. 여기서 민주주의는 사회의 정치적 자기 조직화와 동의어가 된다. 이로부터 국가기구에 대해 공격적으로 대항하는 정치관이 나오게 된다. 한나 아렌트의 정치 저작들에서 우리는 공화주의적 주장의 공격 방향을 읽어 낼 수 있다. 탈정치화된 국민의 공민적 사생활 중심주의Privatismus와 국가화된 파당들에 의한 정통성 조달에 대항하여 갱신된 시민 공동체가 관료주의적으로 독립된 국가권력을 탈중앙집중화된 자치행정의 형태로 (다시) 전유할 수 있을 정도로 정치적 공론장

하면 민주주의에서 항의의 동학 일체가 제거된다는 비판이 제기되곤 했다.[10] 이에 대한 심의 민주주의의 답변은, 결정/결단을 구속하는 법적·제도적 심의가 기본권과 입헌주의 등 민주적 규범에 따라 이루어지면, 민중들의 불만, 그리고 그에 기초한 기성 제도에 대한 도전을 미연에 방지할 수 있다는 것이었다. 말하자면 제도적 안정성과 민주적 정당성을 주고받는 방식인 셈이다.

하지만 이 상호 거래가 제도적 안정성 쪽에, 따라서 자유주의 쪽에 치우쳐 있다는 비판은 계속되었다. 심의 민주주의가 슈미트에 대한 부정에 기초했다는 점을 감안하면, 이런 비판은 슈미트 복권으로 이어질 가능성이 있었다. 급진 민주주의 이론가로 유명한 샹탈 무페가 실제로 그 길을 열었다. 그는 1993년 발표한 『정치적인 것의 귀환』에서 슈미트에 관한 논문을 여럿 수록하는 한편, 1999년에는 아예 『슈미트의 도전』이라는 편서를 발표했다.[11] 무페의 요점은 슈미트의 자유주의 비판에서 합리적 핵심을 계승해 자유주의적 법치의 한계를 문제화하고 정치에서 '적대'의 차원을 복권하되, 슈미트의 권위주의적 해법 대신 민주주의적 대안을 찾자는 것이다. 그 대안이란, 자유주의에 의한 민주주의의 주변화

이 재활성화되어야 한다는 것이다." 하버마스, 위르겐, 『이질성의 포용 : 정치이론 연구』, 황태연 옮김, 나남출판, 2000, 288쪽. 강조는 원문.

10 Colliot-Thélène, Catherine, "Philosophie politique: pouvoir et démocratie", Pradeau, Jean-François ed., *Histoire de la philosophie*, Paris: Éditions du Seuil, 2019.

11 무페, 샹탈, 『정치적인 것의 귀환』, 이보경 옮김, 후마니타스, 2007; Mouffe, Chantal ed., *The Challenge of Carl Schmitt*, London: Verso, 1999.

도, 민주주의에 의한 자유주의의 부정도 아니라, 자유주의와 민주주의(또는 제도와 정치)의 생산적 긴장 및 경합에 기초한 급진 민주주의 기획이다.[12] 하지만 강성 슈미트주의를 '연성화'하려는 무페의 시도 역시 개념적 실체가 없는 말뿐인 기획이라는 비판에 직면한다. 강성 슈미트주의(현재의 경우라면 가령 '트럼프주의')는 평상시에는 발톱을 감추고 긴장과 경합을 받아들이는 척하다가, 결정적 순간에 이 같은 제약을 가볍게 무시하고 적/동지의 이분법을 절대화하는 식으로 귀환하곤 하는데, 이럴 때 속수무책이라는 것이다.[13]

이상에서 보듯 슈미트는 양차 세계대전 이후 정치사상에 지대한 영향을 미쳤고, 비상사태가 발생할 때마다 되돌아오곤 한다. 이 영향력의 비결이 무엇일까? 이와 관련해 미국의 정치 이론가 보니 호니그는 슈미트의 정치 신학, 곧 정치 질서를 정당화하기 위해 활용하는 신학적 개념들이 이론가들뿐만 아니라 대중들의 정치적 상상력을 매혹한다는 점, 즉 '은유의 기적'에 주목한다.[14] 가령

---

12 한편 무페보다 왼쪽에 있다고 할 수 있는 '좌파 메시아주의'에서도 슈미트가 중요하다. 좌파 메시아주의를 이끄는 대표적 이론가가 앞서 말한 아감벤이라는 점이 이를 단적으로 말해 준다. 무페가 자유주의와 민주주의의 생산적 긴장을 말한다면, 좌파 메시아주의는 자유주의 및 나아가 제도 일반을 부정하는 '바깥의 정치'를 지향하는 경향이 있다. 이와 관련해서는 진태원, 「좌파 메시아주의라는 이름의 욕망 : '포스트-포스트 담론'의 국내 수용에 대하여」, 『애도의 애도를 위하여 : 비판 없는 시대의 철학』, 그린비, 2019와 장제형, 「법의 수행성과 자기해체 : 벤야민과 데리다의 법과 폭력 비판」, 『인문학연구』 제32집, 2019, 87~88쪽 등을 참조.

13 Maxwell, Lida, Cristina Beltran, Shatema Threadcraft, Stephen K. White, Miriam Leonard, and Bonnie Honig, "The 'Agonistic Turn': *Political Theory and the Displacement of Politics* in New Contexts", *Contemporary Political Theory*, 18, 2019, pp. 655~657.

그의 가장 유명한 개념 중 하나인 예외 상태는 "신학에서의 기적"[15]으로 은유된다. 이로써 사람들은 "현행 법질서에 대한 주권의 직접 개입"을 "자연법칙의 중단, 기적의 직접 개입을 통해 예외 상태를 설정하는 중단"에 빗대어 상상하게 되는데, 이 직관적 전달력이 슈미트 이론의 강점 가운데 하나라는 것이다. 그 결과는 권위주의에 유리하고 민주주의에 불리한 정치적 상상력의 강화, 최선의 경우라도 정치와 제도를 배타적으로 대립시키는 사고방식의 강화다. 비상사태의 시대 민주주의와 시민권(적어도 민주적 시민권)을 염려하는 이들이 슈미트와의 대결을 피할 수 없는 까닭이다.

호니그에 따르면 슈미트 비판은 그의 강점을 뒷받침하는 정치신학의 수준에서 이루어질 때 실효성이 있다. 이 글은 호니그의 제안을 받아들여 민주주의 및 시민권과 친화적인 '기적'miracle 개념을 탐색할 것이며, 이 같은 관점에서 아렌트에 주목할 것이다.[16]

---

14 Honig, Bonnie, "The Miracle of Metaphor: Rethinking the State of Exception with Rosenzweig and Schmitt", *Diacritics*, vol. 37, no. 2/3, 2007, pp. 78~102.

15 슈미트, 칼, 『정치신학』, 54쪽.

16 호니그의 경우 슈미트에 대한 대안으로 아렌트와 함께 유대 신학자 프란츠 로젠츠바이크Franz Rosenzweig를 중시한다. 그의 논의를 도입하면 슈미트와 아렌트의 쟁점이 더 분명해질 수 있는데, 이는 후일의 과제로 돌리고자 한다.

2. 슈미트인가 아렌트인가

슈미트의 대항마로 아렌트를 제시할 경우 두 가지 반론이 제기될 수 있다. 첫째, 아렌트는 신학을 비롯한 '절대'를 다루는 담론이 정치에 대한 사고를 규정하면 안 된다는 점을 가장 소리 높여 주장한 이론가라는 점에서, '정치의 세속화'의 대표자이지 '대안적 정치 신학'의 전거가 될 수는 없다는 반론이다.[17] 하지만 아렌트가 일찍이 1929년에 신학자 아우렐리우스 아우구스티누스의 사랑 개념을 주제로 박사 논문을 썼다는 것,[18] 인간의 행위를 끊임없이 기적에 비유했고, 아우구스티누스에게서 유래한 '탄생성'natality이라는 수수께끼 같은 개념을 정치 이론의 목록 안에 기입한 것은 명백한 사실이다. 그렇다면 아렌트와 정치 신학의 관계를 일방적 거부도, 그렇다고 일방적 수용도 아닌, 훨씬 복잡하고 갈등적인 상호작용으로 사고하는 접근법도 충분히 가능하다 할 것이다.[19]

둘째, 아렌트는 카를 야스퍼스와 마르틴 하이데거로 대표되는 독일 실존주의에 속한 사상가인데, 독일 실존주의는 행위를 미학

---

17 Moyn, Samuel, "Hannah Arendt on the Secular", *New German Critique*, vol. 35, no. 3(105), 2008, pp. 71~96.

18 Arendt, Hannah, *Love and Saint Augustine*, Scott, Joanna Vecchiarelli and Judith Chelius Stark eds., Chicago: University of Chicago Press, 1996 (『사랑 개념과 성 아우구스티누스』, 서유경 옮김, 텍스트, 2013).

19 Ackerman, John Wolfe, "Political-Theological Pluralism", Bardon, Aurélia, Maria Birnbaum, Lois Lee, and Kristina Stoeckl eds., *Religious Pluralism: A Resource Book*, Florence: European University Institute, 2015, pp. 18~22.

화하고 결단주의를 옹호한다는 점에서, 슈미트와 아렌트는 위험할 정도로 가깝다는 반론이 있다.[20] 아울러 슈미트와 아렌트 공히 일상적인 것the ordinary을 초과하는 비상한 것the extraordinary을 정치와 민주주의의 중요한 차원으로 사고한다는 반론도 있다.[21] 양자는 슈미트와 아렌트가 민주주의에 대해 갖는 의미를 해석하는 데서는 상반되지만, 어쨌건 슈미트와 아렌트가 한데 묶일 수 있다고 본다는 점에서는 의견을 같이한다. 하지만 몇 가지 외양적 유사성을 제외하고 보면, 슈미트와 아렌트는 그 출신부터 인생 궤적까지 너무나 다르다. 이는 비단 개인사적 차이에 그치는 게 아니라 근본적인 이론적 불화로 이어진다. 이는 문헌학적으로도 뒷받침되는데, 가령 미국 망명 후 아렌트가 마련한 개인 서재에는 슈미트의 『정치 신학』 1933년 판이 있었고, 그 뒷면에 '견제와 균형 ─ 43쪽'이라는 메모와 함께 해당 부분에는 밑줄도 그어 있었다고 한다.[22] 실제로 아렌트는 『혁명론』 등에서 권력분립 개념을 매우 긍정적으로 평가하면서 이론적으로 발전시키는데, 앞서 간략히 언급한바 권력분립에 대한 슈미트의 격렬한 거부를 감안한다면 양자는 정확히 같은 논점에서 정반대의 길을 간다고 평가할 수 있

20 Yar, Majid, "From actor to spectator: Hannah Arendt's 'two theories' of political judgment", *Philosophy & Social Criticism*, vol. 26, no. 2, 2000, p. 8.

21 Kalyvas, Andreas, *Democracy and the Politics of the Extraordinary: Max Weber, Carl Schmitt, and Hannah Arendt*, Cambridge: Cambridge University Press, 2008.

22 Ackerman, John Wolfe, *The Politics of Political Theology: Rosenzweig, Schmitt, Arendt*, Doctoral Dissertation of Northwestern University, 2013, pp. 176~178.

다. 주권 역시 양자가 격돌하는 지점이다. 주지하듯 슈미트에게 주권 개념은 가장 중요한 개념 가운데 하나다. 반면 아렌트는 "사람들이 자유롭고자 할 때 반드시 포기해야 하는 것이 바로 주권"이라고까지 말한다.[23]

사실 권력분립과 주권은 같은 장에 속한 문제다. 슈미트가 권력분립에 반대한 것은 그것이 주권의 통일성을 해친다고 보았기 때문이다. 반면 아렌트가 권력분립을 말한 것은 "한 명의 인간이 아니라 다수의 인간들이 지구상에 함께 살고 있다는 사실에 의해 설정되는 인간의 조건 아래서 자유와 주권이 동일시되기는 어렵"고 심지어 "동시에 존재할 수조차 없"[24]다고 보았기 때문이다. 즉, 양자의 가장 근본적인 불화는 다원성에 대한 태도에 있다. 그리고 이 태도를 규정하는 것은 각자의 정치관이다. 슈미트가 다원성에 맞서 통일성을 편드는 것은, 통일적 의지에 기초할 때에만 적과 동지의 구별이라는 정치 본연의 결단이 가능하다고 보기 때문이다. 반면 아렌트가 다원성을 중시하는 것은 그에게 있어 정치란 통일적인 동지도 이질적인 적도 아닌 다원적 시민들 간의 상호작용이기 때문이다. 이를 감안하면 아렌트와 슈미트 사이에 근원적 불화가 있고, 그 불화의 이유는 민주주의와 시민권에 대한 입장 차이라고 해석할 수 있다.

23 Arendt, Hannah, *Between Past and Future: Eight Exercises in Political Thought*, New York: Penguin Books, 1977, p. 165 (『과거와 미래 사이』, 서유경 옮김, 푸른숲, 2005, 224~225쪽).

24 같은 책, p. 164 (같은 책, 224~225쪽).

이는 정치 신학적 불화이기도 하다. 슈미트가 대표하는 것은 기독교 신학의 한 판본이다. 이와 관련해 『전체주의의 기원』 초판이 출판된 해인 1951년, 아렌트는 『사고 일기』에 다음과 같이 썼다. "유대-기독교적 창조 신화와 정치적인 것의 개념 : 모든 것은 인간 존재에 특정적인 다원성을 파악하는 어려움에 달려 있다."[25] 이에 따르면 '창조'라는 신학적 개념과의 유비를 통해 정치적인 것을 사고하는 시도, 대표적으로 슈미트적인 시도는 다원성 등 인간을 특정하는 조건을 제대로 헤아리지 못한다는 점에서 문제적이다. 그렇다면 슈미트와의 대결은 창조와 다른 신학적 자원, 특히 '인간의 조건'을 사고하는 데 도움이 되는 신학적 자원을 찾아내는 작업을 요청한다. 특히 우리의 문제와 관련해서는, 기적을 창조주의 '제작'과 다르게 표상하고, 민주주의와 시민권에 친화적인 신학적 자원이 관건이다. 아렌트에게서 그것을 발견할 수 있는가? 다음 절에서 보듯, 대답은 낙관적이다.[26]

----

25 Arendt, Hannah, *Denktagebuch: 1950-1973. Erster Band*, Ludz, Ursula and Ingeborg Nordmann eds., München; Zürich: Piper, 2002, p. 70. 여기에서 아렌트는 유대교와 기독교를 한데 묶지만, 정치 신학 면에서 양자 사이에 근본적인 차이가 있다는 주장도 있다. 가령 Honig, Bonnie, "The Miracle of Metaphor", pp. 78~102를 보라.

26 슈미트와 아렌트를 비교한 국내 연구는 찾아보기 어려운데, 그런 점에서 표광민, 「정치의 예외성에 관하여 : 칼 슈미트의 예외상태 개념과 한나 아렌트의 기적 개념을 중심으로」, 『한국정치학회보』, 제54집 1호, 2020, 69~90쪽은 매우 드문 연구 가운데 하나다. 이 연구는 슈미트와 아렌트 모두 정치에서 예외성을 주목했지만, 전자의 경우 폭력의 과잉에 주목하는 '양적 예외성'을 이론화한 데 반해, 후자의 경우 폭력의 중단이라는 '질적 예외성'을 이론화했다는 점에서 근본적인 차이가 있다고 주장한다. 이 연구는 슈미트와 아렌트의 차이에 주목했다는 점에서 이 글과 궤

3. 아렌트의 기적 개념과 민주주의적 상상력

아렌트의 기적 개념을 집약적으로 보여 주는 문장들에서 시작해 보자.

문명이 돌처럼 굳어 버리거나 예고된 파국을 맞는 시기에 원형 그대로 남는 것은 자유 자체의 기능, 즉 시작할 수 있는 능력이다. …… 행위자의 관점이 아니라 행위가 발생하는 틀이자 행위가 끼어드는 자동성을 담지한 과정의 관점에서 볼 때 모든 행위는 하나의 '기적'이다 ― 즉, 무엇인가 전혀 예상치 못한 일이다. 만일 행위와 시작함이 본질적으로 동일한 것이 사실이라면 [당연한 귀결로] 기적을 수행하는 능력은 인간의 능력 범위 내에 있어야 할 것이다.[27]

위 인용문은 아렌트에게서 기적은 행위이고 자유이며 시작이라는 점을 단숨에 보여 준다. 이 중 시작 개념을 출발점 삼아 아렌트의 기적 개념에 접근해 보자.

를 같이한다. 다만 이 연구는 슈미트와 아렌트의 차이를 규명하는 데 초점이 있기 때문에 아렌트 자체에 관한 논의는 다소 소략한 편이며, 또 '무로부터의 창조' 개념에 대한 아렌트의 비판 및 그 함의를 충분히 다루고 있지 않다는 점에서 이 글과 구별된다.

[27] Arendt, Hannah, *Between Past and Future*, p. 169 (『과거와 미래 사이』, 230~231쪽).

1) 상대적 시작으로서의 기적

아렌트의 시작 개념에서 가장 중요한 사상가는 단연 신학자 아우구스티누스다. 아렌트에 따르면 아우구스티누스는 천지창조에 대해서는 '프린키피움'principium이라는 말을, 인간의 탄생에 대해서는 '이니티움'initium이라는 말을 사용해 양자를 구별했다.[28] 다른 곳에서 아렌트는 전자를 '절대적' 시작, 후자를 '상대적' 시작이라고 부르기도 했는데,[29] 이 같은 구별에서 요점은 '태초의'ab avo 시작과 인간이 수행하는 시작을 혼동하지 말아야 한다는 것이다.[30]

이 대목에서 아렌트는 슈미트와 정면으로 대립하는데, 정치적 결정을 '무로부터의 창조'에 비유한 대표적 이론가가 바로 슈미트이기 때문이다. 이렇듯 창조와 시작을 혼동할 때 초래될 수 있는 가장 극단적인 현상은 전체주의다. 아렌트에 따르면 전체주의의 기본 신념은 '모든 것이 가능하다'(우리 식으로 말하면, '하면 된다')로 요약되는데, 이 신념의 뿌리에는 인간이 우주와 자신의 창조자라는 망상이 있다. 그리고 이 망상의 이면에는, 자신이 창조한 적

---

28 Arendt, Hannah, *The Human Condition*, Chicago: The University of Chicago Press, 1958, p. 177 (『인간의 조건』, 이진우 옮김, 한길사, 2017, 265~266쪽). 이 구별은 특히 아렌트가 강조하는 것인데, 이에 관한 기독교 신학 내부의 견해는 Kiess, John, *Hannah Arendt and Theology*, New York: Bloomsbury, 2016, pp. 150~157 참조.

29 Arendt, Hannah, *The Life of the Mind*, San Diego; New York: Harcourt Brace Jovanovich, 1978, p. 110 (『정신의 삶: 사유와 의지』, 홍원표 옮김, 푸른숲, 2019, 471쪽).

30 Arendt, Hannah, *Crises of the Republic*, New York: Javanovich, 1972, p. 5 (『공화국의 위기』, 김선욱 옮김, 한길사, 2011, 35쪽).

없는 그저 주어진merely given 모든 것에 대한 망각oblivion과 원한re-sentment이 있다.[31] 즉, 인간적 시작과 신적 창조를 혼동하면서 일체의 제약이 부재한 기원적 순수purity를 이상화할 경우, 불순하기 마련인 현실을 '정화'purify하려 드는 극단적 폭력에 빠져들 수 있다는 것이다.

시작과 창조를 혼동하고 무제약적 순수를 이상화하는 것은 비단 우익적 권위주의만이 아니다. 대다수 민주주의 이론 역시 인민의 자치, 또는 반대로 인민의 봉기라는 이상이 순수하게 실현된 기원적 순간을 상정하곤 한다.[32] "먼 과거에 일어났을 무언가로밖에 시작을 이해하지 못했"던 미국의 혁명가들 역시 이에 속한다.[33] 이렇게 되면 시작은 기원적 과거라는 단일 시점에 묶여 현재에 영향을 미치기 어렵게 된다. 게다가 기원적 순수와 비교할 때 늘 실망스럽고 타협적일 수밖에 없는 일상적 현실에 대한 환멸과 허무가 야기되기 쉽고, 이처럼 불순하고 불완전한 현실에서 진정한 민주적 행위가 대체 어떻게 시작될 수 있는가 하는 난문에도 봉착하

---

31 Arendt, Hannah, *The Origins of Totalitarianism*, New York: Harcourt, 1951, pp. 429~438. 이는 초판 결론에 해당하는 부분인데, 이 짤막한 결론은 1958년 재판에서부터 13장(「이데올로기와 테러 : 새로운 국가형태」)으로 대체되었다. 한국어판은 3판을 번역한 것이기 때문에, 해당 내용은 한국어판에는 포함되어 있지 않다.

32 Markell, Patchen, "The Rule of the People: Arendt, Archê, and Democracy", *American Political Science Review*, vol. 100, no. 1, 2006, pp. 1~2. 이를 '진정한 민주주의의 신화'라고 부를 수도 있을 것이다. 진태원, 「마르크스주의의 탈구축 : 네 가지 신화와 세 가지 쟁점」, 『인문학연구』 제30집, 2018, 89~92쪽.

33 Arendt, Hannah, *On Revolution*, Harmondsworth: Penguin Books, 1990, p. 198 (『혁명론』, 홍원표 옮김, 한길사, 2004, 318쪽. 번역은 수정).

게 된다.

반면 아렌트에게 시작은 순수한 기원적 시점에만 가능한 것이 아닐뿐더러, 오히려 기원적 순수에 대한 강박에서 벗어날 때에야 제대로 포착할 수 있는 것이다. "모든 새로운 시작의 본질 자체는 '무한한 비개연성'으로서 세계 안에 틈입하는 것이지만, 이 무한한 비개연성이야말로 우리가 현실이라고 부르는 만물의 질감 자체를 실제로 구성하는 것이다. …… 역사에서는 우연과 무한한 비개연성의 기적이 너무 자주 발생하기 때문에 기적을 말하는 것 자체가 이상해 보일 정도다."[34] 즉, 기적적인 시작은 '희귀'rare하지 않고 '취약'precarious할 따름이다.[35] 이런 관점을 취하면 무에서 유를 어떻게 창조할 것인가 하는 난문이 제거되는 대신, 항상-이미 그리고 항상-아직 일어나는 시작들을 어떻게 지지·강화·민주화할 것인가 하는 실천적 문제가 제기된다.[36] 이런 의미에서 아렌트의 시작 개념은 창조 개념의 아류가 아니라, 창조 개념을 규정하는 문제 설정의 근본적 변경이다. 이 같은 변경과 함께 창조 개념의 이면에 있는 망각과 원한, 부인과 파괴의 태도 역시 기억과 감사gratitude, 책임responsibility과 회생renewal의 태도로 대체된다.[37]

---

34 Arendt, Hannah, *Between Past and Future*, p. 169~170 (『과거와 미래 사이』, 231~232쪽. 번역은 수정).

35 Balibar, Étienne, *Violence and civility: on the limits of political philosophy*, Goshgarian, G. M. tran., New York: Columbia University Press, 2015, p. 97. 에티엔 발리바르의 이 표현 자체는 알랭 바디우Alain Badiou와 자크 랑시에르Jacques Rancière를 겨냥한 것인데, 현재의 맥락에도 잘 부합한다.

36 Markell, Patchen, "The Rule of the People", p. 12.

아렌트의 시작 개념은 슈미트와 외양상 대척점에 있는 이론적 경향에 대해서도 비판적 함의를 갖는다. 이들에 따르면 인간은 근본적으로 조건 지어진conditioned 존재로서 창조의 권능을 보유할 수 없고, 시작을 비롯한 일체의 능동적 행위 역시 수행할 수 없다. 이와 관련해 이 같은 경향을 '사건주의'événementialisme라 부르고, 그 대표자로 한때 아렌트의 스승이던 하이데거를 지목하는 발리바르의 논의를 참고할 수 있다.[38] 발리바르에 따르면 사건주의의 요점은 존재론과 역사성을 등치시키되('존재와 시간') 역사성을 (헤겔적 역사주의에서처럼) 변증법적 과정이 아니라 초월론적 사건, 곧 '주어져 있음'Es gibt으로 개념화하는 것, 그리하여 존재와 역사를 규정된 계기들의 연속적 과정이 아니라 우연적 사건들의 불연속적 이접체로 재정의하는 것이다. 현재의 논점과 관련해 중요한 대목은, 이 같은 경향이 주체(성) 및 행위(성)에 관한 근본적 가치 절하를

37 Ackerman, John Wolfe, "The Memory of Politics: Hannah Arendt, Carl Schmitt and the Possibility of Encounter", Pollock, Griselda and Max Silvermann eds., *Concentrationary Memories: Totalitarian Terror and Cultural Resistance*, London: I. B. Tauris & Company, Limited, 2015, pp. 31~43; Curtis, Kimberley, *Our sense of the real: aesthetic experience and Arendtian politics*, Ithaca, New York: Cornell University Press, 1999, pp. 125~155.

38 Balibar, Étienne, "La philosophie et l'actualité: au-delà de l'événement?", *Passions du concept: Épistémologie, théologie et politique: Écrits II*, Paris: La Découverte, 2020, pp. 194~203. 하이데거의 존재론에 대한 아렌트 자신의 평가에 관해서는 Arendt, Hannah, *Essays in Understanding, 1930-1954: Formation, Exile, and Totalitarianism*, Kohn, Jerome ed., New York: Schocken Books, 2005, pp. 176~182 (『이해의 에세이 1930~1954』, 홍원표·임경석·김도연·김희정 옮김, 텍스트, 2012, 302~311쪽).

동반하고, 따라서 시작의 불가능성을 함의한다는 점이다. 헤겔적 역사주의에서는 각각의 계기를 목적론적 과정의 일부로 매개하는 필수적이지만 도구적인 역할이 주체(성)에 부여된다. 단적으로 주체(성) 없이 역사도 없다. 반면 하이데거적 사건주의에서는 주어지는 사건 또는 존재의 '역사적 운명'Geschick(역운) 앞에서 주체성을 놓아 버리고 거기에 온전히 자신을 내맡기는 것이 중요하기 때문에, 객체와 주체 사이의 긴장, 즉 주체성이 설 자리를 잃게 되고, 이와 함께 행위성과 능동성도 가치 절하된다. 즉, 이 경우에는 주체성이 없어야 역사가 '탈은폐'aletheia되는 것이다. 또는 말년의 하이데거가 말한 대로, '오직 신만이 우리를 구원할 수 있다.'

여기서 주목할 점은 슈미트와 하이데거가 각각 대표하는 두 경향의 상반된 결론에도 불구하고, 창조와 시작을 혼동한다는 점에서는 양자가 매한가지라는 점이다. 차이점이 있다면 이 혼동을 전자는 신인동형설神人同形說과 결합시켰고, 후자는 부정신학과 결합시켰다는 것이다. 즉, 전자에서 인간(정확히 말하면 주권자)은 신을 닮은 존재이므로 인간이 수행하는 시작 역시 창조를 닮는다. 반면 후자에서는 신과 인간 사이에 근본적 비대칭성이 있으므로 인간은 창조를 할 수 없고, 따라서 시작도 할 수 없다. 하지만 "인간의 자유는 부인할 수 없는 사실이기 때문에 인간의 주권이 가능하다고 주장하는 것과 행위자가 자기 행위의 주인으로 머물지 못한다는 이유로 인간의 행위능력을 부정하는 것은 모두 옳지 않다."[39]

---

39 Arendt, Hannah, *The Human Condition*, p. 235 (『인간의 조건』, 331쪽. 번역은 수정).

이렇듯 아렌트는 아우구스티누스라는 '심연으로 잠수하여 캐낸 진주',[40] 곧 프린키피움과 이니티움의 구별에 힘입어, 기성의 정치 신학을 비판하고 독창적인 시작 개념을 제시했다. 한편으로 시작은 기원적이고 순수한 과거에서 풀려나 세계 곳곳에 편재함으로써, 기원을 반복적으로 상기시키고 역사를 종결 불가능하게 만든다.[41] 다른 한편으로 조건(지어짐)과 시작은 대립하지 않는데, 시작은 조건(지어짐)의 부재나 무화를 전제하는 창조가 아니라 조건(지어짐)을 상대하는 특정한 태도이기 때문이다. "순전히 수동적으로 주어진 인간 존재"를 "수동적으로 겪"는 대신 "뚜렷이 표현하고 온전히 드러내"려는 태도로 대하는 것.[42] 주어진 조건(지어짐)을 반응의 기회occasion로, 새로운 출발점point of departure으로 절취하는 것.[43] 그것이 바로 아렌트적 시작, 그리고 기적의 본질이다.

2) 비주권적 공동 행위로서의 기적

아렌트의 시작 개념을 슈미트의 (무로부터의) 창조 개념에 대한 비판으로 읽을 수 있다면, 아렌트의 행위 개념 역시 슈미트의 주

---

40 Arendt, Hannah, "Walter Benjamin: 1892-1940", *Men in Dark Times*, New York: Harcourt, Brace&World, Inc., 1970, pp. 193~206 (『발터 벤야민 1892~1940』, 이성민 옮김, 필로소픽, 2020, 111~140쪽).

41 Arendt, Hannah, *Essays in Understanding, 1930-1954*, p. 321 (『이해의 에세이 1930~1954』, 508~509쪽).

42 Arendt, Hannah, *The Human Condition*, p. 208 (『인간의 조건』, 301쪽. 번역은 수정).

43 Markell, Patchen, "The Rule of the People", p. 10.

권 개념에 대한 비판으로 읽을 수 있다. 실제로 아렌트는 주권을 "완고한 자기 충족과 자기 지배의 이상"[44]으로 규정하고, 특히 『인간의 조건』 행위장 26절과 31절에서 지배[45] 개념과 행위 개념을 체계적으로 대립시킨다.[46]

44 Arendt, Hannah, *Vita activa oder Vom tätigen Leben*, München: R. Piper & Co. Verlag, 1994, p. 229 (『인간의 조건』, 330쪽). 한국어판에서 '자기 지배'라고 옮긴 것은 영어판에는 '마스터십'mastership으로, 아렌트가 직접 옮긴 독일어판(p. 229)에는 '헤어샤프트 위버 지히 젤프스트'Herrschaft über sich selbst로 되어 있다. 세세한 차이를 논외로 하면, 아렌트가 '마스터십'과 '헤어샤프트'를 동의어로 봤다는 점은 분명하다.

45 여기에서 '지배'라고 옮긴 영어 단어는 '룰'rule이다. 통상 '룰'은 '통치'로 옮기고, '도미네이션'domination을 '지배'로 옮기며, 『인간의 조건』 한국어판에서도 '룰'을 대체로 '통치'로 옮기고 있다('지배'로 옮기는 경우도 일부 있다). 그런데 패첸 마켈에 따르면 아렌트는 스스로 번역한 『인간의 조건』 독일어판에서 '룰'을 일관되게 '헤어샤프트'Herrschaft로 옮겼는데, 그 이유는 이 독어 개념에 아렌트가 중시하는 아르케archē에 고유한 다의성이 없다고 봤기 때문이다. 실제로 아렌트는 '새로운 정부 형태'new form of government라는 구절을 독역할 때, (그가 부정적으로 본) 전체주의와 관련될 때는 '노이(에) 슈타츠 운트 헤어샤프츠포름'neu[e] Staats- und Herrschaftsform을 쓰고, (그가 긍정적으로 본) 민중평의회와 관련될 때는 '노이(에) 슈타츠 운트 레기어룽스포름'neue Staats- und Regierungsform을 썼다고 한다. 마켈의 해석에 따르면 이 같은 구별은 후자의 레기어룽Regierung이 라틴어 레조rego에서 왔고 헤어샤프트에 비해서는 아르케와 더 가깝기 때문이다(Markell, Patchen, "The Rule of the People", p. 4). 따라서 영어 단어 '룰'의 관용적 역어가 '통치'이긴 하지만, 독어 단어 '헤어샤프트'가 이 개념으로써 아렌트가 전달하려는 의미를 더 잘 담고 있고, 통상 '헤어샤프트'를 한국어로 '지배'라고 옮기기 때문에['헤어샤프트'의 동사 표현인 '헤어션'herrschen에 '(어떤 분위기, 의견이) 지배적이다, 우세하다'는 뜻이 있기 때문이다. 가령 마르크스의 '헤어션던 클라세'herrschenden Klasse 개념을 한국에서는 통상 '지배계급'이라고 옮긴다], '룰'을 '지배'로 옮겼다.

46 Arendt, Hannah, *The Human Condition*, pp. 188~192, 220~230 (『인간의 조건』, 278~282, 314~325쪽).

아렌트는 고대 그리스어와 라틴어에 동사 '행위하다'에 해당하는 단어가 둘이었다는 점을 출발점으로 삼는다. 그리스어 '아르케인'archein과 '프라테인'prattein(라틴어로는 '아게레'agere와 '게레레'gerere)이 그것인데, 전자는 '시작하다', '이끌다', '지배하다'라는 뜻이었고, 후자는 '끝까지 가다', '이행하다', '완수하다'라는 뜻이었다. 아렌트는 이 같은 언어학적 사실로부터, 행위는 본래 아르케인과 프라테인이라는 두 항으로 이루어진 '공동 행위'action in concert라는 결론을 끌어낸다. 행위란 "시작하는 이와 지도자는 [시작한 일을 이행하는 데 필수적인][47] 도움을 얻기 위해 타인들에게 의존하고, 시작하는 이를 따르는 이들은 스스로 행위할 기회occasion를 얻기 위해 그에게 의존"하는 상호 의존적 현상이라는 것이다.[48] 이 같은 행위의 상호 의존성은 먼 과거에 국한되는 것이 아니라, 민주주의 원리에 따라 운영되는 공론장에서 쉽게 관찰할 수 있다. 가령 어떤 회의에서 누군가가 안건을 '개시/발의'initiate하는 경우를 떠올려 보자. 이렇게 개시/발의된 안건은 평등한 성원들이 동의·지지하는 한에서만 안건으로 성립할 수 있고 나아가 가결될 수 있다. 반면 평등한 성원들은 안건을 지지하거나 수정 동의하거나 반대하는 식으로, 개시/발의를 "스스로 행위할 기회"로 활용할 수 있다. 이렇듯 아렌트의 행위는 그 결과를 예측하거나 통제할 수 없는

---

47 이 내용은 아렌트가 독일어판에 추가한 것이다. Arendt, Hannah, *Vita activa oder Vom tätigen Leben*, p. 181.

48 Arendt, Hannah, *The Human Condition*, p. 189 (『인간의 조건』, 279~280쪽. 번역은 수정).

'과정적 성격'[49]을 띠고, 따라서 자기 충족적 지배를 지향하는 주권과 정면으로 충돌한다.

아렌트가 행위와 관련해 즐겨 사용하는 '공연 예술'performing arts의 은유는 행위의 '비주권성'을 한층 강화한다.[50] 아렌트에 따르면 말과 행위를 통해 '누구임'who을 드러내는 것은, 외딴 작업장에서 장인이 수행하는 조형예술이 아니라, 공개된 무대에서 배우actor가 펼치는 연기acting와 같다. 장인의 제작 활동은 동료 장인들이나 관중들 없이 가능할 뿐만 아니라 없는 게 정상이지만, 동료 배우들이나 관중들 없는 연기는 용어 모순이나 다름없다. 즉, 연기는 본성상 상호 의존적이고 비주권적이다.

게다가 장인은 제작의 결과물을 바로 볼 수 있는 데 반해, 배우는 연기를 통해 드러나는 자신의 '누구임'who을 볼 수 없다.[51] 아렌트는 이 같은 불투명성을 '신탁'[52]과 '다이몬'[53]이라는 종교적 개

---

49 같은 책, pp. 230~236 (같은 책, 326~331쪽).

50 Arendt, Hannah, *Between Past and Future*, p. 153 (『과거와 미래 사이』, 209~210쪽).

51 "사람들은 자기가 누구인지 알지도 못하고 또 자신이 드러내는 자가 누구인지를 미리 헤아릴 수 없으면서 말과 행위 속에서 자신을 드러낸다." Arendt, Hannah, *The Human Condition*, p. 192 (『인간의 조건』, 283쪽).

52 "'누구임'의 드러남은 고대 신탁의 믿기 힘든 드러남과 같은 방식으로 이루어진다 ……. 헤라클레이토스에 의하면, 신탁은 '말로 계시하지도 은폐하지도 않고, 드러난 기호들을 준다.'" 같은 책, p. 182 (같은 책, 270쪽. 번역은 수정).

53 "이것은 마치 한 사람을 평생 동행하는 그리스 종교의 다이몬daimōn처럼 뒤에서 어깨너머로 바라보기 때문에 각자가 만나는 사람들만 볼 수 있는 것과 같다." 같은 책, pp. 179~180 (같은 책, 268쪽). 다이몬 개념에 관한 보다 상세한 논의는 Tchir, Trevor, *Hannah Arendt's Theory of Political Action: Daimonic Disclosure of the 'Who'*,

넘에 빗댄다. 양자의 공통점은 응축되고 불완전하며 원자화된 기호의 성격을 띤다는 것이다.[54] 이처럼 수수께끼 같은 신탁을 해석하려면 타인들의 의견을 두루 들어야 하고, 늘 등 뒤에 있어 혼자 힘으로는 결코 볼 수 없는 다이몬에 접근하려면 나와 마주쳤던 이들의 도움을 빌려야 한다. 그 결과는 자기 자신도 몰랐던 새로운 면모('누구임')를 타인들이라는 매개로써 깨닫는 것이다. 이처럼 연기의 본질 중 하나가 스스로를 놀래는self-surprising[55] 것이라면, 이보다 자기 충족적 지배, 곧 주권과 더 먼 활동은 없을 것이다.

이상에서 논한 행위의 상호 의존성과 비주권성은 '인간사의 연약성fraility'[56]을 그 이면으로 갖는다. 아렌트에 따르면 지배 개념은 정확히 이에 대항하기 위해 만들어진 것이다. 즉, 지배 개념의 요점은 행위에 고유한 다원성 및 불확실성을 무질서 및 불안정성과 등치시키고, 질서 및 안정성을 얻기 위해서는 시작-이행이라는 행위의 상호 의존적 항들을 분리하여 각각 '명령'과 '복종'으로 양극화해야 한다고, 결국 정치에서 '탈출'해야 한다고 강변하는 데 있다.[57]

London: Palgrave Macmillan, 2017 참조.

54 같은 책, p. 71.

55 Honig, Bonnie, "Toward an Agonistic Feminism: Hannah Arendt and the Politics of Identity", *Feminist Interpretations of Hannah Arendt*, Honig, Bonnie ed., New York: Pennsylvania State University Press, 1995, p. 145.

56 Arendt, Hannah, *The Human Condition*, p. 188 (『인간의 조건』, 278쪽).

57 같은 책, pp. 222~223 (같은 책, 316~317쪽).

114   1부 미완의 시민권과 팬데믹

특히 비상사태가 벌어지면 민주주의와 (공동) 행위를 중단시키고 주권과 지배를 앞세워야 한다는 목소리가 높아진다. 그래야 질서 있고 효율적인 비상 행동이 가능하다는 것이다. 하지만 과연 그럴까? 시민들을 배제한 채 입안된 1990년대 미국의 핵전쟁 대피 계획 사례는 이런 주장을 정면으로 반박한다.[58] 이 계획에 따르면, 핵전쟁급의 비상사태 발발 시 지정된 정부 요인들은 버지니아주 블루리지산맥 마운트 웨더에 설치된 대규모 방공호로 피신하게 되어 있었다. 방공호 입장을 허가받은 요인들에게는 특별 통행증이 지급되며, 이 통행증을 본 시민들은 요인들이 모든 대열의 선두로 갈 수 있게 협조해야 했다. 하지만 몇 차례 대피 훈련을 거치면서 이 계획의 실행 가능성에 대한 회의가 높아졌다. 일례로 대피 훈련 당시 한 버스 운전자는 통행증 보유자가 버스 승차 대기 행렬 선두로 이동하는 것을 '새치기'로 간주해 탑승을 거부했는가 하면, 돼지를 실은 채 좁은 길 맞은편에서 온 농민 트럭에 가로막혀 대통령의 차량 대열이 옴짝달싹 못 하는 상황이 벌어지기도 했다. 훈련 상황에서조차 이럴진대, 하물며 비상사태가 발발해 동부 연안을 벗어나려는 시민들로 도로가 꽉 막힐 실제 상황에서 대피 시설로 이동하는 일은 불가능에 가까워 보였다.

여기에서 시민들이 비상 대피 계획에 일사불란하게 따르지 않았다는 점을 들어, 역시 민주적 행위는 비상사태에 어울리지 않으

---

58 Scarry, Elaine, *Thinking in an emergency*, New York: W. W. Norton & Company, Inc., 2011, pp. 57~59.

니 주권적 지배의 원리를 강화하는 게 답이라고 주장하는 건 사태를 완전히 잘못 이해하는 것이다. 계획이 실행 단계에서 실패한 것은 오히려 주권적 지배의 원리에 따라 비상사태 관련 정보에서 시민들을 체계적으로 배제한 탓이다. 애초에 계획이 무엇인지도 모르는데 어떻게 계획에 일사불란하게 따른단 말인가? 주권적 지배는 시민들을 배제한 채 핵무기를 발사하는 일이나, 정부 고위층을 위해 방공호를 짓는 일에는 성공할 수 있을지 모른다. 그러나 대피 계획을 이행하는 일, 가령 꽉 막힌 길을 통과해 대통령이 방공호에 도달할 수 있게 만드는 일은 시민들의 도움과 동의 없이 불가능하다. 그리고 시민들의 도움과 동의를 얻으려면, 관련 계획을 시민들에게 공지하고 시민들의 다양한 의견을 수렴·조정하는 과정이 당연히 전제될 것이다. 하지만 이 경우 대피 계획 자체가 근본적인 도전에 직면할 가능성이 매우 높다. 핵전쟁급의 비상사태에 소수의 엘리트만이 수십억 달러어치 방공호에 들어가 살아남게 하고, 나머지 시민들은 아무 대책 없이 각자도생하도록 내버린다는 계획(실은 무계획)이 시민들의 동의를 얻기란, 적어도 민주주의에서는, 불가능에 가까울 것이기 때문이다.

여기서 요점은 주권과 지배가 비민주적일 뿐만 아니라 비효율적이라는 것, 그것이 약속한 질서와 안정성 역시 지킬 수 없다는 것이다. 시작만이 아니라 이행이 중요한 상황, 특히 소수의 전문가만이 아니라 대다수 시민들이 나서야 대처 가능한 비상사태에서, 주권과 지배는 근본적으로 무력하다. 더 나쁜 것은 이 같은 무력함을 극복하기 위해 한층 비민주적이고 억압적인 조치를 사용할 수밖에 없고, 결국 권위주의로 한 걸음 더 나아가게 된다는 점이다.

이에 대한 아렌트의 대안은, 주권과 지배를 '해체'하는 것, 특히 그 핵심 논거인 다원성·불확실성과 무질서·불안정성 사이의 등식을 깨뜨리는 것이다.[59] 여기서 유의할 점은 아렌트가 질서와 안정성을 폄하하면서 무질서와 불안정성을 편들지 않는다는 것인데, 이는 다시 행위 때문이다. 행위, 즉 시작이 이행으로 이어지고 역으로 이행(을 떠맡은 이들의 반응)이 시작에 반작용하는 복잡한 과정이 성공하기 위해서는, 각 항을 점한 동료 성원들이 서로를 이해해야 하고(이는 물론 갈등과 경합을 배제하지 않는다), 그러려면 공통된 감각common sense과 맥락이 필요하다. 그런데 무질서와 불안정성, 또는 아렌트 특유의 표현을 사용하자면 '무세계성'worldlessness은 이 공통성을 파괴할 수 있고, 그런 한에서 행위에 부정적 영향을 미칠 수 있는 것이다.

요컨대 아렌트는 행위(그리고 그 본질적 속성인 다원성과 불확실성)와 양립 가능한, 나아가 행위를 북돋는 질서 및 안정성을 구축하고, 이에 힘입어 새로운 행위들을 끊임없이 출현시키는 역동적 상호 의존성을 추구한다.[60] 그런 의미에서 아렌트의 상호 의존성은 시작과 이행, 행위자와 관중의 상호 의존성일 뿐만 아니라 행위와

---

59 "모든 혁명의 최대 사건이 정초 행위인 한, 혁명 정신은 우리가 보기에는 양립할 수 없고 심지어 모순된 두 요소를 포함한다. …… 아마 이 두 요소, 곧 안정성에 대한 염려와 새로운 것의 정신이 정치사상과 용어에서 대립물이 되어 버렸다는 사실 자체, 즉 전자는 보수주의와 동일시되고 후자는 진보적 자유주의의 독점물로 주장되는 사실 자체가 혁명 정신의 상실을 보여 주는 징후 중 하나로 간주되어야만 한다." Arendt, Hannah, *On Revolution*, pp. 222~223 (『혁명론』, 349쪽. 번역은 수정).

60 Markell, Patchen, "The Rule of the People", p. 5.

제도의 상호 의존성이기도 하다. 혹자가 '혁명적 헌정주의'revolu-tionary constitutionalism라고 부르는 이 독창적인 기획은 슈미트적 주권 기획과 재차 정면으로 충돌한다.[61] 슈미트에게 제도(적 구속)가 비상사태 시 주권의 권능에 의해 중단되어야 하는 것이라면, 아렌트에게 제도는 비주권적 공동 행위의 보존과 활성화를 위해 반드시 필요하고, 이 비주권적 공동 행위에 의해 정당성과 생명력을 얻기 때문이다. 기적의 문제로 바꿔 말하자면, 슈미트에게서 (주권의 소관인) 기적이 제도에서 벗어나는 것이라면, 아렌트에게서 (비주권적 공동 행위의 소관인) 기적은 제도를 지지대로 삼는 동시에 제도를 개조하는 것이다.

3) 풂이자 회복으로서의 기적

그런데 주권 및 지배 개념에 맞서 (공동) 행위를 편드는 이상의 기획에는 한 가지 결정적 난점이 있다. 앞서 언급한 행위의 과정적 성격에 고유한 위험, 곧 비가역성[62]과 예측 불가능성이다.[63] 이

---

61 Ackerman, John Wolfe, *The Politics of Political Theology*, pp. 174~224.

62 이는 '이리버서빌리티'irreversibility의 역어인데, 한국어판은 이를 '환원 불가능성'이라고 옮기고 있다. 하지만 통상 환원 불가능성은 '이리듀서빌리티'irreducibility의 역어로 쓰이고 있어 오해의 소지가 있고, '이리버서빌리티'의 역어로는 '비가역성'이 훨씬 널리 쓰이므로 여기서는 이 관례를 따르기로 한다. 만일 '예측 불가능성'으로 옮긴 '언프리딕터빌리티'unpredictability와의 대구가 중요하다면, '역전 불가능성'으로 옮기는 것도 괜찮을 것이다.

63 Arendt, Hannah, *The Human Condition*, pp. 230~236 (『인간의 조건』, 326~331쪽).

위험은 공통의 맥락을 파괴해 행위에 부정적으로 작용할 뿐만 아니라, 지배 개념이 이를 정당화의 빌미로 활용한다는 점에서, 행위 개념을 옹호하려는 아렌트로서는 반드시 대결해야 할 난제다. 특히 문제가 되는 것은 행위가 가령 '보복' 같은 가차 없는 자동과정automatism으로 굳어지는 경우다. 주지하듯 아렌트적 행위는 동기나 목표로 한정되지 않는다는 의미에서 자유로운데,[64] 이는 동기나 목표와 무관하게 타인에게 피해를 입힐 수 있다는 뜻이기도 하다. 그런데 이 잘못이 복수라는 자연스럽고 자동적인 반응을 촉발하고 이 반응이 또 다른 반응을 유발하는 식으로 가해와 피해의 거울 놀이, 또는 보복의 연쇄반응이 통제 불가능한 수준으로 확대되면, 이제 사람들은 "인간적 함께함"human togetherness을 상실하고 "단지 다른 이들을 편들거나 맞서서",[65] 즉 평등하고 차이나는 동료 시민이나 이웃이 아니라, 슈미트가 선호하는 것처럼 적이거나 동지이거나 중 하나로만 존재하게 된다. 그 결과는 행위의 자기 파괴다. 말과 행위는 '누구임'을 계시하는 성질을 잃고, 전쟁의 수단으로, 따라서 사람을 현혹하는 도구가 되거나 '공문구'로 전락한다. 사람들의 '무엇임'은 적이거나 동지이거나의 징표가 되고, 따라서 본인의 자연적·사회적 여건만으로 공격당하거나 '보위'받는다. 공적 영역을 이루는 다원적 인간들 앞에서 자신이 누구임을 드러내는 자유도, '인간적 함께함'에 힘입어 가능한 공동 행위도,

---

64 Arendt, Hannah, *Between Past and Future*, p. 152 (『과거와 미래 사이』, 207쪽).

65 Arendt, Hannah, *The Human Condition*, p. 180 (『인간의 조건』, 269쪽. 번역은 수정).

따라서 새로운 것을 시작하는 힘도 더불어 와해된다. "문명이 돌처럼 굳어 버리거나 예고된 파국을 맞는"[66] 것이다.

이 자동 과정을 중단시킬 수 있는 기적은 아렌트에게는 다시 행위의 소관인데, 행위에 고유한 과도함을 치유하는 재귀적 행위인 용서가 바로 그것이다.[67] 이 개념은 여러모로 아렌트적 기적 개념의 특징을 잘 보여 준다. 우선 용서는 상대적 시작, 곧 반응, 심지어는 '반동'reaction이다. 하지만 이 반동은 피해에 대한 보복이라는 자연스럽고 자동적인 반동과 달리, 예기치 않은 새로움을 도입한다는 점에서 능동적 행위이다. 그리고 용서는 자유, 즉 기성 행위의 귀결로부터의 자유이면서 보복이라는 자동 과정으로부터의 자유다.[68] 또한 용서는 단독적 결단이 아니라, 보복의 거울 놀이에 사로잡혀 있는 성원들이 행하는 '부단한 상호 석방'constant mutual release, 즉 공동 행위다.[69] 용서는 시작이기도 한데, 용서로써 이제 관련자들이 적이거나 동지이거나 하는 양자택일에서 풀려나released

---

66 Arendt, Hannah, *Between Past and Future*, p. 169 (『과거와 미래 사이』, 230쪽).

67 Arendt, Hannah, *The Human Condition*, pp. 236~243 (『인간의 조건』, 332~340쪽).

68 이런 의미의 자유는 스피노자적인 자유와 일맥상통한다. "타인이 온갖 욕설을 마구 퍼부으면 그대로 분노에 부들부들 떨든가, 타인의 대단한 능력이나 탁월한 실적을 보면 그대로 질투심에 빠져 버리는, 그런 획일적인 변용의 출현을 피하는 것이야말로 스피노자의 『에티카』에서 하나의 커다란 과제라 할 수 있을 것이다." 고쿠분 고이치로, 『중동태의 세계: 의지와 책임의 고고학』, 박성관 옮김, 동아시아, 2019, 311쪽. 여기서 보듯 스피노자의 자유는 '필연으로부터의 자유'가 아니라 '획일적 변용'(아렌트식으로 말하자면 '자동 과정')에서 풀려나는 것이기 때문이다.

69 Arendt, Hannah, *The Human Condition*, p. 240 (『인간의 조건』, 337쪽).

평등하고 차이나며 자유로운 주체들로 회복된다는 의미에서 그렇고, 이 회복에 힘입어 새로움을 시작할 힘을 되찾는다는 의미에서 그렇다. 이렇듯 용서는 능동이고 자유이며 공동 행위이고 시작 모두라는 점에서, 기적의 범형이다.

아렌트는 용서가 기독교의 종교적 메시지에 한정되지 않으며, 가령 로마에서 유래하고 오늘날 대부분의 국가수반들이 보유하는 '사면권' 등 세속적 관행에서 같은 착상을 발견할 수 있다면서, 용서 개념을 확장한다.[70] 같은 맥락에서 호니그는 아렌트의 용서 개념을 수메르·바빌로니아·아시리아·이집트 등 고대 메소포티미아 지역 전반에서 널리 관찰되는 '백지화'clean slate 법령, 그리고 이를 가장 체계화한 유대인들의 '안식절'Sabbath 관행 등과 연결해 그 사정권을 한층 넓힌다.[71] 안식절은 7일마다 돌아오는 안식일과, 7년마다 돌아오는 안식년Shimata, 7×7년마다 돌아오는 희년Yovel 등 셋으로 이루어진다. 안식일에는 집안의 하인을 포함한 모든 노동자가 노동에서 풀려나고, 안식년에는 농지가 경작에서 풀려나 그 소출이 지주가 아닌 "남종과 여종과 품꾼과 식객", "가축"과 "짐승"(『레위기』 25:6~7)에게 돌아가는 한편 부채가 탕감되며forgiven,

---

70 같은 책, p. 239 (같은 책, 335쪽).

71 Honig, Bonnie, "Is Man a 'Sabbatical Animal'? Agamben, Rosenzweig, Heschel, Arendt", *Political Theology*, vol. 20, no. 1, 2019, pp. 1~23. 안식절에 대한 아렌트 자신의 논의에 관해서는, Arendt, Hannah, "The Jew as Pariah: A Hidden Tradition", Kohn, Jerome and Ron. H. Feldman eds., *The Jewish Writings*, New York: Schocken Books, 2007과 Honig, Bonnie, "The Laws of the Sabbath (Poetry): Arendt, Heine, and the Politics of Debt", *UC Irvine Law Review*, vol. 5, iss. 2, 2015, pp. 463~482 참조.

희년이 되면 노예가 속박에서 풀려나고 그간 매매된 토지 소유권이 원주인에게 반환된다.[72] 용서가 적-동지라는 적대적 관계에서 사람들을 해방해 다원성을 회복하는 것처럼, 안식절 관행은 주인-노예, 부자-빈자, 채권자-채무자 등 불평등한 관계에 놓인 사람들에게 "이집트 땅에서 종살이하던 너를 너희 하느님 야훼께서 해방해 주신 것을"(『신명기』 15:15) 상기시켜, 평등하고 자유로운 관계를 회복한다.

　이런 점을 시야에 넣으면 슈미트의 기적과 아렌트의 기적이 얼마나 다른지 재차 분명해진다. 단적으로 슈미트의 기적이 비상사태로 인해 혹 흔들릴지 모를 불평등과 명령-복종 관계를 수호하기 위한 지배자의 비상 행동이라면, 아렌트의 기적은 비상사태와 불평등·부자유의 확대 사이에 내밀한 관계가 있음을 간파하고 평등과 자유를 회복하는 방향으로 비상사태에 대응하는 시민들의 비상 행동이기 때문이다. 비상사태를 빌미로 민주주의와 시민권을 축소하려는 시도에 단호히 맞서는 한편, 민주주의와 시민권의 관점에서 비상사태를 성찰하고 그에 대응하려는 이들이 아렌트에게서 소중한 이론적 자원을 발견할 수 있는 까닭이다.[73]

---

72 Honig, Bonnie, "Is Man a 'Sabbatical Animal'? Agamben, Rosenzweig, Heschel, Arendt", *Political Theology*, vol. 20, no. 1, 2019, p. 7.

73 이런 아렌트적 노선을 따라 비상사태와 민주주의의 선순환을 사고하는 시도로는 특히 Honig, Bonnie, "Three Models of Emergency Politics", *boundary*, vol. 41, iss. 2, 2014, pp. 45~70; Honig, Bonnie, *Public Things: Democracy in Disrepair*, New York: Fordham University Press, 2017; Scarry, Elaine, *Thinking in an Emergency* 등을 참조하라.

4. 기적의 조건, 세계를 향한 사랑, 그리고 시민권

이상에서 살펴본바 아렌트에게서 기적은 상대적 시작이고 비주권적 공동 행위이며 풂이자 회복이라는 세 가지 방식으로 이해할 수 있다. 그리고 이 같은 기적은 아렌트적 분류법에 따르면 행위이다.

아렌트의 행위 개념을 말하면 거의 자동적으로 노동, 작업, 행위의 삼분법이 소환된다. 그런데 사실 이 삼분법을 뒷받침하는 것 중 하나가 기적에 관한 전통적 해석이다. 기적이 무로부터의 창조인 것처럼, 행위도 노동 및 작업에 구애받지 않는 초월적 활동이라는 식으로 말이다. 그러나 지금까지 우리는 아렌트의 기적이 무로부터의 창조가 아니라는 점을 확인했다. 그렇다면 노동 및 작업에 대한 행위의 초월성도 재고되어야 하는 것 아닐까? 이 같은 재고는 민주주의와 시민권을 사고하는 데 어떤 영향을 미칠까? 이하에서는 이 논점을 다루고자 한다.

우선 노동과 작업, 행위의 관계를 다룬 아렌트 자신의 논의에서 시작해 보자.

> 인공적인 사물 세계, 즉 호모 파베르_homo faber_가 건설한 인간의 세계는 사멸적 인간의 거처가 된다. 이 세계의 안정성이 항상 변화하는 인간의 삶과 행위의 운동을 견뎌 내고 더 오래 지속될 수 있는 경우는 오직 이 세계가 소비를 위해 생산된 사물의 기능주의를 초월하고 이용을 위해 생산된 사물의 유용성을 초월할 때다. …… 만약 아니말 라보란스_animal laborans_가 자신의 노동을 덜고 고통을 제거하기 위해 호모 파베르의 도움

을 필요로 하고 사멸적 인간이 지상에 거처를 세우기 위해 호모 파베르의 도움을 필요로 한다면, '행위하고 말하는 인간'도 최고의 능력을 가진 호모 파베르의 도움을 필요로 한다. 즉, 예술가나 시인, 역사가나 기념비 건립자 또는 기록자의 도움을 필요로 한다. 이들의 도움 없이는 행위하는 인간활동의 유일한 산물, 즉 그들이 행하고 말한 이야기는 살아남지 못하기 때문이다.[74]

사실 이 대목을 보면 호모 파베르가 수행하는 작업이 노동과 행위보다 인간 문명의 존속에 더 중요하다는 느낌마저 드는데, 노동 및 행위와 달리 작업은 안정성과 영속성을 지닌 사물 및 세계를 만들어 낼 수 있기 때문이다. 노동은 물론 행위 역시 이 안정적 사물의 도움을 얻지 못한다면 "살아남지"survive 못한다.

이에 대해, 적어도 행위가 작업에게 얻는 도움은 사후적일 따름이라고 반론할 수 있다. 즉, 행위 자체가 아니라 행위의 산물을 존속시키는 것에 한한다고 말이다. 어쨌거나 아렌트는『인간의 조건』 1장 1절에서 "행위는 사물이나 물질의 매개 없이 인간들 사이에서 직접적으로 이루어지는 유일한 활동"[75]이라고 분명히 말하지 않았는가?

그러나 (아렌트에게 있어 행위의 조건 노릇을 하는) 탄생성과 작업

---

74 Arendt, Hannah, *The Human Condition*, p. 173 (『인간의 조건』, 261쪽. 번역은 일부 수정).

75 같은 책, p. 7 (같은 책, 73쪽).

의 관계를 들여다보면 사태가 훨씬 간단치 않음을 알 수 있다. 특히 다음 언급이 중요하다.

> 자연과 살아 있는 모든 사물이 강제로 떠밀려 들어가는 자연의 주기적 운동은 우리가 이해하는 의미에서의 탄생도 죽음도 알지 못한다. 인간 존재의 탄생과 죽음은 단순히 자연적 사건이 아니라 세계와 관련되어 있다. 고유하고 대체 불가능하며 복제 불가능한 실재인 유일한 개인들이 이 세계에 왔다가 이 세계를 떠난다. 탄생과 죽음이 전제하는 것은 부단한 운동 속에 있지 않지만 그것의 지속성과 상대적 영속성 때문에 나타남과 사라짐을 가능하게 하는 세계다. 이 세계는 여기에 출현한 어떤 개인보다 앞서 존재했고 그가 떠난 후에도 남아 있다. 인간이 태어나는 장소로서 세계, 죽을 때 떠나는 세계가 없다면, 불변의 영원회귀 외에 어떤 것도 존재하지 않을 것이다. 즉, 모든 다른 동물 종과 마찬가지로 인간의 죽음 없는 지속성만이 존재할 것이다.[76]

여기서 아렌트가 분명히 하듯, 탄생성(과 사멸성)은 자연적 사건이 아니라 세계와 관련된 (넓은 의미의) 사회적 사건인바, 세계가 없다면 탄생이나 죽음이 아니라 '불변의 영원회귀'만이 있을 뿐이다. 그런데 세계는 작업의 산물이고,[77] 탄생성은 아렌트에게 있어

---

76 같은 책, pp. 96~97 (같은 책, 175쪽. 강조는 인용자).

77 "비타 악티바vita activa가 펼쳐지는 세계는 인간 활동들이 산출한 사물들로 이루어진다." 같은 책, p. 9 (같은 책, 76쪽. 번역은 수정).

행위의 조건이다. 그렇다면 행위가 존속하기 위해서뿐만 아니라 애초에 행위가 가능하려면 작업이 필요하다는 결론이 필연적으로 도출된다. 행위가 사물의 매개 없는 직접적 활동이라는 것도, 행위가 벌어지는 시점에 그렇다는 것으로, 이 시점에 인간이 행위 역량을 보유하기 위해서는 사전에 작업의 도움을 받아야 한다는 관념과 모순되지 않는다.

그렇다면 아렌트는 왜 작업과 행위를 그토록 구별하려고 애썼을까? 우선은 정세적인 이유가 있을 것이다. 주지하듯 아렌트가 전체주의를 경험했는데, 전체주의의 본질적 차원 중 하나는 (공통) 세계의 와해와 난민(즉, 자신들이 속하던 세계를 박탈당한 사람들)이다. 이렇듯 사물과 세계의 파괴가 조건으로 주어져 있는 상태에서, 행위가 사물과 세계에 의존한다고 말하는 것은 이 파국에서 벗어날 수 없다(즉, 기적은 일어나지 않는다)고 말하는 허무주의와 다를 바 없을 수 있다. 즉, 아렌트가 작업과 행위를 구별할 뿐만 아니라 행위가 작업에 의존하지 않는다는 어감을 풍긴 것은, 아렌트가 자신의 이론을 전개한 정세적 정박점과 분리해서는 그 진의를 이해하기 어렵다.[78]

또 하나는 아렌트가 전체주의를 비롯한 수많은 권위주의적 시도의 원천 중 하나를 "행위를 제작으로 대체한 전통적 시도"[79]에서 찾았기 때문일 것이다. 하지만 이 경우 아렌트가 문제 삼은 것

---

78 Honig, Bonnie, *Public Things*, pp. 59~60.

79 Arendt, Hannah, *The Human Condition*, p. 220 (『인간의 조건』, 314쪽. 번역은 수정).

126   1부 미완의 시민권과 팬데믹

은 행위라는 '활동'을 제작, 곧 작업이라는 '활동'으로 대체하는 것이지, 작업이라는 활동의 산물인 '작품'work이라는 사물 자체가 아니다. 오히려 아렌트는 "모든 사물은 세계적으로 존재하면서 일단 완성되면 순수한 도구성의 영역을 넘어"서며, 심지어 "사용물조차도 인간의 주관적 필요에 의해서뿐만 아니라 …… 세계의 객관적 기준에 의해서 판단된다"[80]면서, 작품이라는 사물이 이를 산출한 작업 활동으로 환원되지 않는다는 점을 강조한다.[81] 아렌트가 보기에 작업은 노동 활동 및 행위 활동과 달리 활동이면서 사물이라는 이중성을 가지며, 이 중 사물로서의 작품은 작업 활동뿐만 아니라 다른 활동, 곧 노동 활동 및 행위 활동과 결합해 그 활동을 돕거나 심지어 그 활동의 조건으로 작용할 수 있다.[82]

이렇듯 행위와 여타 활동을 구별한 아렌트의 문제의식을 존중하면서도 그 구별의 배타성을 느슨히 하고 나면, 행위가 발동하고 존속하기 위해서는 탄생성뿐만 아니라, 사물적 세계, 그리고 이 사물적 세계를 만들고 보존하는 활동들 모두가 조건으로 필요하다는 사실을 받아들일 수 있게 된다. 아렌트에게 있어 행위가 기적과 같은 장에 속한 개념임을 감안한다면, 이는 기적에 다양한

---

80 같은 책, p. 173 (같은 책, 260~261쪽).

81 Markell, Patchen, "Arendt's Work: On the Architecture of *The Human Condition*", *College Literature*, vol. 38, no. 1, 2011, pp. 31~32.

82 "인간 없이는 존재하지 않았을 이 사물들은 그럼에도 불구하고 그것들을 제작한 인간들을 부단히 조건 지운다." Arendt, Hannah, *The Human Condition*, p. 9 (『인간의 조건』, 76쪽. 번역은 수정). 여기서 보듯 아렌트는 순환 논법을 긍정적인 방식으로 사용하고 있다.

조건들이 필요하다는 뜻이기도 하다. 실제로 아렌트 자신이 곳곳에서 이렇게 말했는데, 가령 그는 예수라는 기적적 행위자를 가능케 한 것은 "이스라엘의 공적 권위에 도전하는 데 열중했던 동료들과의 작고 친밀한 공동체의 경험"[83]이었다고 말한다. 이는 "적극적 의미의 자유는 평등한 사람들 사이에서만 가능하며, 평등 자체는 결코 보편적으로 정당한 원리가 아니라 한계 내에서만, 심지어 공간적 한계 내에서만 적용될 수 있"[84]다는 『혁명론』의 주장과 맥을 같이하는 것이다.

기적의 조건에는 연습과 훈련도 포함된다. 이는 미국혁명의 주역 가운데 한 명이자 미합중국 제2대 대통령을 역임한 존 애덤스John Adams의 진술에 관한 아렌트의 논평에서 잘 나타난다. 아렌트에 따르면 존 애덤스는 자신들이 "예기치 않게 부름을 받았고 사전적 성향 없이 강제당했"다면서 마치 자신들이 혁명에 관해 아무런 준비도 갖추지 못한 것처럼 말했지만, 다른 곳에서는 "전쟁이 발발하기 전에 혁명이 시작되었다"고 말하면서 이를 식민지 주민들이 마을 수준에서 누린 결사의 권리 및 공적 업무에 대한 심의의 경험, 그리고 이 과정에서 함양한 공적 자유에 대한 열정과 연결한다.[85] 즉, 혁명 이전의 정치적 훈련과 경험이 혁명, 곧 정치적 기적의 조건으로 작용했음을 명확히 한 것이다. 아렌트가 볼

---

83 같은 책, p. 239 (같은 책, 335쪽).

84 Arendt, Hannah, *On Revolution*, p. 265 (『혁명론』, 415~416쪽. 번역은 수정).

85 같은 책, pp. 118~119 (같은 책, 209~210쪽).

때 "예견할 수 없고 예측할 수 없는 것을 바라는 일, 정치 영역에서 '기적'을 준비하고 기대하는 일은 결코 미신적인 것이 아니며, 오히려 현실주의의 충고"[86]다.

기적의 조건 중에는 아렌트가 '세계를 향한 사랑'amor mundi이라고 부른 것도 있다.[87] 이는 우선 시민적 정서civic affect다. 아렌트가 기적을 요청하는 것은 "인간사의 영역인 세계를 정상적이고 '자연적'인 황폐화로부터 구원"[88]하기 위해서인바, 만일 세계를 사랑하지 않는다면, 즉 세계가 "존재하기를 바[라]"[89]지 않는다면 기적을 일으킬 이유가 애초에 없는 것이다. 이때 사랑은 독점욕이 없는 non-possessive 사랑이다. 달리 말하면, 사랑의 대상인 세계는 사유화된 세계가 아니라 공통의 세계, 곧 비배타적인 세계다. 만일 세계가 나의 독점적이고 배타적인 소유라면, 내가 죽을 때 세계도 함께 죽을 것이다. 그러나 내가 세계를 사랑하는 것은 세계가 나보

---

86 Arendt, Hannah, *Between Past and Future*, p. 170 (『과거와 미래 사이』, 232쪽. 강조는 인용자, 번역은 수정).

87 "최종 분석에서, 인간 세계는 늘 인간의 아모르 문디amor mundi의 산물로, 인간 세계라는 인공물의 잠재적 불멸성은 세계를 건설하는 이들의 사멸성과 세계로 와 사는 이들의 탄생성에 늘 종속된다. 햄릿이 한 말은 늘 진실이다. '뒤틀린 세월[시간이 이음매에서 어긋나 있다]. 아 저주스러운 낭패로다 / 그걸 바로잡으려고 내가 태어나다니!'" Arendt, Hannah, *The Promise of Politics*, Kohn, Jerome ed., New York: Schocken Books, 2005, p. 203 (『정치의 약속』, 김선욱 옮김, 푸른숲, 2007, 248~249쪽. 번역은 수정). 이 개념에 대한 상세한 논의는 Kiess, John, *Hannah Arendt and Theology*, 특히 3장("*Amor Mundi*: Worldliness, Love, and Citizenship")을 참조.

88 Arendt, Hannah, *The Human Condition*, p. 247 (『인간의 조건』, 344쪽).

89 Arendt, Hannah, *The Life of the Mind*, p. 104 (『정신의 삶』, 463쪽).

다 오래 존속하고, 따라서 그 세계로써 나의 사멸성과 허무를 상쇄할 수 있기 때문이다.[90] 세계가 나와 독립적으로, 그리고 더 영속적으로 존속한다는 것은 나의 나르시시즘에 커다란 상처를 주지만, 그 상처는 나를 넘어서는 더 넓고 견고한 세계로 진입하기 위한 대가 같은 것이다.

그런데 공통의 세계는 나를 넘어서며, 따라서 나를 넘어서는 요소들을 포함하거나 필요로 한다. 또한 나보다는 오래 존속하긴 해도 공통의 세계는 어쨌든 자연이 아닌 인공물이므로, 시간이 지나면 낡거나 고장 나고 심지어는 와해된다. 따라서 이 세계가 존속하려면 세계를 구성하는 요소들의 수리나 대체, 쇄신이 필요한데, 이와 관련해 내가 큰 기여를 할 수도 있지만, 대부분의 경우 나를 넘어서는 새롭거나 이질적인 요소들의 기여를 요청한다. 그 요소들을 받아들일 때 세계는 내가 알던 그 세계가 아니게 될 가능성이 높다. 하지만 그 요소들을 받아들이지 않으면 세계는 와해될 수도 있고, 만일 와해된다면 세계는 반영구성에서 비롯하는 고유한 매력을 상실하게 된다. 그러니 세계를 진정으로 사랑한다는 것, 즉 세계가 그 고유한 매력을 잃지 않게 돌본다는 것은, 나의 나르시시즘을 재차 상대화하고, 내가 알던 그 세계와는 다른 모습으로 세계가 바뀌는 데 기여하는 것, 이 변화로써 세계가 존속할 수 있게 돕는 것이다. 그것은 새내기와 이방인을 세계 안에 받아들이고, 그들이 세계의 (주인이 아닌) 주민이 되게 하는 것, 그래서

---

90 Arendt, Hannah, *The Human Condition*, p. 55 (『인간의 조건』, 128~129쪽).

그들 나름의 방식으로 세계 안에서 살아가게 하는 것과 다름없다.[91] 나의 세계를 '나만의' 세계로 오로지하려는(따라서 세계의 고유한 의미를 박탈하려는) 사유화의 충동을 제어하는 것. 세계의 비독점성과 비배타성을 보존하는 것. 그리하여 솔로몬의 심판 일화처럼 내가 세계를 포기해야 세계가 존속할 수 있는 경우라면, 세계를 새내기와 이방인에게 떠나보내는 것. 반대로 그게 나 자신이든, 새내기와 이방인이든, 세계의 비독점성과 비배타성을 파괴하려는 세력이 있다면, 그에 맞서 세계를 지키는 것. 이렇듯 그 외양은 완전히 상반되더라도, 결국 세계가 세계로 존속하도록 돌보는 것. 그것이 세계를 향한 사랑의 본질적 차원 가운데 하나다. 이런 의미의 세계를 향한 사랑은 시민적 덕목virtue이자 직무, 곧 '시민직職'이라는 의미의 시민권citizenship이기도 하다.[92]

가장 놀라운 것은 세계를 향한 사랑이 아렌트가 행위와 가장 멀다고 간주한 활동, 곧 노동(적어도 어떤 노동)과 극히 흡사하다는

---

91 "교육은 우리가 세계에 대한 책임을 질 만큼 세계를 사랑하는지, 회생이 아니고서는, 새롭고 젊은 사람들의 도래가 아니고서는 파멸이 불가피한 세계를 구할 만큼 세계를 사랑하는지 여부를 결정하는 지점이다. 또한 교육은 우리가 아이들을 우리의 세계에서 내쫓아 그들 멋대로 살도록 내버려 두지도 않고, 그들이 새로운 무언가, 우리가 예견하지 못한 무언가에 착수할 기회를 박탈하지도 않으면서, 공통의 세계를 회생시키는 임무를 맡도록 미리 준비시킬 만큼 그들을 사랑하는지 여부를 결정하는 지점이기도 하다." Arendt, Hannah, *Between Past and Future*, p. 196 (『과거와 미래 사이』, 263쪽. 번역은 수정).

92 시티즌십citizenship을 '시민직'이라고 옮긴 이유에 관해서는 판 횐스테런, 헤르만 R., 『시민권의 이론: 동시대 민주정들에서 다원성을 조직하기』, 장진범 옮김, 그린비, 2020, 296~300쪽 참조.

것이다.

…… 노동의 두 번째 과제는 성장과 부패의 과정에 대항하는 끝없는 싸움이다. 이 과정을 통해 자연은 지속적으로 인간의 인공 세계를 침해하며, 세계의 지속성과 인간의 목적을 위한 유용성을 위협한다. 자연의 과정에 맞서서 세계를 보호하고 보존하는 것은 매일 반복되는 단조로운 일과를 필요로 하는 노고들 중 하나다. …… 옛날이야기나 신화에서 이 투쟁적 노동은 종종 엄청난 불평등에 대항하는 영웅적 싸움의 장엄함을 지니고 있었다. 헤라클레스의 이야기가 그렇다. 헤라클레스가 아우게이아스Augeias 왕의 마구간을 청소한 것은 열두 가지 영웅적인 '노동'에 속하는 것이다. 강력한 힘과 용기를 필요로 하고 전투정신으로 수행하는 영웅적 행위와 유사한 의미가 — 레이버labor, 트라바이travail, 아르바이트arebeit 등과 같이 — 중세에 사용된 '노동'이란 말에 분명히 함축되어 있다. 그러나 인간 신체가 세계를 유지하고 그 부패를 막기 위해 치르는 일상적 싸움은 영웅적 행위와 같지 않다. 어제 어질러 놓은 것을 매일 다시 정돈하기 위해 필요한 인내는 용기가 아니다. 그리고 이 노력을 고통스럽게 만드는 것은 위험이 아니라 늘 반복해야 하는 지겨움이다.[93]

여기서 아렌트는 한편으로 노동을 영웅적이고 장엄한 것, 곧

---

93 Arendt, Hannah, *The Human Condition*, pp. 100~101 (『인간의 조건』, 179~180쪽. 강조는 인용자, 번역은 일부 수정).

'행위'와 연결하지만, 다른 한편으로 이것이 일상적이고 반복적이며 지겹다는 점에서 행위가 아니라고 말한다. 하지만 세계를 사랑하고 세계를 돌보는 활동인 노동이 왜 행위가 아니란 말인가? 아렌트가 말한 것처럼 세계를 절망despair에서 구하는 것이 행위이고, 절망의 본질이 세계를 이루는 개별 요소들의 끊임없는 교체가 중단되어 세계가 황폐disrepair해지는 것이라면,[94] 세계를 끊임없이 '수리'repair하고 유지하고maintain 돌보는care 활동, 곧 노동이야말로 일상적으로 벌어지는 행위의 범형 아닌가? 또한 코로나19 상황에서 돌봄 노동자, 또는 '필수 노동자'essential worker가 수행하는 노동은, 그것이 없다면 세상이 순식간에 허물어져 버린다는 의미에서, 기적의 범형 아닌가?[95]

이상의 논의에서 요점은 노동, 작업, 행위의 구별을 무화시키자는 데 있지 않다. 작업의 산물인 작품, 곧 사물들을 지지대로 삼는 세계를 중심에 놓으면 이들 구별되는 활동이 실은 훨씬 상호의존적이라는 점이 분명해진다는 것이다. 행위는 세계를 향한 사랑을 정서적 동력으로 하고, 세계는 작업에 의한 제작, 노동에 의한 돌봄에 의해 존속하므로, 행위는 작업과 노동에 의존하는 셈이다. 그리고 세계가 위기에 빠졌을 때 이를 수리하고 돌보는 노동, 세계를 떠받칠 새로운 작품을 만들어 내는 작업은 그 자체로 행위

---

94 Arendt, Hannah, *Between Past and Future*, p. 170 (『과거와 미래 사이』, 232쪽); Honig, Bonnie, *Public Things*, p. 71.

95 장진범, 「민주주의자로서 비상사태를 상대하기」, 추지현 엮음, 『마스크가 말해 주는 것들』, 돌베개, 2020, 242~244쪽.

가 된다. 역으로 노동과 작업은 행위에 의해 인도되는 한에서 반세계적 활동으로 흐를 위험에서 벗어난다.

즉, 행위는 무로부터의 창조 또는 일체의 활동을 초월한 활동이 아니라(만일 이런 것이라면 행위는 아렌트가 말한 '관조적 삶'과 다를 바 없을 것이다), 노동과 작업, 그 외의 여러 활동을 세계를 사랑하고 돌보는 방향으로 이끄는 '회향'回向 활동이자 이에 힘입어 세계를 황폐에서 '회복'하는 활동이다. 행위가 시작이자 자유이고 기적인 것은 이런 의미에서일 것이다.

5. 결론을 대신하여 : 시민적 덕목으로서 정치 신학적 문해력

인간사의 영역에서 우리는 "기적들"의 지은이를 안다. 그것은 기적을 수행하는 인간들, 자유와 행위라는 이중의 재능을 부여받았기 때문에 자기 나름의 현실을 수립할 수 있는 인간들이다.[96]

아렌트의 이 문장은 기적이라는 동일한 기표로써 슈미트와 아렌트가 의미하는 것이 얼마나 다른지 유리처럼 투명하게 보여 준다. 슈미트에게 기적은 신과 그의 현세적 대행자인 주권자가 일으

---

[96] Arendt, Hannah, *Between Past and Future*, p. 171 (『과거와 미래 사이』, 233쪽). 이 인용문은 「자유란 무엇인가?」의 마지막 문장들인데, 한국어판 해당 위치에는 출처를 알 수 없는 다른 문장들이 있어, 필자가 직접 번역했다.

키는 것이고, 시민들은 이 기적에 수동적으로 복종할 따름이다. 반면 아렌트에게서 기적은 자유와 행위라는 재능을 부여받은 인간, 즉 모든 인간과 시민이 능동적으로 일으킬 수 있는 것이다. 이 대목에서 우리는 알튀세르의 다음과 같은 진술을 떠올리지 않을 수 없다. "그[스피노자-인용자]는 신에서 시작했지만, 실제 그는 …… 무신론자였다. …… 최고의 전략가인 그는 견고한 적의 사령부를 포위하는 데서 시작했다. 아니 더 정확히 말하자면 그는 마치 자기가 자기 자신의 적인 양 거기 자리 잡았고, 따라서 그들의 불구대천의 원수라는 혐의를 받지 않으면서, 마치 점령군의 대포를 점령군 자신을 향해 돌려놓는 것처럼 적의 이론적 요새를 완전히 돌려놓는 방식으로 재배치하였다."[97] 즉, 아렌트는 기적 개념 및 정치신학을 폐기하기보다 발본적으로 민주화한 것이다.

인간이 은유에 따라 살아가는 것이라면live by,[98] 그리고 그 은유 가운데 적잖은 부분이 종교와 신학에서 왔고, 이른바 '종교의 귀환' 때문에 앞으로도 그럴 것이라면, 정치 신학에 관한 문해력literacy 및 솜씨 있는 개입은 민주주의의 보존과 확장에 기여하는 시민적 덕목이자 행위일 수 있다. 역으로 정치 신학에 대한 맹목과 방치는, 슈미트적 정치 신학에서 보듯, 민주주의와 시민권에 매우 부정적인 영향을 미칠 수 있다. 민주주의 및 시민권과 양립 가능한

---

97 알튀세르, 루이, 「독특한 유물론적 전통」, 『철학과 맑스주의 : 우발성의 유물론을 위하여』, 서관모·백승욱 엮고 옮김, 새길, 1996, 161~162쪽.

98 레이코프, 조지·마크 존슨, 『삶으로서의 은유』, 노양진·나익주 옮김, 박이정, 2006.

정치 신학의 가능성. 이 글이 이를 엿보는 데 자그마한 기여라도 했기를 바랄 따름이다.

참고문헌

고쿠분 고이치로, 『중동태의 세계 : 의지와 책임의 고고학』, 박성관 옮김, 동아시아, 2019.

레이코프, 조지·마크 존슨, 『삶으로서의 은유』, 노양진·나익주 옮김, 박이정, 2006.

무페, 샹탈, 『정치적인 것의 귀환』, 이보경 옮김, 후마니타스, 2007.

박이대승, 「예외상태의 정상화, 혹은 예외로서의 정상 : 팬데믹 이후의 법과 국가」, 『문학과사회』 131호, 2020, 42~57쪽.

슈미트, 칼, 『정치신학』, 김항 옮김, 그린비, 2010.

_____, 『정치적인 것의 개념』, 김효전·정태호 옮김, 살림, 2012.

_____, 『현대 의회주의의 정신사적 상황』, 나종석 옮김, 도서출판 길, 2012.

아감벤, 조르조, 『얼굴 없는 인간 : 팬데믹에 대한 인문적 사유』, 차문정 옮김, 효형출판, 2021.

알튀세르, 루이, 「독특한 유물론적 전통」, 『철학과 맑스주의 : 우발성의 유물론을 위하여』, 서관모·백승욱 엮고 옮김, 새길, 1996.

장제형, 「법의 수행성과 자기해체 : 벤야민과 데리다의 법과 폭력 비판」, 『인문학연구』 제32집, 인천대학교 인문학연구소, 2019, 83~114쪽.

진태원, 「마르크스주의의 탈구축 : 네 가지 신화와 세 가지 쟁점」, 『인문학연구』 제30집, 인천대학교 인문학연구소, 2018, 73~118쪽.

_____, 『애도의 애도를 위하여 : 비판 없는 시대의 철학』, 그린비, 2019.

추지현 엮음, 『마스크가 말해주는 것들』, 돌베개, 2020.

판 휜스테런, 헤르만 R., 『시민권의 이론 : 동시대 민주정들에서 다원성을 조직하기』, 장진범 옮김, 그린비, 2020.

표광민, 「정치의 예외성에 관하여 : 칼 슈미트의 예외상태 개념과 한나 아렌트의 기적 개념을 중심으로」, 『한국정치학회보』, 제54집 1호, 2020.

하버마스, 위르겐, 『이질성의 포용 : 정치이론연구』, 황태연 옮김, 나남출판, 2000.

Ackerman, John Wolfe, "Political-Theological Pluralism", Bardon, Aurélia, Maria Birnbaum, Lois Lee, and Kristina Stoeckl eds., *Religious Pluralism: A Resource Book*, Florence: European University Institute, 2015.

_____, "The Memory of Politics: Hannah Arendt, Carl Schmitt and the Possibility of Encounter", Pollock, Griselda and Max Silvermann eds., *Concentrationary Memories: Totalitarian Terror and Cultural Resistance*, London: I. B. Tauris & Company, Limited, 2015, pp. 31~43.

_____, *The Politics of Political Theology: Rosenzweig, Schmitt, Arendt*, Doctoral Dissertation of Northwestern University, 2013.

Arendt, Hannah, *Between Past and Future: Eight Exercises in Political Thought*, New York: Penguin Books, 1977 (『과거와 미래 사이』, 서유경 옮김, 푸른숲, 2005).

_____, *Crises of the Republic*, New York: Javanovich, 1972 (『공화국의 위기』, 김선욱 옮김, 한길사, 2011).

_____, *Denktagebuch: 1950-1973. Erster Band*, Ludz, Ursula and Ingeborg Nordmann eds., München; Zürich: Piper, 2002.

_____, *Essays in Understanding 1930-1954: Formation, Exile, and Totalitarianism*, Kohn, Jerome ed., New York: Schocken Books, 2005 (『이해의 에세이 1930~1954』, 홍원표·임경석·김도연·김희정 옮김, 텍스트, 2012).

_____, *Love and Saint Augustine*, Scott, Joanna Vecchiarelli and Judith Chelius Stark eds., Chicago: University of Chicago Press, 1996 (『사랑 개념과 성 아우구스티누스』, 서유경 옮김, 텍스트, 2013).

_____, *On Revolution*, Harmondsworth: Penguin Books, 1990 (『혁명론』, 홍원표 옮김, 한길사, 2004).

_____, *Rahel Varnhagen: the life of a Jewess*, Winston, Richard and Winston Clara trans., New York; London: Harcourt Brace Jovanovich, 1974 (『라헬 파른하겐: 어느 유대인 여성의 삶』, 김희정 옮김, 텍스트, 2013).

_____, *The Human Condition*, Chicago: The University of Chicago Press, 1958 (『인간의 조건』, 이진우 옮김, 한길사, 2017).

_____, "The Jew as Pariah: A Hidden Tradition", Kohn, Jerome and Ron. H. Feldman eds., *The Jewish Writings*, New York: Schocken Books, 2007.

_____, *The Life of the Mind*, San Diego; New York: Harcourt Brace Jovanovich, 1978 (『정신의 삶: 사유와 의지』, 홍원표 옮김, 푸른숲, 2019).

_____, *The Origins of Totalitarianism*, 1st edition, New York: Harcourt, 1951.

_____, *The Promise of Politics*, Kohn, Jerome ed., New York: Schocken Books, 2005 (『정치의 약속』, 김선욱 옮김, 푸른숲, 2007).

_____, *Vita activa oder Vom tätigen Leben*, München: R. Piper & Co. Verlag, 1994 (『인간의 조건』, 이진우 옮김, 한길사, 2017).

_____, "Walter Benjamin: 1892-1940", *Men in Dark Times*, New York: Harcourt, Brace&World, Inc., 1970 (『발터 벤야민 1892~1940』, 이성민 옮김, 필로소픽, 2020).

Balibar, Étienne, "La philosophie et l'actualité: au-delà de l'événement?", *Passions du concept:*

Épistémologie, théologie et politique: Écrits II, Paris: La Découverte, 2020.

_____, *Violence and civility: on the limits of political philosophy*, Goshgarian, G. M. tran., New York: Columbia University Press, 2015.

Colliot-Thélène, Catherine, "Philosophie politique: pouvoir et démocratie", Pradeau, Jean-François ed., *Histoire de la philosophie*, Paris: Éditions du Seuil, 2019.

Curtis, Kimberley, *Our sense of the real: aesthetic experience and Arendtian politics*, Ithaca, New York: Cornell University Press, 1999.

Honig, Bonnie, "Between Decision and Deliberation: Political Paradox in Democratic Theory", *American Political Science Review*, vol. 101, no. 1, 2007, pp. 1~17.

_____, "Is Man a 'Sabbatical Animal'? Agamben, Rosenzweig, Heschel, Arendt", *Political Theology*, vol. 20, no. 1, 2019, pp. 1~23.

_____, *Public Things: Democracy in Disrepair*, New York: Fordham University Press, 2017.

_____, "The Laws of the Sabbath (Poetry): Arendt, Heine, and the Politics of Debt", *UC Irvine Law Review*, vol. 5, iss. 2, 2015, pp. 463~482.

_____, "The Miracle of Metaphor: Rethinking the State of Exception with Rosenzweig and Schmitt", *Diacritics*, vol. 37, no. 2/3, 2007, pp. 78~102.

_____, "Three Models of Emergency Politics", *boundary*, vol. 41, iss. 2, 2014, pp. 45~70.

_____, "Toward an Agonistic Feminism: Hannah Arendt and the Politics of Identity", *Feminist Interpretations of Hannah Arendt*, Honig, Bonnie ed., New York: Pennsylvania State University Press, 1995.

Kalyvas, Andreas, *Democracy and the Politics of the Extraordinary: Max Weber, Carl Schmitt, and Hannah Arendt*, Cambridge: Cambridge University Press, 2008.

Kiess, John, *Hannah Arendt and Theology*, New York: Bloomsbury, 2016.

Markell, Patchen, "Arendt's Work: On the Architecture of *The Human Condition*", *College Literature*, vol. 38, no. 1, 2011, pp. 15~44.

_____, "The Rule of the People: Arendt, Archê, and Democracy", *American Political Science Review*, vol. 100, no. 1, 2006, pp. 1~14.

Maxwell, Lida, Cristina Beltran, Shatema Threadcraft, Stephen K. White, Miriam Leonard, and Bonnie Honig, "The 'Agonistic Turn': *Political Theory and the Displacement of Politics* in New Contexts", *Contemporary Political Theory*, 18, 2019, pp. 640~672.

Mouffe, Chantal ed., *The Challenge of Carl Schmitt*, London: Verso, 1999.

Moyn, Samuel, "Hannah Arendt on the Secular", *New German Critique*, vol. 35, no. 3(105), 2008, pp. 71~96.

Scarry, Elaine, *Thinking in an Emergency*, New York: W. W. Norton & Company, Inc.,

2011.

Tchir, Trevor, *Hannah Arendt's Theory of Political Action: Daimonic Disclosure of the 'Who'*,
London: Palgrave Macmillan, 2017.

Yar, Majid, "From actor to spectator: Hannah Arendt's 'two theories' of political judgment",
Philosophy & Social Criticism, vol. 26, no. 2, 2000.

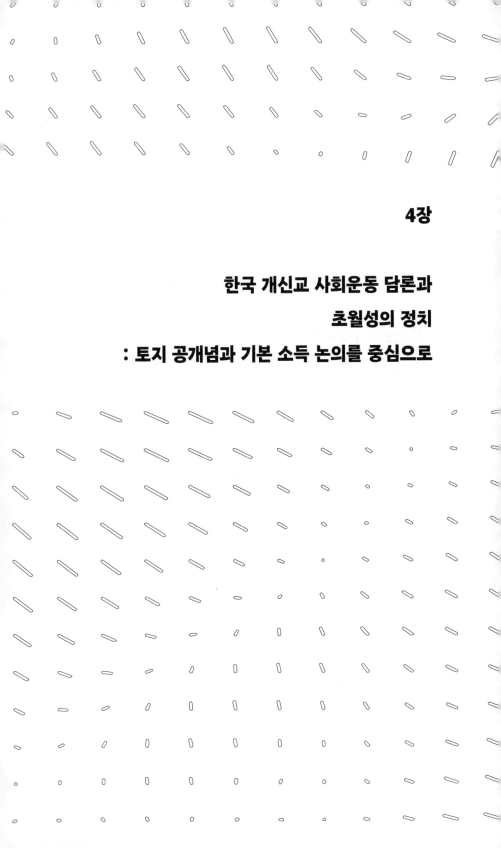

4장

한국 개신교 사회운동 담론과
초월성의 정치
: 토지 공개념과 기본 소득 논의를 중심으로

1. 팬데믹이 드러낸 경계 바깥의 사람들

코로나19가 전 세계적으로 급격하게 확산되던 시기 우리 모두를 공포로 몰아넣은 것은 이 바이러스가 나이와 성별, 인종과 국적, 계급과 지위를 막론하고 누구에게나 '평등'하게 침투할 수 있다는 사실이었다. 감염을 완벽하게 차단할 수 있는 장소나 방법도 없어 보였다. 그러나 곧 여타 사회제도들이 그런 것처럼 바이러스도 사람을 차별한다는 사실이 밝혀졌다. 팬데믹(대유행) 이전에는 모든 사람이 균등하게 누리고 있다고 여겨졌던 권리와 자유가 사실 어떤 사람들에게는 허용되지 않는 특권이었음이 팬데믹을 계기로 드러났다. 코로나19가 그간 우리 사회에서 비가시적이었던 약자들을 가시화한 것이다.

사회적 거리 두기가 코로나19 방역 지침으로 제시되고 조건부 집합 금지가 시행되면서 회사들이 재택근무를 실시했고 이에 사람들은 배달 노동자들의 노동에 의존해 일상생활을 유지했다. 배달 노동자들은 팬데믹 상황에서 그 어느 때보다 바쁘게 노동해야 했고 사회적 거리 두기는커녕 노동강도가 높아지며 과로사 문제가 대두되었다. 많은 사람들이 사회적 거리 두기를 지키면서도 무리 없는 생활을 영위하기 위해 배달 노동자들의 건강권은 포기되었던 것이다. 이태원발 집단감염이 발생하면서 성소수자에 대한 혐오 발언도 쏟아져 나왔다. 아웃팅으로 인한 사회적 낙인을 피하기 위해 동선 공개를 투명하게 할 수 없었던 동성애자들의 상황은 혐오 감정을 증폭했다. 성소수자들이 얼마나 타인의 시선에 갇혀 숨죽여 살아왔는지를 체감할 수 있었고, 그런 현실이 여전히 지속되고 있음을 확인하는 순간이었다.

콜센터 상담 노동자들의 집단감염으로 인해 이들의 열악한 노동환경이 드러났고, '코호트 격리'라는 명목으로 집단 시설에 감금된 채 오염원 취급을 받아야 했던 장애인들이 있었으며, 공공보건을 위한 불가피한 선택이라며 소상공인들에게 영업 제한을 강제했던 정부가 정작 건물 임대인들에게는 어떠한 사회적 책임도 요구하지 않았던 상황에 대해서도 논란이 일었다. 자녀들의 원격 수업 기간이 길어지면서 가사 노동과 육아의 부담 때문에 일자리를 포기하는 여성이 늘어났고, 소규모 사교육 시장이 성장하는 이면에 원격 수업에 적합한 환경을 갖추지 못해 교육으로부터 소외되는 학생들이 자리하고 있었다. 국제적으로는 바이러스의 기원을 둘러싼 논쟁으로 인해 인종차별 범죄가 급증했고, 그간 인류 공영을 외쳐 왔던 일부 국가들이 재난의 상황을 맞닥뜨리자 자국의 이익을 앞세워 백신을 독점하려는 시도도 일어났다.

팬데믹 상황에서 누군가는 안전하게 재택근무를 하며 배달 음식으로 일상을 유지하는 가운데 삶의 여유를 찾아가는 방법을 배웠다고 고백하지만, 그 이면에는 목숨을 걸고 일하는 노동자, 자신의 섹슈얼리티가 강제로 노출될까 봐 숨죽여 사는 성소수자, 사회를 오염시키지 않기 위해 감금되어야 하는 장애인, 여전히 가사 및 돌봄 노동을 전담하고 있는 여성, 가게 문은 닫아야 하지만 임대료는 꼬박꼬박 내야 하는 소상공인이 있다. 전자의 삶은 후자의 삶을 거름으로 삼아 이루어진다. 팬데믹은 우리 사회에서 가려졌던 장면들의 민낯을 드러냈고, 우리 사회가 균질하고 매끈한 삶의 경계 바깥에 존재하는 사람들을 지우는 동시에 그들에게 의존해 유지되고 있음을 확인시켰다.

이 글은 그런 경계 밖의 사람들을 종교적 사회운동 담론이 어떻게 인식하고 있는지를 다룬다. 종교의 사회운동 담론은 종교인들이 종교 조직을 통해 종교적 신념과 가치를 바탕으로 하여 구체적인 사회문제를 해결하거나 모순적인 사회체제를 근본적으로 변혁하기 위해 활동하는 것을 일컫는다. 한국에서 사회와 상호작용하는 종교 담론은 한 축으로는 사회운동을 통해 보다 민주적이고 평등한 사회질서를 확립하는 것을 목표로 한다는 점에서 진보적인 성격을 띠는 반면, 다른 한 축으로는 전통적으로 반공과 친미를 내세우며 정치적 쟁점들에 영향력을 발휘하고자 했고 최근에는 반동성애 및 반이슬람을 기치로 혐오의 목소리를 높이는 보수적인 성격도 있다. 이 글에서는 전자로 종교적 사회운동 담론의 의미를 제한하고, 그것의 성격 및 사례를 분석하고자 한다.

종교의 사회운동 담론은 '초월성의 정치'라고 일컬을 만한 특성을 띤다. 여기에서 초월성의 정치가 의미하는 바를 규명하기 위해 미국의 정치철학자 낸시 프레이저가 정체성의 정치 및 보편성의 정치를 비판하는 지점을 살펴볼 것이다. 종교 담론의 초월성에서 정체성의 정치와 보편성의 정치가 노정하는 한계를 극복할 가능성을 발견할 수 있기 때문이다. 이어서 종교 담론이 정체성 혹은 보편성과는 다른 초월성의 특징을 띤다는 점을 보이도록 하겠다. 그리고 한국 개신교 사회운동 담론이 초월성의 정치로서의 성격을 가진다는 점을 확인할 사례로 토지 공개념과 기본 소득 담론을 분석한다. 이 사례 분석을 통해 개신교 사회운동 담론이 가진 초월적 성격이 더욱 분명해질 것이다. 마지막으로 한국 민중신학 논의를 바탕으로 한 진보적 개신교 사회운동이 소수자성에 초점을 맞추는 '차이의 정치'를 통해 보편의 경계를 끊임없이 확장함으로써 초월성을 확보하고자 한다는 점을 보이도록 하겠다.

2. 정체성의 정치와 보편성의 정치 비판 : 낸시 프레이저의 논의를 중심으로

개신교 사회운동 담론이 '초월성의 정치'로서의 성격을 갖고 있다는 점을 밝히기 위해 프레이저가 '정체성의 정치' 및 '보편성의 정치'를 비판하는 내용을 먼저 살펴보도록 하겠다.

보통 '보편성의 정치'politics of universality는 '차이의 정치'politics of difference와, 그리고 '분배의 정치'는 '정체성의 정치'와 대립 항을 이룬다고 여겨진다. 그리고 분배의 정치는 보편성의 정치와, 정체성의 정치는 차이의 정치와 각각 연결된다. 분배의 정치는 집단 간의 차이가 집단의 내재적 속성이 아니고 "부당한 정치경제로부터 기인하는 사회적 구성의 결과물"이라고 본다. 따라서 분배 정치를 지지하는 사람들은 집단의 차이를 인정하기보다는 그것의 철폐를 위해 노력해야 한다고 주장한다. 이런 점에서 분배의 정치는 보편성의 정치와 일맥상통한다고 볼 수 있다. 반면 정체성 정치는 집단 간의 차이가 "이미 존재하는 바람직한 문화적 변형들"이며, 부당한 해석이 이런 차이를 "악의적인 방식으로 위계적 가치로 변형"하는 것이 문제라고 본다. 따라서 부당하게 평가 절하된 특성들을 재평가하는 것이 정의의 내용이 된다. 이런 맥락에서 정체성 정치를 지지하는 사람들은 집단의 차이를 제거할 것이 아니라 축복해야 한다고 주장한다. 바로 이런 점에서 정체성 정치는 차이의 정치와 연결된다고 할 수 있다.[1]

분배의 정치와 정체성의 정치는 현대사회에서 양자택일의 상호 배제적인 전략들로 묘사되는 경향이 있다. 제2차 세계대전 이후 분배 정의의 패러다임이 사회운동의 핵심을 차지했으나, 오늘날에는 종교·민족·젠더를 둘러싼 투쟁들이 두드러지면서 차이에 기반한 사회운동이 매우 강력하게 정치화되고 있는 현상을 두고 정체성의 정치가 분배의 정치를 대체하고 있다는 진단이 내려지는 것도 같은 맥락이다. 몇몇 분배 옹호론자들은 정체성 정치가 경제적 문제들로부터 이탈하고 있으며, 집단을 분열시키고, 보편주의적인 도덕규범을 거부한다고 비판한다. 반면 일부 정체성 옹호론자들은 차이를 무시하는 분배 정치가 지배 집단의 규범들을 보편적인 것으로 상정하고 종속적 집단들이 그런 규범들에 동화되도록 강요하는 잘못을 저지르고 있다고 반박한다.[2]

그러나 프레이저는 분배의 정치와 정체성의 정치 중에서 하나가 다른 하나를 대체하거나 하나가 다른 하나보다 우위를 차지하는 것 모두를 비판한다. 그는 분배와 정체성을 양자택일의 관계가 아니라 정의에 관한 서로 다른 차원들을 설명하는 것으로 본다.

---

1 프레이저, 낸시·악셀 호네트, 『분배냐, 인정이냐? : 정치철학적 논쟁』, 김원식·문성훈 옮김, 사월의책, 2014, 36쪽.
2 같은 책, 36~37쪽.

1부 미완의 시민권과 팬데믹

여기에서 그는 먼저 정체성의 정치가 갖는 한계를 비판하고 정체성의 정치를 넘어서는 인정 정치를 주장함으로써 분배 투쟁과 인정 투쟁의 이원론적 양립을 주장한다.[3]

사회의 경제구조와 신분 질서 모두에서 기인하는 이런 차별들은 양자 모두가 그 원인을 제공하는 불의를 포함한다. 이차원적으로 종속된 집단들은 불평등 분배와 무시 모두로 인해 고통받는다. 여기서는 이러한 불의들 중 그 어느 것도 다른 불의의 간접적 결과가 아니며, 오히려 두 불의들 모두가 근본적이며 동등한 독자성을 가지고 있는 것들이다. 따라서 이 경우에는 분배 정치나 인정 정치 하나만으로는 충분치 않다. 이차원적으로 종속된 집단들은 두 가지 정치 모두를 필요로 한다.[4]

여기에서 '불평등 분배'는 분배의 부정의한 형태이고, '무시'는 인정의 부정의한 형태이다. 프레이저는 경제구조 영역과 신분 질서 영역 모두에 종속되는 집단들의 정의 실현을 위해서는 분배 정치와 인정 정치 둘 다가 필요하고, 이 둘은 독자성이 있어 어느 하나가 다른 하나에 포괄될 만한 것이 아니므로 양자가 동등한 수준

---

3 프레이저는 '인정-분배 이원론'을 주장하는 반면, 분배와 인정 개념을 중심으로 한 프레이저와의 논쟁에서 인정 투쟁의 우위성과 포괄성을 주장한 악셀 호네트Axel Honneth는 '인정 일원론'을 주장한다. 호네트는 인정이 "모든 것에 우선하는 근본적 도덕 범주"라고 보고 분배는 인정 투쟁으로부터 파생되는 것으로 그것의 하위 변종으로 해석할 수 있다고 본다. 따라서 인정 투쟁을 통해 불평등 분배의 문제는 해결될 수 있다는 것이다. 같은 책, 17쪽.

4 같은 책, 43쪽.

으로 요구된다고 보았다.

프레이저는 일부 사람들이 자신을 경제 결정주의자라고 비판하는 것은 그들이 정체성 정치를 인정 정치와 일치시키는 오류에 빠져 자신의 주장을 이해하는 데 실패했기 때문이라고 지적한다. 그가 보기에, 인정 정치를 정체성 정치로만 협소하게 바라보면 다른 차원에서의 인정 요구, 즉 분배와 관련된 인정 요구들까지도 특정 집단 구성원들이 주체로서 가지는 특수성에 대한 인정 요구로만 축소한다는 점에서 문제가 된다.[5]

이런 점에서 프레이저는 인정 투쟁을 정체성 모델로만 한정하기보다는 지위status 모델로 확장하고자 한다. 프레이저의 '지위 모델'은 인정의 대상을 정체성으로 치환하지 않고 사회적 지위로 보자는 제안을 담고 있다. '인정 투쟁'을 '정체성의 정치'가 아니라 '사회적 지위의 정치'로 사고할 때 분배 투쟁과 인정 투쟁은 서로를 배제하는 것이 아니라 양립할 수 있고, 또 양립해야 한다는 것이 프레이저의 주장이다.

그가 인정의 정치를 정체성의 정치와 분리하고 지위의 정치로 재개념화하고자 하려는 것은 정체성의 정치가 가진 한계들 때문이다. 프레이저는 이 한계를 두 가지로 나누어 설명한다. 첫째, 대체displacement의 문제로, 자본주의가 경제 불평등을 급격히 악화시키고 있는 경제 지구화 시대에도 불구하고 정체성 정치는 분배 투쟁을 "주변화·퇴색화·대체"하는 문제를 낳는다.[6] 정체성 투쟁으

---

5 같은 책, 31쪽.

로만 축소된 인정 투쟁은 문화를 "토대 없이 부유하는"free-floating 담론으로만 파악하고 "문화를 본질인 것처럼 실체화"하면서 '무시'를 "제도적 매트릭스에서 분리"하게 되는 것이다. 이런 방식으로 "천박한 경제주의적 마르크스주의"의 자리에 "천박한 문화주의"를 위치시키는 것은 현대사회에 대한 편협한 이해라는 것이 프레이저의 주장이다.[7]

그러나 프레이저가 정체성 정치의 대안으로 제시한 지위 정치 역시 문화적 영역으로 국한된다는 점에서 문제가 있다. 그는 여전히 인정 차원을 문화적 형태의 질서와 연관시키고, 분배 차원을 사회의 경제구조와 연관시킨다. 프레이저는 정의를 "모든 사람이 동료로서 사회생활에 참여"하는 것을 의미하는 '동등한 참여'parity of participation로 규정하고, 이것을 세 차원으로 나눠 설명한다. 첫째, 경제적 차원에서 정의는 모든 구성원들이 평등하게 물질적 자원을 분배받는 것을 뜻하며, 이와 관련된 부정의는 불평등한 분배maldistribution이다. 둘째, 문화적 차원에서 정의는 모든 참여자들이 사회적으로 상호작용할 수 있는 지위status를 인정받는 것을 뜻하며, 이것과 관련된 부정의는 무시misrecognition이다. 셋째, 정치적 차원의 정의는 공적인 토론과 민주적 의사 결정에서 동등한 발언권을 부여받고 자신을 합당하게 대표하는 것이며, 이와 연관된 부정

---

6 프레이저, 낸시, 「인정을 다시 생각하기 : 문화 정치에서의 대체와 물화의 극복을 위하여」, 『불평등과 모욕을 넘어 : 낸시 프레이저의 비판적 정의론과 논쟁들』, 문현아·박건·이현재 옮김, 그린비, 2016, 204쪽.

7 같은 책, 207~208쪽

의는 대표 불능misrepresentation이다.[8] 이런 설명에서 확인할 수 있듯이, 프레이저는 정체성의 정치가 문화 중심주의를 전제해 경제적 모순을 부차화 혹은 종속화한다고 비판하면서도 또다시 지위의 정치를 문화적 차원으로 한정하고 있다. 따라서 프레이저가 지적한 '대체'의 문제는 타당성이 다소 떨어진다고 평가할 수 있다.

이런 점에서 프레이저가 정체성 정치의 두 번째 한계로 지적하는 물화reification의 문제에 좀 더 주목할 필요가 있다. 이것은 개별 주체가 속한 집단의 정체성을 "단 하나의 극적으로 단순화된" 것으로 전제하는 것을 의미한다.[9] 사실상 단일한 정체성의 경계 짓기란 불가능하다. 모든 인간은 동시에 하나 이상의 집단에 속함으로써 다중적이고 다층적인 정체성을 지니고 있기 때문에, 어느 한 순간도 단 하나의 정체성으로 환원될 수 없는 존재이다. 사회도 "문화적 사회질서"뿐만 아니라 "경제적 질서"까지도 포괄하는 복합적인 장이다.[10] 거의 모든 종속들은 동일한 정도는 아닐지라도 불평등한 분배와 무시를 모두 포함하고 있으며, 따라서 실천적인

---

8 프레이저, 낸시, 『지구화 시대의 정의 : 정치적 공간에 대한 새로운 상상』, 김원식 옮김, 그린비, 2010, 105~106쪽; 김도현, 『장애학의 도전 : 변방의 자리에서 다른 세계를 상상하다』, 오월의봄, 2019, 231~232쪽. 프레이저는 원래 정의를 두 가지 차원, 즉 경제적 차원과 문화적 차원으로만 설명하고 전자를 분배의 정치와 후자를 인정의 정의와 각각 연관시켰다. 그러나 얼마 지나지 않아 불공정한 분배나 무시가 없는 경우에도 어떤 사람이 체계적으로 주변화될 수 있음을 인정했다. 이에 따라 제3의 차원으로 '정치적인 것'을 추가 제시했다.

9 프레이저, 낸시, 「인정을 다시 생각하기」, 209쪽.

10 같은 책, 217쪽.

성과를 고려할 때 분배 투쟁과 사회적 지위의 인정 투쟁 모두를 요구한다고 할 수 있다. 계급운동 내에도 문화적 인정 투쟁이 존재하며, 동성애자, 여성, 장애인 운동 내에서도 분배적 정의를 위한 투쟁이 존재하는 현실이 이를 방증한다. 또한 정체성 정치는 "차이를 가로지르는 사회적 상호작용"이 발전할 수 있는 토양이 될 수 없고, 결국 "분리주의나 폐쇄적 소수집단의 고립화를 촉진"할 뿐이다.[11] 인정 투쟁에서 인정받지 못한 주체들만이 인정받아야 하는 내용은 무엇이고, 그들이 동등하게 인정받는 방법은 무엇인지를 당사자들만이 결정할 수 있다는 당사자주의가 이런 폐쇄적인 전략의 한 예라고 할 수 있다.

프레이저는 인정 정치를 정체성 모델이 아니라 사회적 지위 모델로 이해함으로써 분배 정의를 대체하는 문제나 물화의 위험을 극복할 수 있다고 주장한다. "대체와 물화를 작동시키지 않으면서 무시를 개선할 수 있는 비-정체성 중심의 정치"가 바로 지위 모델이라는 것이다.[12] 프레이저는 인정되어야 하는 것이 "특수한 집단 정체성"이 아니라 "개별 집단 구성원의 지위, 즉 사회적 상호작용의 온전한 파트너로서의 지위"라고 주장한다. 다시 말해, 인정 정치에서 부정의의 상태를 나타내는 '무시'의 대상이 된다는 것은 "타인의 태도, 신념이나 재현을 병든 것으로 보거나 업신여기는 것 혹은 평가 절하"하는 입장으로 인해 "정체성의 왜곡이나

---

11 같은 책, 210쪽.
12 같은 책, 220쪽.

주체성의 손상이 발생"해 고통받는 것이 아니라, "그 사람을 상대적으로 존중하거나 존경할 가치가 없는 것으로 구성하는 문화 가치의 제도화된 패턴들의 결과"로 다른 사람들과 동등한 지위로 사회생활에 참여할 수 없게 된다는 것을 의미한다.[13]

또한 프레이저는 모든 사람들이 자신의 특수성을 인정받을 필요가 있다는 식의 주장도 비판한다. 이와 같은 주장은 모든 사회적 차이가 아니라 특정한 사회적 차이들만이 인정될 필요가 있는 원인이 무엇인지, 그리고 그런 요구들 중 오직 일부만이 도덕적으로 정당한 이유가 무엇인지를 설명할 수 없다. 예를 들어, 남성이나 이성애자와 같이 우월한 사회적 지위를 점하고 있는 사람들이 자신들의 고유성을 인정해 달라고 요구할 경우 그것이 통상 위선적인 것이 되는 이유를 설명할 수 없는 것이다.[14]

물론 정체성의 정치를 통해 소수자들이 자신의 소수자성, 즉 피억압자로서의 사회적 위치를 파악하고 같은 위치에 있는 다른 사람들과의 연결성을 인정하는 것 자체는 소수자 자신의 저항적 주체성 확립에 필수적이라고 할 수 있다. 그러나 이 문제를 철학적 차원, 즉 이론적 차원으로 볼 것이 아니라, 사회운동적 차원, 즉 실천적 차원에서 보면, 정체성 정치의 한계는 뚜렷하다. 실천의 차원에서 담론은 결국 '내가 누구인가'라는 문제보다는 '무엇을 성취해야 하는가'와 '그것을 어떻게 성취할 수 있는가'에 초점

---

13 같은 책, 211~212쪽.
14 프레이저, 낸시·악셀 호네트, 『분배냐, 인정이냐?』, 88쪽.

을 둘 수밖에 없기 때문이다. 프레이저도 분배와 인정을 철학적 패러다임보다는 "오늘날 시민사회 내에서 벌어지는 제반 투쟁들을 지시하는 정의에 관한 대중적 패러다임"으로 볼 것을 요구한다.[15] 다시 말해, '정의란 무엇이고 그것이 어떻게 성취될 수 있는가'의 문제를 둘러싼 사회운동적 차원에서 분배와 인정 논쟁을 이해할 필요가 있다는 것이다.

프레이저가 비교적 길고 복잡한 논의를 통해 정체성의 정치를 비판하기 때문에 얼핏 보기에 그가 분배론자로 인식될 수 있다. 그가 경제 결정주의자라고 비판받는 것도 이 때문이다. 그러나 그는 분배 정의가 모든 부정의한 상황을 해결할 수 있다고 주장하지 않는다. 그는 젠더, 섹슈얼리티, 인종, 에스니시티보다 계급이 우선적이라는 경제주의, 다수자의 규범에 소수자주의적인minoritarian 정체성을 동화시켜야 한다는 식의 주장에 동의하지 않는다고 분명히 밝힌다.[16] 분배의 정치 혹은 보편성의 정치도 비판하는 것이다. 그는 몇몇 분배 이론가들이 모든 인간이 공유하는 보편적 능력들에 대한 제한적인 공적 인정만으로 충분하다고 여기며 소수자 우대 정책에 반대한다고 지적한다. 그들은 정의, 즉 동등한 참여를 방해하는 요인들을 극복하기 위해 그런 인정이 필요한 것은 아닌지를 생각해 보지도 않고 사람들을 서로 구별하게 만드는 요인들을 인정하는 것을 독단적으로 거부해 버리는 문제가 있다. 그

---

15 같은 책, 30쪽.

16 프레이저, 낸시, 「인정을 다시 생각하기」, 204쪽.

러나 경우에 따라 정의는 공통적인 인간성을 넘어서 특수성까지 인정할 것을 요구한다.[17]

앞에서도 언급했듯이 하나의 집단에만 속하는 사람은 없다. 모든 인간은 분배와 지위의 정의 문제를 가로지르는 어딘가에 위치한다. 동성애자이면서 비정규직 노동자인 사람이 있고, 사회적으로 존경받는 직종에 종사하면서도 성폭력의 피해자인 여성이 있다. 어떤 경우 그들은 사람들이 과도하게 부각하거나 해석하는 특수성으로부터 벗어나려 할 수 있다. 또 다른 경우에는 사람들에게 잘 인식되지 않았던 그들의 특수성을 인정하라고 요구할 수도 있다. 또 어떤 때에는 지배 집단이 이제까지 자신들의 특수성을 보편적인 것으로 잘못 과시해 왔다고 비판할 수도 있다. 또 다른 때에는 현재 사람들이 각각의 차이에 대해 생각하는 기준 자체를 해체할 필요도 있다.[18] 이상의 전략들은 어떤 방해물이 동등한 참여를 가로막는지에 따라 선택될 것이다. 따라서 복합적이고 총체적인 사회 부정의의 구조와 제도를 철폐하고 대안 질서를 정립하기 위해서는 어느 한 차원으로 문제를 환원하기보다는 분배와 인정을 가로지르는 정의론을 바탕으로 한 다면적이고 다층적인 실천이 기획될 수 있어야 한다. 정체성의 정치와 보편성의 정치의 양립에 기초해, 소수자성을 간과하지 않으면서도 정체성의 고착화를 극복하고 보편적 정의를 추구할 수 있는 실천적 담론이 요구되는 것이다.

---

17 프레이저, 낸시·악셀 호네트, 『분배냐, 인정이냐?』, 88, 90쪽.
18 같은 책, 89쪽.

　　　　　　　1부 미완의 시민권과 팬데믹

3. 종교 담론의 초월성

다음으로 종교 담론이 정체성 혹은 보편성과는 다른 초월성의 특징을 띤다는 점을 살펴보도록 하겠다. 흔히 종교는 "스스로를 가장 궁극적인 진리라고 주장하고 절대화하는" 담론을 본질적 특성으로 담지하고 있다고 일컬어진다. 종교는 절대적 존재 혹은 힘을 배경으로 모든 경계를 뛰어넘을 수 있는 절대적 신념과 연관되어 있어서, 개인의 이해관계를 초월하는 보편적 가치를 추구하는 경향이 있다. 이를 '종교적 절대주의' 또는 '종교적 보편주의'라고 부를 수 있다.[19]

이와 관련된 종교 담론의 핵심 개념은 '초월성'transcendence이다. 종교 담론이 초월적 성격을 띤다는 점을 독일의 철학자 카를 야스퍼스의 '차축 시대'Axial Age 설명을 통해 살펴보자. 야스퍼스는 기원전 800년부터 기원전 200년까지 약 500년의 시기를 '차축 시대'라고 명명했다. 이때 '차축'이란 "수레의 두 바퀴를 가로질러 수레가 바로 놓이도록 하고 나아가 움직여 가도록 힘을 실어 주는 막대"를 의미한다. 따라서 세계 역사에서 차축의 의미는 "가장 중요하고 중심을 이루는 인류 역사의 받침대를 가리키며 그것 없이는 역사의 수레바퀴가 제대로 굴러가지 못할 만큼 삶을 다스리고 이

----

19 신재식·김윤성·장대익, 『종교전쟁 : 종교에 미래는 있는가?』, 사이언스북스, 2009, 129쪽; 정태식, 「현대사회에서의 종교의 사회정치적 위치와 역할」, 『신학과 사회』 제25집 1호, 2011, 82쪽.

끌어 가는 힘의 토대"를 뜻한다.[20] 야스퍼스가 이 시기를 차축 시대라고 명명한 이유는, 기록된 역사 가운데 지적·심리적·철학적·종교적 변화가 가장 생산적으로 이루어진 때가 이 시기이기 때문이다. 야스퍼스는 이때 세계의 여러 지역에서 인류의 정신에 자양분이 될 위대한 전통이 탄생했다고 말한다. 중국의 유교와 도교, 인도의 힌두교와 불교, 이스라엘의 유일신교, 그리스의 철학적 합리주의, 중동의 조로아스터교가 그것이다.[21]

차축 시대에 이런 전통이 확립될 수 있었던 것은 중국, 인도, 고대 이스라엘과 그리스, 그리고 중동에서 탄생한 각각의 우주관이 서로 마주치면서 자신의 세계가 전부가 아니며 자신은 더 큰 전체에 속한 일부분일 뿐이라고 자각하게 되었기 때문이다. 타자와의 만남을 통해 자기 자신에 대해 질문하게 되고 자신의 한계를 직면한 것이다. 인간은 "세계의 공포심과 자신의 무력함을 경험"하면서 궁극적인 질문을 던지게 되었고, 이 질문들은 각 문명의 경계를 넘어서는 것이었다. 차축 시대 이전의 서양 유일신교는 "진리를 독점하는 요청, 그런 수단으로서의 광신, 인간적 오만, 권력의지로 인한 자기기만"을 보여 줬지만, 타자와의 상호 소통을 통해 자신의 보편타당성을 무너뜨림으로써 진정한 보편성으로 나아갈 수 있었다. 무제한의 상호 소통을 통해 자기 폐쇄적인 역사

---

20 박영신, 「'굴대 시대' 이후의 문명사에 대한 학제간 연구 관심」, 『현상과 인식』 제38권 1/2호, 2014, 20쪽.

21 야스퍼스, 카를, 『역사의 기원과 목표』, 백승균 옮김, 이화여자대학교 출판부, 1986, 21~22쪽.

성을 극복하고 정신적인 무한성으로 도약할 수 있었던 것이다.[22]

이런 과정을 거쳐 인간은 "무제약성을 자기 존재의 깊이와 초월성의 확실성 속에서 경험"했고, 인류의 보편적 "해방과 구원을 희구"하게 되었다. 이 때문에 미국의 역사학자이자 정치학자인 벤저민 슈워츠Benjamin I. Schwartz는 차축 시대 문명의 특징이 '초월성'이라고 말한다. 이때 초월성은 "실재하는 것에 대해 비판적이고 성찰적으로 질문하는 것이자 그 너머에 존재하는 것에 대한 새로운 시각"을 의미한다.[23] 한국의 원로 사회학자 박영신도 차축 문명axial civilizations이 '초월 감수성'을 통해 인간의 제한성을 넘어서서 더 넓은 가능성으로 눈을 돌리게 했다고 말한다.[24] 독일의 사회학자 한스 요아스Hans Joas는 차축 시대를 기점으로 하여 초월성이라는 개념이 등장했고, 이로써 초월 영역과 세속 영역의 우주론적 구별이 분명해졌다고 지적한다.[25]

차축 시대에 지역과 문명, 세계관의 경계를 초월해 이루어졌던 종교와 철학 간, 그리고 종교들 간의 상호 소통의 결과로 성립된 차축 문명의 한 양상이 '세계종교'World Religions이다. 세계종교는 다른 말로 역사 종교Historic Religions라고도 불리는데, 높은 윤리관

---

22 같은 책, 49~50쪽.

23 Schwartz, Benjamin I., "The Age of Teanscendence", *Daedalus*, vol. 104, no. 2, 1975, p. 3; 박영신, 「'굴대 시대' 이후의 문명사에 대한 학제간 연구 관심」, 24쪽.

24 박영신, 「인간의 한계과 굴대 문명의 재귀」, 『현상과 인식』 제41권 3호, 2017, 34쪽.

25 Bellah, Robert N. and Hans Joas eds., *The Axial Age and Its Consequences*, Harvard University Press, 2012, pp. 11~12.

을 바탕으로 인류가 보편적으로 따를 만한 삶의 지침을 제공하고, 모든 인류의 구원을 추구하는 종교를 지칭한다. 바로 야스퍼스의 차축 시대에 등장한 종교들, 즉 유교와 도교, 힌두교와 불교, 이스라엘의 유일신교, 중동의 조로아스터교를 들 수 있다. 세계종교는 "신앙의 모든 차이성을 초월하여 전 인류에게 공통되는 그 어떤 것을 획득"한 것으로, 차축 시대에 세계종교가 성립된 것은 보편사로서의 기초가 시작되었음을 의미한다고 볼 수 있다.[26] 이처럼 종교가 특정 지역과 민족을 넘어 모든 인류가 따를 만한 것이 된 배경에는 그것의 초월성이 자리하고 있다.

인류는 차축 시대에 성립된 세계종교 안에서 여전히 살아가고 있다. "모든 발전과 발달에 대한 질문들과 그것의 답을 찾을 수 있는 기준들questions and standards은 차축 시대의 역사관에서 유래"했고,[27] 현대사회에도 영향력을 발휘하고 있는 기본적인 규범이나 통찰, 전망 등의 전범이라 할 법한 이 질문들과 기준들이 세계종교 안에 녹아 있다.[28]

여기에서 한 가지 지적해야 할 것은, 종교가 성취한 보편주의

---

26 야스퍼스, 카를, 『역사의 기원과 목표』, 49쪽.

27 같은 책, 32쪽.

28 세계적인 종교학자 카렌 암스트롱Karen Armstrong은 차축 시대에 붓다, 소크라테스, 공자, 맹자, 예레미야, 조로아스터 등의 현자들이 인류의 정신적 탐구에서 일치된 결론을 도출했는데, 그것은 "자비의 윤리가 효과가 있다"는 것이다. 이 시기의 위대한 전통은 모두 자선과 자비가 가장 중요하다는 결론에 이르렀다는 것이 암스트롱의 주장이다. 암스트롱, 카렌, 『축의 시대 : 종교의 탄생과 철학의 시작』, 정영목 옮김, 교양인, 2010, 10~11쪽.

라는 것이 초월성에 근거하고 있기 때문에 고정되거나 완료되는 것이 아니라 계속해서 확장되는 무한성을 띤다는 점이다. 보통 보편주의라고 했을 때 문제점으로 떠오르는 것은, 표면상으로는 보편주의라고 주장하지만 보편주의를 내세우며 기준에 미달한 존재들을 무시하거나 배제함으로써 사실상 특수주의의 한 형태로 전락하는 경우이다. 보편주의는 개념상으로만 존재할 수 있을 뿐 현실에서는 실현 불가능한 것이라는 지적도 같은 맥락에서 나온다.

보편성의 정치와 정체성의 정치 차원에서 살펴보면, 단일한 범주로 명명되는 정체성 집단 내에도 또다시 하위 정체성 집단이 존재한다. 여성 집단은 또다시 인종·계급·지역 등의 범주로 나뉠 수 있다. 보편적인 범주라는 개념도 한 발 떨어져서 보면 더 큰 범주의 보편성 아래 위치한 정체성 집단일 수 있다. 민족-국민은 일국적 차원에서 보면 전체를 포괄하는 보편적인 범주이지만, 코즈모폴리터니즘의 시각으로 규모를 넓히면 특정한 민족성 혹은 국민성을 바탕으로 고유한 차이와 정체성을 주장하는 하위 정체성 집단일 수 있다. 더 나아가 인류라는 범주조차도 어떤 면에서는 종차를 바탕으로 한 하위 정체성 집단일 수 있다. 이런 식으로 사고를 확장하다 보면, 보편주의는 언제나 배제되는 영역을 수반할 수밖에 없는 것처럼 보인다.

그러나 종교의 초월성은 다르다. 종교는 공간적으로 인간이 상상할 수 있는 가장 큰 영역마저도 초월한 무한한 영역을 포괄하고, 시간적으로 태초와 종말 이후까지의 무한한 시간을 포괄하는 극단성과 절대성에 기초한다. 따라서 종교의 초월성에는 한계도 없고 경계도 없다. 사실 그것이 초월성이라는 개념 자체가 의미하는 바다. 그것은 인간의 인식 지평을 넘어 무한히 확장되는 개념이기 때문에 배제되는 영역을 남겨 두지 않는다.

4. 초월성의 정치로서 개신교 사회운동 담론 : 사례연구

이 절에서는 종교 사회운동 담론의 초월주의가 반영된 구체적 사례들을 살펴볼 것이다. 한국에서 진보적 개신교인들이 주도했던 '토지 공개념'과 '기본 소득' 담론에 대한 분석을 통해 종교의 초월성이 현실 사회운동에서 어떻게 실천되고 있는지를 확인해 본다. 토지 공개념과 기본 소득 모두 개신교 사상에서 단초를 발견할 수 있으며, 개신교 신앙과는 무관하게 현대사회에서 날로 심각해지고 있는 경제 불평등 문제를 해소할 실질적인 대안으로 주목받고 있다.

1) 토지 공개념

토지 공개념은 19세기 미국의 정치경제학자 헨리 조지가 제안한 '토지 공유제'에 뿌리를 내리고 있다. 조지는 자신의 대표적인 저작인 『진보와 빈곤』에서 어떤 사람들은 엄청난 부를 얻는 반면, 어떤 사람들은 극단적으로 비참한 가난에 빠져 있는 사회문제가 대두한 상황을 묘사하고, 당시 미국에서 재산 형성에 토지 가치의 상승이 매우 중요한 역할을 담당했다는 사실을 밝힌다. 조지가 보기에 부의 분배를 불평등하게 만드는 원초적이고 기본적인 원인은, 토지 소유가 허용되어 생산자들이 만든 부가 토지 소유자들에게 넘어가기 때문이었다.[29] 토지는 인간이 생산하지 않은 "천부된 자연"이기 때문에 지대가 불로소득임에도 특정한 인물이 이를 배타적으로 소유하면 노동에 대한 대가를 부당하게 수취한다는 데서부터 문제가 시작되는 것이다.[30]

이런 경제적 불평등을 해결하기 위한 가장 근본적인 방법은 현재의 불의한 불평등을 초래한 원인들, 다시 말해 정의로운 부의 분배를 방해하는 원인을 제거하는 것이다.[31] 이에 따라 조지는 토지 공유제를 제안한다.

빈곤을 퇴치하고 임금을 정당한 기준에 부합하는 것으로 만들고, 노동자가 자신의 소득을 온전히 가져가게 하려면 토지 사유제를 철폐하고 그 자리에 토지 공유제를 확립해야 한다. 사회악(빈곤)의 원인을 제거하려면 이 방법밖에 없으며 그 외에 다른 방법은 희망이 없다. …… 토지를 공동의 재산으로 만들어야 한다.[32]

조지가 토지 공유제를 제안했다고 해서, 토지를 잘게 분할해

29 조지, 헨리, 『사회문제의 경제학』, 전강수 옮김, 돌베개, 2013, 143쪽.

30 김윤상, 「헨리 조지 사상의 잠재력」, 김윤상 외, 『헨리 조지와 지대개혁』, 경북대학교출판부, 2018, 36쪽; 이정우 외, 『헨리 조지 : 100년 만에 다시 보다』, 경북대학교출판부, 2002, 38쪽.

31 조지, 헨리, 『사회문제의 경제학』, 117쪽.

32 조지, 헨리, 『진보와 빈곤 : 산업 불황의 원인과 빈부격차에 대한 탐구와 해결책』, 이종인 옮김, 현대지성, 2019, 342쪽.

모두에게 농토를 지급하자고 주장한 것은 아니다. 조지는 문명사회에서 이와 같은 일은 효과가 없을 뿐만 아니라 실행 불가능하다고 인정한다.

> 나는 개인 소유의 토지를 매입하거나, 몰수하자고 제안하지 않는다. 첫 번째 것은 부당하고, 두 번째 것은 불필요하다. 현재 토지를 소유하고 있는 사람들은 원한다면 그들이 자기 것이라고 부르는 그 땅을 소유할 수 있다. 또 앞으로도 계속 자기 땅이라고 부를 수 있다. 그 땅을 사고 팔 수도 있고 상속하거나 유증할 수도 있다. 우리는 땅 주인에게는 껍데기를 갖게 하고 우리 자신은 속 알맹이를 가지면 된다. 토지를 몰수하는 것은 불필요하다. 단지 지대만 환수하면 충분하다.[33]

모든 사람에게 토지에 대한 평등한 권리를 보장하는 것은, 정부가 지대의 대부분을 '토지 가치세'Land Value Tax 명목으로 징수해 그 혜택이 모든 사람에게 균등하게 돌아가도록 함으로써 실현될 수 있다. 그는 이런 조세 개혁이 토지 공유제를 실현하는 "간단하고 쉽고, 조용한 방식"이라고 말한다.[34]

조지의 토지 공유제는 그의 개신교 신앙에서 비롯되었다. 조지는 독실한 그리스도교 신앙을 가진 가정에서 태어나 평생 그리스

---

33 같은 책, 420쪽.

34 같은 곳. 조지의 토지 가치세는 오늘날 시장경제와 조화될 수 있는 토지 공개념 제도이자 "가장 공평하고 효율적인 조세제도"로 꼽히기도 한다. 김윤상, 「헨리 조지 사상의 잠재력」, 35쪽.

도교 신앙에 충실한 삶을 살았다. 경제 법칙이 자연법, 즉 '하나님의 법'과 일치되어야 한다고 생각하고 이로부터 토지 가치세를 생각해 내게 된 데에도 그리스도교 신앙이 바탕에 깔려 있다고 봐야 한다.[35] 조지가 자신의 경제학을 설득력 있게 제시하고자 할 때 성서를 전거로 의지한다는 점을 봐도 그의 신앙이 경제학 정립에 영향을 끼쳤음을 확인할 수 있다.

그는 토지가 근원적으로 "하나님의 땅"이기 때문에 인간이 사적으로 소유할 수 없다고 생각했다. 모든 사람이 토지에 대한 평등한 권리를 가지고 있다는 '토지에 대한 자연권'은 "인간 사회의 어떤 법보다도 더 높은 법, 즉 자연에 새겨져 있고 자연을 통해 드러나는 창조주의 법"에 의해 보장된다.[36]

우리 모두가 창조주의 공평한 허가에 의해 여기에 오게 된 것이라면, 우리 모두는 하느님의 선물을 공평하게 즐길 수 있고, 또 자연이 그처럼 공평무사하게 제공한 모든 것을 공평하게 사용할 권리가 있다. 이것은 자연스러우면서도 빼앗을 수 없는 권리이다. 이 세상에 태어나는 순간 모든 사람에게 부여된 권리이고, 그가 이 세상에 존재하는 한 누릴 수 있는 권리이며, 단지 다른 사람들의 동등한 권리에 의해서만 제한을 받는다. 자연에는 상속 무제한 토지소유권이라는 것이 없다.[37]

---

35 전강수, 「헨리 조지의 경제사상」, 김윤상 외, 『헨리 조지와 지대개혁』, 경북대학교 출판부, 2018, 19쪽.

36 조지, 헨리, 『사회문제의 경제학』, 129쪽.

37 조지, 헨리, 『진보와 빈곤』, 351~352쪽.

자연권은 그 어떤 법보다도 우위에 있는 법인데, 토지 사유제는 다른 사람들의 자연권을 부정한다. 따라서 조지는 창조주가 거저 준 토지를 모든 사람에게 골고루 이익이 돌아가게 사용함으로써 사회제도가 '하나님의 법'에 맞춰져야 한다고 주장했다. 나아가 그는 토지 가치세가 이루어지는 곳이 정의가 편만하게 이루어지는 '하나님의 나라'라고 말하기도 했다.[38]

토지에 대한 자연권은 초월성의 정치에 해당한다고 할 수 있다. 창조주 자신이 만든 토지를 또한 자신이 만든 인간에게 거저 나누어 주었다는 조지의 생각은 인간으로 태어났다면 누구나 토지를 향유할 평등한 권리를 가진다는 주장을 옹호한다. 토지에는 경계가 없다. 마찬가지로 토지에 대한 자연권에도 경계가 없다. 토지에 대한 권리를 누리기 위해 인간이 갖춰야 할 자격도, 만족시켜야 할 조건도 없다. 그런 특권을 선별된 범주의 인간에게 부여하는 것 자체가 자연법의 위반이다. 이 극단적 평등주의가 조지의 토지 공유제에 전제되어 있는 것이다.

조지의 토지 공유제는 한국에서 부동산 문제 해결을 위한 대안으로 자주 호출된다. 한국 사회의 토지 공개념은 "토지는 다른 물자에 비해 공공성 및 사회성이 높기 때문에 토지에 대한 공적 간섭을 확대할 필요가 있다"는 인식에 기초하고 있다. 한국에서는 1980년대 말, 극심한 토지 투기가 사회적 문제로 대두되었을 때 '토지 공개념'에 대한 격렬한 논쟁이 일어났다. 그 결과 이른바

---

38 대천덕, 『토지와 자유』, 생명의 샘터, 1985, 107쪽.

'토지 공개념 관련법'이 제정되었지만, 1990년대 말 경기회복이라는 명분하에 이 법규들은 폐지되었다.[39] 당시 토지 공개념의 법적 내용을 살펴보면 조지의 관점과 상당 부분 일치함을 확인할 수 있다. "토지가 가지는 다른 재화와의 차별적인 특수성, 특히 토지는 개인이 창조한 것이 아니고 자연이 인간에게 무상으로 준 선물이라는 점"을 인정하는 것에서 토지 공개념 관련법은 조지의 토지 공유제와 일치한다. 또한 "토지에서 발생하는 이익은 사회가 창출한 몫이라는 점"과 "그 증가된 토지 가치는 환수되어야 하며, 환수된 지대는 사회를 위해 사용되어야 한다는 점"도 일치한다.[40] 최근에는 추미애 전 여당 대표가 부동산 보유세 도입을 주장하며 조지를 직접적으로 인용하기도 했다.[41]

토지 공개념 운동은 최근에 주목받고 있는 공유지commons 운동으로 이어진다. 한국의 공유지 운동은 과거 철거 반대 투쟁, 도시 빈민 운동 등과 연결되며, "투기적 도시 개발에 따라 삶의 공간에서 쫓겨난 자들이 공간을 다시 점유하거나 공공재로 전환하기 위한 운동"으로 설명된다. 최근 들어 공유지 운동의 중요성이 부각되기 시작한 것은 "발전주의의 사각지대 속에서 인식되지 못한 배제된 자들의 새로운 권리 담론이자 투쟁"으로 공유지 운동이 나아가고 있기 때문이다.[42]

---

39 이정우 외, 『헨리 조지』, 80~81쪽.

40 같은 책, 82쪽.

41 조세훈, 「'헨리 조지' 꺼내든 추미애 … 보유세 도입 군불 지피나?」, 『뉴스핌』, 2017/11/10.

이런 흐름을 가장 잘 보여 주는 사례가 개신교 단체인 '옥바라지선교센터'의 도시 빈민 운동이다. 일제강점기에 서대문 형무소에 갇힌 항일 투사들을 옥바라지하기 위해 서울로 올라온 가족들이 머물렀던 여관과 식당을 중심으로 종로구 무악동에 '옥바라지 골목'이 형성되었다. 2016년 이 골목이 재개발되는 과정에서 강압적인 철거가 이루어졌고 이에 반대하는 주민들과 연대했던 신학생들을 중심으로 옥바라지선교센터가 세워졌다.[43] 이 단체는 현재까지 철거 현장을 찾아다니며 도시 빈민들과 연대하는 등 도시 공공성 운동을 이어오고 있다. 이들은 그리스도교에서 말하는 '토지 공개념'을 토대로 하여, "도시 영토의 대부분이 건물을 소유하지 않은 사람들의 노력으로 그 가치가 형성되고 지탱"되기 때문에, 도시를 공공의 영역으로 보고 도시민으로서의 지분을 요구하는 운동을 펼쳐야 한다고 말한다. 옥바라지선교센터는 "도시 영역에서 평범한 이들이 만들어 온 유무형의 자산들을 권리로 보장할 것"과 "거주하고 있는 인간 자체로서의 존엄"을 요구하며 도시민의 생존 자체가 공공의 영역이라고 주장한다.[44] 토지 공개념 운동에서 비롯된 공유지 운동과 도시 빈민 운동은 토지의 소유권이 인간이 아니라 절대적 존재에 있다는 생각을 토대로 하여, 투기

---

42 이승원, 「포퓰리즘 시대, 도시 커먼즈 운동과 정치의 재구성」, 『문화/과학』 101호, 2020, 88~89쪽.

43 이상철, 「옥바라지 골목을 둘러싼 서사학」, 『뉴스앤조이』, 2016/07/30.

44 이종건, 「공정에 맞서 공공을 주장하는 도시운동」, 『차별과 폭력을 넘어서 : 2021 한국기독사회운동 공동정책협의회 자료집』, 2021/06/28, 48, 53쪽.

자본에 의해 땅으로부터 소외되고 배제된 사람들을 끊임없이 정의의 범주 안으로 끌어들이는 실천이라고 할 수 있다.

2) 기본 소득 담론

조지의 토지 가치세는 그의 후계자들에 의해 '사회적 배당금' social dividend이라는 이름으로 이어져 토지에 대한 모든 사람들의 평등한 권리를 보장하는 유력한 수단으로 제시되고 있다. 사회적 배당금은 토지 가치세 수입을 인구수로 나누어 모든 사람에게 똑같이 나누어 줌으로써 빈곤을 완화하고 토지 공유 개념을 실현하는 것이다.[45] 일부 기본 소득 지지자들이 사회적 배당금으로 기본 소득의 재원을 충당할 수 있다고 주장한다는 점에서, 이 제안은 현재 기본 소득 담론과 연결된다.

최근 기본 소득이 전 세계적으로 큰 주목을 받고 있고 이에 대한 다양한 논의가 발생하고 있는 만큼, 기본 소득의 일치된 정의를 찾기란 쉽지 않다. 다만 가장 표준적인 정의로 '기본소득지구네트워크'Basic Income Earth Network, BIEN의 것을 제시할 수 있다.[46] 기본소득지구네트워크는 기본 소득을 "자산 조사나 노동 요구 없이

---

45 전강수, 「헨리 조지의 경제사상」, 29쪽.

46 기본소득지구네트워크는 기본 소득 실현을 목적으로 관련 논의를 주도하고 있는 국제 네트워크다. 1986년 기본소득유럽네트워크로 시작해 2004년 전 지구적으로 범위가 확대되었다. 2021년 현재 한국을 포함한 29개 국가가 가입해 있다. 에듀윌 상식연구소 엮음, 「기본소득지구네트워크」, 『에듀윌 시사상식』, 2021.

무조건적으로 모든 사람들 개개인에게 정기적으로 지급되는 현금"
이라고 정의한다. 그리고 기본 소득의 특징을 무조건성·보편성·개
별성·정기성·현금성으로 제시한다.[47] 이 중에서 기본 소득의 무조
건성과 보편성은 초월성의 차원으로 설명될 수 있다.

　진보적 개신교인들은 한국에서 기본 소득 논의가 시작될 때부
터 이에 적극적으로 개입해 종교적·사회적 의제화를 주도했다.[48]
가장 가난하고 억압받는 사람들의 생존과 자유를 보장함으로써 인
간 사회 안에서 신의 뜻을 이룬다는 성서의 근본정신이 기본 소득
의 취지와 부합했으며, 헨리 조지로부터 비롯된 토지 공개념 운동
을 오랫동안 지속해 온 학문적·인적 토대가 개신교 내에 잘 구축
되어 있었기 때문이다.[49] '희년함께'Jubilee & Land Justice Association가
대표적인 예이다. 희년함께는 조지의 토지 공유제를 한국에 적극적
으로 소개한 대천덕 신부에게 영향을 받은 기독교인들이 성서의 희
년 정신과 의의를 토지제도로 구현하는 운동을 결성하면서 시작
되었고, 1996년 '성경적 토지정의를 위한 모임'(성토모)으로 개칭
해 활동을 이어왔다. 성토모는 주로 조지의 경제 사상을 소개하는
활동을 벌였다. 이후 2005년에는 기독교인뿐만 아니라 일반 시민
들과 함께 '토지정의시민연대'를 결성하기도 했다. 희년함께는 현

---

47 BIEN, "About Basic Income", Basic Income Earth Network (Homepage), 2020.

48 최유리, 「"기본 소득은 하나님나라 신앙과 부합"」, 『뉴스앤조이』, 2017/03/12;
　　최경배, 「NCCK "기본소득이 신앙이다"」, 『노컷뉴스』, 2019/06/21.

49 최형묵, 「보편적 인권에 대한 신학적 고찰 : 자유권과 사회권을 중심으로」, 『신학
　　연구』 60집, 2012, 81쪽.

재까지도 조지의 토지 가치세 실현을 위한 활동을 이어 가는 동시에, 부채나 주거 빈곤으로 어려움을 겪는 청년층을 지원하는 사업을 진행하고 청년 기본 소득 제도를 적극적으로 제안하고 있다.[50]

기본 소득과 관련된 개신교 사회운동 담론은 주로 성서 속에서 기본 소득에 해당될 만한 사례들을 찾아 그 의의를 밝히는 것이다. 홍인식은 성서에 나오는 십일조와 안식년, 그리고 희년 제도가 궁극적으로 "이스라엘 민족들 사이에 가난한 사람이 없도록 하는 사회보장제도의 원리"를 가지고 있다고 말한다. 성서의 가르침은 "같은 민족 가운데 먹을 것이 없는 사람이 있다는 것은 전 이스라엘 민족의 배고픔과 연결되는 것"이라고 보고, 먹을 것을 개인적 차원이 아니라 모든 인류의 차원으로 확장한다. 홍인식은 기본 소득이 이런 개신교 윤리를 바탕으로 하여 "이 땅 위에서 배고픈 사람, 일용할 양식이 없는 사람이 없어지는 그 날을 성취하기 위한 최소한의 도구"라고 결론짓는다.[51]

조혜신은 성서에 나오는 희년법의 의의를 현대사회에 적용한 제도가 기본 소득일 수 있다고 주장한다. 그는 희년법이 "유업이자 선물로서 주어진 공동의 자산"인 땅에 대한 권리를 전제로 하는데 이런 정신이 기본 소득 운동에서도 실현되고 있다고 본다. 또한 그는 희년법의 돌봄의 정신이 사회적 약자에게만 국한되는

---

50 희년함께, 「소개」, 〈희년함께〉(홈페이지), 2017.

51 홍인식, 「신자유주의의 양극화와 해방신학 그리고 기본소득」, 『NCCK 사건과 신학』, 2020/05/17.

것이 아니라 공동체의 구성원 모두에게 자격을 부여하는 것이었다고 밝히며, 기본 소득도 "인류의 공유 자산으로부터 비롯된 이익을 일부가 전유하는 것"을 막기 위한 것이라고 지적한다.[52]

강원돈은 성서의 '이신칭의론'以信稱義論이 기본 소득 구상과 밀접한 연관이 있다고 말한다. 이신칭의란 믿음으로 의롭다고 칭해진다는 뜻으로, 행위가 아니라 하나님을 믿기만 하면 구원을 받게 된다는 뜻이다. 강원돈은 인간이 "업적이 있든 없든 그것과 무관하게 예수그리스도 안에서 하느님에게 받아들여지고 하느님 앞에 설 수 있게 된 존재"라고 보고,[53] 이런 극단적·무조건적 보편주의 접근이 기본 소득 운동에도 그대로 반영되어 있다고 주장했다. 이상의 담론들은 성서에 나오는 제도와 교리가 모든 인간에게 보편적으로 신적 정의를 부여하고자 하고, 이런 초월성의 정치가 기본 소득 제도를 통해 현대 상황에 맞게 실현될 수 있다는 공통적인 주장을 펼친다.

문제는 보편적 기본 소득 역시 현실에 적용될 때는 납세의무 이행이나 해당 지역 거주 등으로 수급 자격에 한계를 둔다는 점이다. 원론적으로는 기본 소득이 무조건적이고 보편주의적으로 지급되는 것이지만, 현실적으로 인구수를 파악하고 재원에 맞춰 적정한 기본 소득 금액을 책정하기 위해서는 '어떤' 범주의 사람들

---

52 조혜신, 「희년법 원리의 제도적 구현 가능성에 관한 소론 : 기본소득 제도를 중심으로」, 『신앙과 학문』 제23권 3호, 2018, 286쪽.

53 강원돈, 「기본소득 구상의 기독교윤리적 평가」, 『신학사상』 제150호, 2010, 202쪽.

을 수급자로 포함할지에 대한 선택이 불가피해지는 것이다. 이런 한계 때문에 기본 소득을 둘러싼 다양한 담론이 존재한다. 기본 소득 재원 마련과 수급자 선정을 두고 어떤 차이가 있든지 간에 현재 기본 소득에 대한 논의들은 현실 제도에서 보편성을 확보하기 위한 다양한 대책들이다. 종교의 초월성이 끊임없이 보편성의 경계를 확장함으로써 어떤 사람도 배제하지 않는 것을 추구한다는 점에서 기본 소득의 궁극적 취지에 부합한다고 할 수 있다.

5. 초월성의 정치 : '차이'를 경유해 '보편'에 도달하기

낸시 프레이저는 인정과 분배가 각각 독립적인 개념과 영역, 실천을 유지하면서도 동시에 이루어져야 한다고 보았다. 그러나 인정 투쟁과 분배 투쟁이 양립하며 상호 보완할 수 있는 현실적 방식에 대해서는 별다른 언급이 없다. 이 절에서는 개신교 사회운동 담론의 초월성의 정치가 정체성의 정치를 경유하고 보편성을 실현하고자 한다는 점을 밝힘으로써, 인정 투쟁과 분배 투쟁이 각자의 독자성을 유지하면서 공존할 수 있는 하나의 가능성을 제시해 보고자 한다.

종교 사회운동에서 초월성의 정치는 특정 집단의 독특한 정체성을 인정하지 않는다거나 차이를 무화시키지 않는다. 오히려 무한히 확장되는 보편성을 현실에 구현하기 위해 정의의 경계 바깥에 있는 사람들, 보호받지 못하고 버려진 사람들, 인정받지 못하고 지워진 사람들에게 보다 집중하는 운동을 펼친다. 절대 기준으로서의 보편성 혹은 권력자의 특수성을 담고 있을 뿐인 거짓 보편성을 강요하는 것이 아니라 소수자 정체성이 더 중요하다는 식의 논리를 통해 보편성을 뛰어넘는 초월성을 추구하는 것이다. 개신교 사회운동은 경계 밖에 있는 사람들에게 주목함으로써 계속해서 경계를 넓혀 나가 배제되는 영역을 허용하지 않고자 한다. 또한 경계 안의 영역에서도 동질성을 전제한 집단을 만들려 하기보다는 다양한 차원의 차이가 교차하며 각자의 정체성을 유지하면서도 동등한 사회적 지위와 정당한 분배를 누릴 수 있는 사회질서를 구축하고자 한다.

이런 종교 사회운동 담론이 가지는 초월성의 성격은 프레이저와의 비교를 통해 두드러진다. 프레이저는 정체성의 정의를 넘어서는 동등한 참여의 정의가 보편주의적 규범이라고 지적한다. 사회적 지위 모델로서의 인정 정치가, 첫째, 상호작용에 참여하는 모든 성인 당사자를 포괄하기 때문이고, 둘째, 인간의 도덕적 가치의 동등성을 전제하기 때문이다.[54] 그는 상호 인정의 대상을 사회생활에 참여하는, 혹은 참여하고자 하는 사람들로 한정한다. 여기에는 원천적으로 사회적 상호작용에 들어올 수 없는 사람들, 그것을 상상조차 할 수 없는 존재들에 대한 고려가 지워져 있다. 여기에서 말하는 경계 밖의 존재에는 인간뿐만 아니라 사물, 자연을 포괄하는 이 세상의 모든 영역이 포함된다.[55] 그러나 종교 사회운

---

54 프레이저, 낸시·악셀 호네트, 『분배냐, 인정이냐?』, 86쪽.
55 프레이저는 '정의의 주체'를 논하면서 총 네 가지 가능성을 제시한다. 첫째, '구성원

동 담론의 초월적 보편성은 배제되는 영역이 발생하지 않도록 지속적으로 확장되는 특성을 가진다.

한국의 진보적 개신교 사회운동이 신학적으로 기대고 있는 민중신학의 논의를 살펴보면 이런 초월성의 정치의 구체적 내용을 확인할 수 있다. 1970년대 중반 한국에서 정립된 민중신학은 민중의 주체성을 강조하고 민중을 '하나님의 선택받은 백성'으로 보는 것으로부터 시작한다. 민중에 대한 이런 강조는 개인의 정체성

---

membership 원칙'은 시민권citizenship 혹은 국적nationality을 공유하는 개인을 정의의 주체로 보는데 이것은 특권적이고 배타적인 민족주의를 지지하는 데 악용될 수 있다는 문제가 있다. 둘째, '휴머니즘 원칙'은 인간성이라는 보다 포괄적인 기준에 기초한 것으로, 이런 접근은 현실적이고 사회적·역사적인 상황을 간과하고 모든 문제에 관해 모든 사람에게 무차별적인 지위를 부여한다는 점에서 문제가 있다. 셋째, '관련된 모든 당사자 원칙'은 인과적 관계의 그물망 속에 얽혀 있는 이들 모두를 정의의 당사자로 삼는 것인데, 이는 도덕적으로 중요한 사회관계들을 구별해 내는 데 실패한다는 점에서 한계가 있다. 마지막으로 '종속된 모든 사람들의 원칙'all-subjected principle은 프레이저가 앞선 세 가지 원칙들이 가진 한계들을 모두 극복할 대안으로 제시하는 원칙인데, "특정한 협치구조에 종속된 모든 사람"이 정의 문제와 관련된 주체가 된다는 내용이다. 프레이저, 낸시, 『지구화 시대의 정의』, 114~120쪽. 이 네 가지 원칙 중에서 두 번째 '휴머니즘 원칙'이 종교의 사회운동 담론에 가장 근접한 주체론이라고 할 수 있다. 그러나 주체들을 묶는 공통점이 '인간성'이라고 전제함으로써 범주를 인간으로만 한정하며, 더 나아가 인간성의 성격도 "자율성, 합리성, 언어 사용, 선善의 이념을 형성하고 추구할 수 있는 능력" 등으로 규정함으로써 이 범주에 속하는 인간 자체도 제한적으로 사고한다는 점에서 종교 윤리가 상정하는 절대적 포괄주의와는 차이가 있다. 인간 자체를 최종적 목적으로 삼는 현대적 정의 개념은 목적으로서 인간의 삶을 지탱하는 당대의 여러 가치들을 절대화할지 모른다는 한계를 안고 있는데, 신적 근거를 전제하는 신학적 정의 개념은 그 한계를 넘어 보다 포괄적이고 종합적인 정의의 지평을 열어 줄 가능성을 제시한다. 최형묵, 「보편적 인권에 대한 신학적 고찰」, 83~84쪽.

을 고정시킬 우려가 있으며 실제로 1980년대 후반 이후 민중신학 내에서 제기된 비판도 이런 우려를 담고 있다. 민중신학자들은 민중이 겪는 모순 구조의 다양성과 복합성을 인식하게 되면서 민중이라는 범주 자체를 규정하는 것의 어려움에 봉착했고 결과적으로 '누가 민중인가'에 대한 유동적이고 확장적인 답변 위에 현대 민중신학이 서있다고 할 수 있다. 현대 민중신학은 예수 사건 및 초대 그리스도교의 신앙 사건과 '지금 여기'에서의 신앙 사건 사이를 연결해 다양한 텍스트 간의 상호작용 및 텍스트와 주체와의 상호작용을 통해 민중 개념을 임시적·과정적으로 규정한다. 민중은 선험적으로 규정된 것이 아니라 동시대적인 상황에서 언제나 새롭게 구성된다. 민중은 고정된 실체가 아니라 특정 시·공간에 따른 한 '정박점'을 가질 뿐이다. 이런 점에서 현대 민중신학은 '정체성의 정치'와 '탈정체성의 정치' 혹은 '횡단성의 정치'를 동시에 요구한다고 말할 수 있다.[56] 현대 민중신학은 여전히 민중이라는 개념에서 출발하고 있으나, 끊임없이 민중의 범주를 변화시키고 확장함으로써 당대 가장 소외되고 버려진 존재들을 민중으로 호명하고자 하는 것이다.

그렇다면 개신교 사회운동 담론이 주목하는 경계 밖의 사람들은 누구를 가리키는가? 먼저, 지그문트 바우만Zygmunt Bauman이 말하는 불필요하지만 남아도는 인간인 '잉여 인간'이 이에 해당한다

---

56 황용연, 「'정체성의 정치'와 민중신학 : IMF 시대 민중신학의 실천담론을 위한 '한 방향' 모색」, 『시대와 민중신학』 제5권, 1998, 128~133쪽.

고 볼 수 있다. 바우만은 잉여 인간이 "자원 낭비의 원인이자 뚜렷한 해결책이 없는 문제"를 낳는 사람들로, 그들이 없어야 경제가 더 나아지기 때문에 경제활동에서 배제되어야 하는 존재들이라고 설명한다.[57] 그는 이들을 '인간쓰레기' 혹은 '쓰레기가 된 인간들'로도 명명하면서, "함께 머물러도 좋다고 인정받거나 허락될 수 없고 또는 그렇게 여겨지지 않는 이들"이라고 해설한다.[58] 이들은 비정규직 노동자와 같이 '경제 영역에서 소외된 이들' 범주에도 포함되지 못하는, 호명될 이름조차 가지지 못하는 '경계 밖'의 사람들이다.

철학자 존 카푸토John D. Caputo는 신이 특별히 관심을 기울이는 존재는 권력이 배제한 사람들, 즉 여성, 아이, 가난한 자, 아픈 자, 법 밖으로 추방당한 자라고 말한다. 신약성서에서는 죄인, 잃은 양, 잃어버린 동전, 탕자, 세리, 창녀, 사마리아인, 문둥병자, 절름발이, 귀신 들린 사람, 아이 등이 버림받은 사람들outcasts로 그려진다. 이를 현대적으로 재구성한다면 동성애자, 불법 이민자, 미혼모, 에이즈 환자, 약물 중독자, 죄수, 아랍인 등이 추가될 수 있을 것이다.[59] 카푸토는 이들이 가진 바로 이 '특수성'과 '예외성' 때문에 신이 특별히 이들을 선택한다고 말한다.[60]

---

57 바우만, 지그문트, 『새로운 빈곤 : 노동, 소비주의 그리고 뉴푸어』, 이수영 옮김, 천지인, 2010, 127쪽.

58 같은 책, 168쪽.

59 Caputo, John D., *The Weakness of God: A Theology of the Event*, Indiana University Press, 2006, p. 133.

인류학자 김현경은 '사람됨'의 의미를 특정 장소에 포함되어 있다는 것으로 설명한다. 그는 '인간'이라는 존재는 자연적 사실의 문제로 일정한 관계 바깥에서도 인간이라는 사실 자체에는 변함이 없다고 말한다. 반면 '사람'은 사회에 속해 있어야 하고 사회 속에 자리가 있어야 비로소 사람으로 인정되는 존재이다. 따라서 사람의 개념은 장소 의존적이다.[61]

사람이 아닌 존재들, 서로를 사람으로 인정하는 공간 밖에 있는 존재들에게 더러움 혹은 역겨움과 같은 혐오적인 평가가 내려지는 것 또한 자리place와 연결된다. 인류학자 메리 더글러스Mary Douglas는 자리에 대한 관념을 통해 더럽다는 것이 규정된다고 설명하는데, 더럽다는 것은 위생 관념과 관계된 것이 아니라 "제자리에 있지 않은 것"을 의미한다고 설명한다.[62] 누군가가 있어야 할 자리에서 다른 곳으로 밀려났을 때 그는 '더러운 존재'가 된다. 사회 속에서 상호 인정을 통해 '사람'으로 존재해야 하는 사람이 사회의 경계 바깥으로 추방당하고 잊히면 그는 이제 사회적으로 사람이 아닌 동시에 상징적으로 더러운 사람이 되는 것이다. 예를 들어, 노예는 상대적으로 천한 지위를 점하고 있을지언정 '사람'이며 더러운 존재도 아니다. 그는 기능적 필요성 때문에 사회에

---

60 같은 책, p. 48; 김민아, 「카푸토의 '약한 신학'과 안병무의 민중신학 비교 연구: 약자를 위한 신학의 가능성을 중심으로」, 『종교와 문화』 제30호, 2016, 88쪽.

61 김현경, 『사람, 장소, 환대』, 문학과지성사, 2015, 31, 57쪽.

62 Douglas, Mary, *Purity and Danger: An Analysis of the Concepts of Pollution and Taboo*, Routledge, 1966, p. 36.

속한 존재이기 때문이다. 그러나 사회 밖으로 쫓겨난 사람은 이제 사람이 아닐뿐더러 사람들에게 인식되지도 않는 존재이다. 다만 그가 경계를 넘어 사회 안으로 들어오고자 하거나 사회에 속한 사람들이 잠깐 경계 밖을 비추어 자신의 관점으로 그 사람을 바라볼 때 그들은 더럽고 역겨운, 사람 아닌 무언가가 된다.

개신교 사회운동 담론은 바로 이들에게 주목한다. 버림받고 잊힌 사람들을 축복하고 가시화하는 작업을 수행하는 것이다. 사람이 아닌 이 존재들을 수용하고 옹호하는 방식으로 제안되는 것은 '환대'이다. 철학자 자크 데리다Jacques Derrida는 법 밖에 있는 이들, 법에 의해 보호되고 지지받지 못하는 이들을 정의의 영역으로 인정하는 것이 환대라고 말한다. 이것은 경제적인 교환 가능성을 염두에 두지 않는 무조건적인 것으로, '선물'과도 같은 것이다. 이때 환대라는 것은 타자를 통합하거나 동화시키는 것이 아니라 그들의 타자성을 존중하며 있는 그대로 인정하는 것이다. 이를 신학자이자 철학자인 테드 제닝스Theodore W. Jennings는 '타자로서의 타자에 대한 환대'라고 설명한다.[63]

김현경은 환대를, 한 사람에게 한 장소를 승인하는 것이라고 말한다. 앞서 언급한 대로 사람을 사람이게 하는 것이 장소와 연관되어 있음을 고려하면, 사람에게 장소를 부여하는 것은 사람으로서 갖는 인간의 권리를 부여한다는 뜻이다.[64] 환대는 자리 없는 자

63 제닝스, 테드 W., 『데리다를 읽는다/바울을 생각한다 : 정의에 대하여』, 박성훈 옮김, 그린비, 2014, 238~239쪽.

에게 자리를 만들어 주고 권리가 박탈된 자에게 권리를 회복해 주는 적극적인 행위이다. 그는 데리다를 인용하며 신원을 묻지 않고, 보답을 요구하지 않으며, 상대방의 적대에도 불구하고 지속되는 환대를 언급한다. 김현경은 이와 같은 절대적 환대에 기초한 사회를 상상할 수 있어야 한다고 주장한다.[65] 과거의 일을 복수하지도 않으며 미래의 보답을 기대하지도 않는 환대 말이다.

이처럼 개신교 사회운동은 경계 밖으로 밀려나 시민의 권리를 온전히 누리지 못하는 존재들을 특별히 조명하고 이들에 집중함으로써 배제의 영역을 동반할 수밖에 없는 정의의 영역을 무한히 확장하는 담론을 특징으로 한다.

6. 초월성의 정치와 시민권의 확장

지금까지 개신교의 사회운동 담론을 초월성의 정치 차원에서 살펴보았다. 낸시 프레이저는 분배 투쟁과 인정 투쟁이 양자택일의 문제가 아니므로 정의를 위한 실천 전략으로 분배-인정 이원론이 요구된다고 주장했다. 물화의 문제점은 정체성의 정치가 정체성을 본질화하고 객관화함으로써 자신의 목표를 스스로 배반하는 모순에 빠질 수 있다는 점에서 시사하는 바가 크다. 또한 정의

---

64 김현경, 『사람, 장소, 환대』, 26~27쪽.
65 같은 책, 208~242쪽.

를 저해하는 요인의 성격에 따라 특수성의 인정을 요구하는 것이 필요할 때도 있으므로 보편성의 이름으로 차이를 지워 버리는 것도 현실 정치에서 문제가 있다. 프레이저의 이런 논의를 통해 정체성의 정치와 보편성의 정치가 종교 사회운동에 의한 초월성의 정치에서 결합된다는 것이 어떤 의미를 지니는지를 보다 분명히 이해해 보고자 했다. 그다음으로 종교 담론의 보편성을 카를 야스퍼스의 차축 시대 논의를 끌어와 설명했다. 기원전 800년경부터 기원전 200년경 사이에 지구 여러 곳에서 세계종교가 성립되었는데, 이것은 다양한 문명들이 상호 간의 마주침을 계기로 자기 한계를 깨닫고 성찰함으로써 자기 한계를 넘어서는 초월성을 추구하는 것으로 나아가는 특징을 보인다. 이를 통해 종교는 근본적으로 인간 인식을 넘어서는 초월성에 근거하고 있으므로 무한히 확장되는 특징을 갖는다는 점을 설명했다.

다음으로 개신교 사회운동 담론의 초월적 성격을 토지 공개념과 기본 소득 담론 사례들을 통해 구체적으로 살펴보았다. 헨리 조지의 토지 공유제에 뿌리 내리고 있는 토지 공개념은 신이 주신 땅을 인간이 사적으로 소유하는 것은 용납되지 않는다는 신앙관을 바탕으로 모든 사람이 평등하게 땅의 권리를 누릴 것을 주장한다. 토지 공개념 운동에서 이어져 나온 도시 빈민 운동은 도시의 발전 속에서 배제되고 소외되는 절대적·상대적 빈곤층에게 도시의 발전을 함께 향유할 권리를 돌려주고 그들이 소유자가 아니라 거주자로서 땅에 대한 지분을 주장할 수 있다는 담론을 확장하고 있다. 기본 소득 담론도 성서에 나오는 제도와 교리가 사회적 약자를 한 명도 남김없이 구제하고 그들에게 공동체 구성원으로서 동등한 참여의 권리를 부여하는 것을 목적으로 했다는 점을 반영한다. 이로써 개신교의 초월적 사회운동 담론이 실제 사회에 적용되었을 때 어떤 운동으로 구현되는지를 확인할 수 있었다. 마지막으로 개신교 사회운동의 초월적 담론이 차이에 집중함으로써 보편성을 확보하려 한다는 점을 밝혔다. 그리고 경계 밖의 사람들에 대한 특별한 관심과 축복은 환대라는 개념으로 정립될 수 있다.

종교의 사회운동 담론이 가지는 초월성은 법적 보호 울타리 밖에 놓여 있는 사람들까지를 포괄하는 시민권 담론의 확립에 기여할 수 있다. 특정 범위를 상정해 놓고 그 안에 있는 사람들에게만 의무와 권리를 부여하는 시민권 개념은 사실상 배제와 포섭의 논리로, 인간으로서의 온전한 권리를 보장하는 데까지 나아가지 못한다는 비판이 계속해서 제기되어 왔다. 이런 지적은 팬데믹 상황에서 두드러졌다. 정부의 방역 지침을 제대로 지키지 않아 바이러스에 감염된 사람들에게 비난이 쏟아지면서, 의무를 다하지 않는 사람에게 권리를 보장해야 하는지에 대한 문제 제기가 폭력적으로 이루어졌다. 그러나 질문은 그 의무를 누가 규정하고 어떤 사람에게 의무가 부여되는지에 대한 것으로 전환되어야 한다. 어떤 사람이 의무를 준수할 수 있다는 것은 다른 사람의 의무 불이행을 전제한다는 점을 우리는 팬데믹 상황에서 확인했다. 과거에 사회로부터 부여된 의무를 준수하지 않아도 되는 것이 특권의 상징이었다면, 팬데믹 상황에서는 의무를 준수할 만한 사회적·문화적·경제적 조건을 갖추고 있는 것이 특권이다. 재택근무를 할 수 없는 사람들, 노동환경이 열악해 거리 두기를 할 수 없는 사람들, 이동 동선을 공개할 수 없는 사람들, 시설에 감금된 채 죽음을 기다려야 하는 사람들에게 어떤 의무와 권리가 부여되고 있는지, 그리고 그것은 정당한지를 다시 질문해야 한다.

인권은 "인간으로서 모든 인간이 갖고 있다고 전제된 생존과 행복 추구 등에 대한 일반적인 자유"이다.[66] 18세기 서구의 계몽 운동 시대에 개인적 자유와 사회적 평등에 대한 자각이 만들어 낸 '인권'이라는 개념은 세 가지 특성이 있다. 인간이 타고난다는 자연성, 모든 인간에게 동등하다는 평등성, 그리고 모든 곳에 적용 가능하다는 보편성이다. 특히 인권의 보편성은 인권이 모두에게 부여되어 있음을 강조한다. 인종, 성별, 종교, 사회적 지위, 국적 등의 특성과 무관하게 인간이라면 누구나 인권을 지녔다는 것이다.[67] 인권은 보편적인 개념이지만, 이것이 실제 적용되는 과정에서는 특정한 시·공간적 경계의 설정이 불가피하다. 이론과 실제, 인권과 시민권의 사이 어딘가에 경계가 그어지는 것이다.

사회 바깥에 버려진 사람들을 환대하는 방법은 이들을 외부자로 만드는 경계 안으로 이들을 데리고 들어오는 것이 아니라 그 경계 자체를 계속해서 확장함으로써 경계 자체를 무력화시키는 것이다. 다시 말해, 배제와 포섭의 경계를 허물어뜨림으로써 시민권의 범주와 내용을 계속해서 확장해 가는 것이다. 종교 담론이 가진 초월적 보편주의가 사회운동으로 구현된다는 것의 의미가 바로 이것이라 할 수 있다.

---

66 김기곤, 「인권정치의 공간적 해석」, 『민주주의와 인권』 제10권 2호, 2010, 50쪽.
67 같은 글, 53쪽.

참고문헌

강원돈, 「기본소득 구상의 기독교윤리적 평가」, 『신학사상』 제150호, 2010, 177~215쪽.

김기곤, 「인권정치의 공간적 해석」, 『민주주의와 인권』 제10권 2호, 2010, 49~90쪽.

김도현, 『장애학의 도전 : 변방의 자리에서 다른 세계를 상상하다』, 오월의봄, 2019.

김민아, 「카푸토의 '약한 신학'과 안병무의 민중신학 비교 연구 : 약자를 위한 신학의
　　　가능성을 중심으로」, 『종교와 문화』 제30호, 2016, 67~98쪽.

김윤상, 「헨리 조지 사상의 잠재력」, 김윤상 외, 『헨리 조지와 지대개혁』,
　　　경북대학교출판부, 2018, 34~48쪽.

김현경, 『사람, 장소, 환대』, 문학과지성사, 2015.

대천덕, 『토지와 자유』, 생명의 샘터, 1985.

바우만, 지그문트, 『새로운 빈곤 : 노동, 소비주의 그리고 뉴푸어』, 이수영 옮김, 천지인,
　　　2010.

박영신, 「'굴대 시대' 이후의 문명사에 대한 학제간 연구 관심」, 『현상과 인식』 제38권
　　　1/2호, 2014, 17~39쪽.

＿＿＿, 「인간의 한계과 굴대 문명의 재귀」, 『현상과 인식』 제41권 3호, 2017, 16~43쪽.

신재식·김윤성·장대익, 『종교전쟁 : 종교에 미래는 있는가?』, 사이언스북스, 2009.

암스트롱, 카렌, 『축의 시대 : 종교의 탄생과 철학의 시작』, 정영목 옮김, 교양인, 2010.

야스퍼스, 카를, 『역사의 기원과 목표』, 백승균 옮김, 이화여자대학교 출판부, 1986.

에듀윌 상식연구소 엮음, 「기본소득지구네트워크」, 『에듀윌 시사상식』, 2021,
　　　https://100.daum.net/encyclopedia/view/201XXX2107105 (검색일 : 2021/09/06).

이상철, 「옥바라지 골목을 둘러싼 서사학」, 『뉴스앤조이』, 2016/07/30,
　　　https://www.newsnjoy.or.kr/news/articleView.html?idxno=204900 (검색일 :
　　　2021/09/03).

이승원, 「포퓰리즘 시대, 도시 커먼즈 운동과 정치의 재구성」, 『문화/과학』 101호, 2020,
　　　79~97쪽.

이정우 외, 『헨리 조지 : 100년 만에 다시 보다』, 경북대학교출판부, 2002.

이종건, 「공정에 맞서 공공을 주장하는 도시운동」, 『차별과 폭력을 넘어서 : 2021
　　　한국기독사회운동 공동정책협의회 자료집』, 2021/06/28.

전강수, 「헨리 조지의 경제사상」, 김윤상 외, 『헨리 조지와 지대개혁』, 경북대학교출판부,
　　　2018, 17~33쪽.

정태식, 「현대사회에서의 종교의 사회정치적 위치와 역할」, 『신학과 사회』 제25집 1호,
　　　2011, 63~85쪽.

제닝스, 테드 W., 『데리다를 읽는다/바울을 생각한다 : 정의에 대하여』, 박성훈 옮김, 그린비, 2014.

조세훈, 「'헨리 조지' 꺼내든 추미애 … 보유세 도입 군불 지피나?」, 『뉴스핌』, 2017/11/10, https://www.newspim.com/news/view/20171110000121 (검색일 : 2021/09/06).

조지, 헨리, 『사회문제의 경제학』, 전강수 옮김, 돌베개, 2013.

_____, 『진보와 빈곤 : 산업 불황의 원인과 빈부격차에 대한 탐구와 해결책』, 이종인 옮김, 현대지성, 2019.

조혜신, 「희년법 원리의 제도적 구현 가능성에 관한 소론 : 기본소득 제도를 중심으로」, 『신앙과 학문』 제23권 3호, 2018, 263~294쪽.

최경배, 「NCCK "기본소득이 신앙이다"」, 『노컷뉴스』, 2019/06/21, https://www.nocutnews.co.kr/news/5170864 (검색일 : 2021/09/06).

최유리, 「"기본 소득은 하나님나라 신앙과 부합"」, 『뉴스앤조이』, 2017/03/12, http://www.newsnjoy.or.kr/news/articleView.html?idxno=209510 (검색일 : 2021/09/06).

최형묵, 「보편적 인권에 대한 신학적 고찰 : 자유권과 사회권을 중심으로」, 『신학연구』 60집, 2012, 66~96쪽.

프레이저, 낸시, 「인정을 다시 생각하기 : 문화 정치에서의 대체와 물화의 극복을 위하여」, 『불평등과 모욕을 넘어 : 낸시 프레이저의 비판적 정의론과 논쟁들』, 문현아·박건·이현재 옮김, 그린비, 2016, 202~220쪽.

_____, 『지구화 시대의 정의 : 정치적 공간에 대한 새로운 상상』, 김원식 옮김, 그린비, 2010.

프레이저, 낸시·악셀 호네트, 『분배냐, 인정이냐? : 정치철학적 논쟁』, 김원식·문성훈 옮김, 사월의책, 2014.

홍인식, 「신자유주의의 양극화와 해방신학 그리고 기본소득」, 『NCCK 사건과 신학』, 2020/05/17, https://nccktheology2019.tistory.com/129?category=886914 (검색일 : 2021/09/06).

황용연, 「'정체성의 정치'와 민중신학 : IMF 시대 민중신학의 실천담론을 위한 '한 방향' 모색」, 『시대와 민중신학』 제5권, 1998, 101~135쪽.

희년함께, 「소개」, 〈희년함께〉(홈페이지), 2017, http://www.landliberty.org/page.php?idx=0101 (검색일 : 2021/09/06).

Bellah, Robert N. and Hans Joas eds., *The Axial Age and Its Consequences*, Harvard University Press, 2012.

BIEN, "About Basic Income", Basic Income Earth Network (Homepage), 2020, https://basicincome.org/about-basic-income/ (검색일 : 2021/09/06).

Caputo, John D., *The Weakness of God: A Theology of the Event*, Indiana University Press, 2006.

Douglas, Mary, *Purity and Danger: An Analysis of the Concepts of Pollution and Taboo*, Routledge, 1966.

Schwartz, Benjamin I., "The Age of Teanscendence", *Daedalus*, vol. 104, no. 2, 1975, pp. 1~7.

2부

시민권의 경계,
또 다른 주체들

After
The
Pandemic

5장

시민의 귀환
: 1990년대 시민 담론과 자유주의

1. 머리말

시민이라는 말은 현재 한국에서 가장 대표적인 집단 주체 개념으로 사용되고 있다. 조선시대 시전 상인을 지시하는 한자어로 처음 출현한 이래 시민은 시대의 변화에 따라 그 의미가 다양하게 변모해 왔다. 이에 필적할 용어로는 국민과 민족 정도가 있다. 그런데 국민과 민족이 무차별적 용어로 모든 사람을 포괄하지만 시민의 용법은 상당히 미묘하다. 현재 시민의 용례는 크게 두 가지로 나뉜다. 하나는 시 행정구역의 거주민이라는 뜻이고 다른 하나는 공론장 또는 정치 영역의 행위 주체라는 의미이다. 전자는 지시 대상이 분명하게 특정되지만 후자는 매우 복잡하고 또 모두가 합의할 만한 내용으로 고정되어 있다고 보기도 힘들다.

시민 개념이 복잡해진 것은 그것이 정치적·이념적 배경과 긴밀하게 관련되는 용어이기 때문이다. 시민은 일종의 정치적 호명 기호로 사용되고 있기에 호명의 주체와 대상을 막론하고 정치적·사회적 갈등과 균열이 반영될 수밖에 없다. 모든 정치적 행위자를 시민으로 부르고자 하는 사람이 있는가 하면 중산층적 기반을 가진 자유주의자로 국한하는 입장도 있다. 다시 말해 시민은 정치적 입장과 함께 계급적·계층적 차이와도 밀접하게 관련되는 개념이다. 그래서 시민은 세계 시민처럼 무차별적이기도 하지만 일국적으로는 차별적이기도 하다.

어느 것으로 보나 현재 사용되고 있는 시민은 최근의 개념이다. 최대한 멀리 올려 잡아도 일제 시기가 될 것이며 본격적으로 대중적 차원에서 사회화된 것은 해방 이후로 봐야 한다. 시라는 행정 단위가 정식으로 채택된 것이 해방 이후였고 정치적 시민 개념 역시 식민지라는 조건상 일반화되기 힘들었다. 물론 일제 시기에도 행정구역 거주민을 시민으로 부르는 경우도 있었다. 면민대회, 부민대회, 군민대회 등과 같이 특정 행정구역 거주민들이 집단적 의사표시를 위해 개최했던 집회 중에 시민대회도 있었다. 이때 시민은 시장과 관련된 주민이자 해당 시가지 거주민도 포함하는 다소 복잡한 용어였다.

또한 식민지 시기에도 해외 사정을 소개하는 글에서는 백림시민, 동경시민 등과 같이 행정구역 거주민을 부르는 용어로 쓰였고 이론적 측면에서 부르주아계급을 지칭하는 용어로도 사용되었다. 전자의 경우 1888년 일본에서 시정촌市町村제가 시행되면서 '시티' city를 시로 번역하는 관례가 영향을 미친 것으로 보인다. 후자의 경우는 엘리트 지식인들의 번역어 사용 용례로서 일반 대중들의 언어생활과는 차이가 컸다.

흥미롭게도 일제 시기까지 시민은 장시 또는 시장의 상업 및 기타 업종 관련자를 지칭하는 용어로 비교적 널리 사용되었다는 특징이 있다. 바로 조선시대 이래 한양의 시전 상인을 지칭하던 시민이 그 범위가 확장되어 전국의 상인 일반, 더 나아가 일제 시기 들어서는 특정 지역 거주민의 의미로까지 확장되었기 때문이다. 요컨대 시민은 씨줄과 날줄로 엮인 역사적 용어다. 조선시대 이래의 용례가 씨줄이라면 서양에서 유입된 근대 용어가 날줄의 역할인 셈이다. 두 측면이 복잡하게 착종되어 오늘날의 용례로 이어진다.

그러나 시민이 해방 이후 바로 오늘날의 어의를 획득한 것은 아니었다. 당시에는 인민·국민·민중 등의 용어가 일반적이었고 시민은 상당히 제한적이었다. 시민이 행정구역 거주민의 의미를 넘어 정치적 행위 주체로 거듭나는 데 결정적 역할을 한 것은 4· 19였다. 4·19를 통해 비로소 시민의 정치적 시민권이 확보된 듯 하다. 당시 야당이었던 민주당과 긴밀한 관계에 있으면서 당대 최고의 지식인 잡지로 여겨졌던 『사상계』, 야당지로 유명한 『동아일보』 등에서 4·19를 시민혁명 또는 시민 민주혁명 등으로 호명하면서 시민의 정치적 위상이 뚜렷해졌다.

4·19를 통해 거대한 군중의 힘이 확인되었고 이들을 호명하는 기호로 시민이 적극적으로 활용되기 시작한 것이다. 혁신계를 위시해 대중행동의 급진화에 공포감을 느낀 보수 반공주의 진영은 서구 근대의 자유주의를 이론적 기초로 삼아 시민 개념을 적극적으로 활용하고자 했다. 요컨대 정체불명의 위험한 거리 군중을 안전한 주체로 길들일 장치로 시민 개념이 채택된다.

그러나 곧이어 5·16이 터지고 시민의 정치적 활성화는 크게 약화된다. 대신 민중이 중요한 개념으로 부각되었다. 민중은 1894년 농민전쟁 무렵부터 사용되기 시작한 오래된 개념이다. 일제 시기에는 총독부는 물론이고 좌우를 가리지 않고 사용하던 용어였지만, 해방 이후 좌파가 인민 개념을 강조하자 우파의 용어로 기울었다. '민중의 지팡이'가 경찰서에 걸렸던 사실에서 알 수 있듯이 민중은 권력의 호명 기호였지만, 역시 4·19를 계기로 저항 주체로 재구성되기 시작했다. 1965년 민중당의 창당을 계기로 박정희가 민중 개념을 전혀 사용하지 않게 되면서 저항 주체화가 가속화되었다. 1960년대 『청맥』은 민중 개념의 급진화에 중요한 공헌을 했고 1970년 전태일의 분신은 민중 개념의 새로운 발견에 결정적 계기가 된다.

1980년 5·18 민중 항쟁은 민중 개념과 마르크스주의의 결합을 상징했다. 이로써 민중의 계급적 성격이 뚜렷해졌다. 흥미롭게도 시민군이라는 용어에서 확인되듯이 5·18 항쟁 당시 가장 널리 사용된 집단 주체 개념은 시민이었다. 5·18 항쟁은 한국 역사를 통틀어 시민 개념이 가장 격렬한 정치적 실천과 연루된 사건이었다. 4·19 당시 지배 엘리트들이 시민 개념을 통해 위험한 군중을 안전하게 전유하고자 했다면, 이와 반대로 5·18에서 시민은 무장 투쟁의 주체를 지시하는 용어로까지 나아갔다. 그럼에도 5·18을 이은 1980년대는 시민 대신 민중의 시대였으며 그것은 마르크스주의의 대두를 빼놓고 설명하기 곤란하다.

1980년대 민중 개념의 급진화와 확장은 1990년대 시민 개념의 대두와 긴밀하게 관련된다. 시민이 민중의 대체어 내지 대립 주체로 등장했기 때문이다. 1990년대는 경제정의실천시민연합(경실련)을 위시해 환경운동연합, 참여연대 등 시민을 주체로 한 다양한 운동 단체들이 나타나 활발하게 활동하기 시작했다. 역사적 사회주의 국가들의 몰락, 냉전 해체, 절차적 민주주의의 진전 등으로 이른바 '87년 체제'의 시민운동이 급속도로 확산된다. 가히 시민의 귀환이라 부를 만한 상황이 나타난 셈이었다. 시민의 귀환은 단지 정치적 상황의 산물만이 아니었다.

1997년 외환 위기 사태는 신자유주의가 전면화되는 중요한 계기였지만, 이미 한국 자본주의는 자유주의와 짝을 이루어 성장해왔다. 유신 체제로 상징되는 반자유주의적 정치적 억압에도 불구하고 시장의 문법은 자유주의로 나아가고 있었다. 이른바 '개발독재'는 정치적 반자유주의와 경제적 자유주의라는 쌍두마차의 질주였다. 민주화는 곧 자유화를 의미했고 그 결과 시장과 민주주의의 조화로운 발전을 거쳐 '권력이 시장에 넘어가는 사태'에까지 이르렀다. '좌파 신자유주의'는 이런 흐름에 올라탄 민주화 운동의, 농담 형식을 빌린 진솔한 고백이다.

이로써 시민의 거처가 마련된다. 공교롭게도 조선시대 이래 시민은 시장을 중심으로 존재해 왔다. 근대 이후 여러 곡절을 거쳐 시민은 다시 한번 시장의 주인으로 돌아온 셈이다. 물론 전자의 시민은 천대와 괄시의 대상이었지만 후자의 시민은 시장은 물론 사회 전체를 주도하는 헤게모니 주체다. 시민의 재림이라 할 이 사태가 어떻게 진행되었는지 살펴보려는 것이 이 글의 목적이다.

2. 시민 개념의 역사적 계보

앞서 간략하게 말했듯이 시민은 다층적 어원이 있다.[1] 한국사에서 시민이 처음 사용된 것은 조선시대였다. 당시의 의미는 상인을 지칭하는 것이었고 이는 식민지 시대까지 이어진다.[2] 애초 조

---

[1] 표준국어대사전에서는 ① 시市에 사는 사람, ② 국가 사회의 일원으로서 그 나라 헌법에 의한 모든 권리와 의무를 가지는 자유민, ③ 서울 백각전百各廛의 상인들 등 세 가지로 구분한다.

[2] 『조선왕조실록』 검색 기준으로 처음 나타나는 시민은 중종 연간이다. 『중종실록』

선시대 시민은 시전 상인들을 지칭하는 용어였다.[3] 그러나 1791년(정조 15년) 신해통공辛亥通共 이후 시전 상인의 금난전권이 폐지되면서 시민은 상인 일반에 대한 호칭으로 확대되기 시작했다.

조선시대 시민이 상업 종사자를 지시했던 것은 분명하다. 시민 개념에 대한 기존 연구들에서도 이 점에 대해서는 이론의 여지가 없다. 박명규는 "전통적 개념으로서의 '시민'은 조정에 예속되면서 특권적 지위를 보장받았던 서울의 상인층"을 지칭했다고 하면서 "서구의 부르주아적 성격, 즉 상업 활동이나 경제적 이익을 중시하는 집단이라는 측면이 일부 있지만, 정치적 자립성과 자율성이라는 점에는 크게 미치지 못"했음을 강조했다. 즉 "부르주아도 시토앙[시투아앵]citoyen도 아닌, 전근대적 종속 상인으로서의 '시민' 개념"이었다고 본다. 다만 "유산계급의 한 단초를 지녔던 것"으로 보기도 한다.[4] 정상호 역시 애초에 시민이라는 말의 유래가 상업 활동을 영위하던 시전 상인을 지칭하고 있다고 설명한다.[5]

대한제국 말기에 들어서자 시민이 특정 지역 거주민을 통칭하는 용례가 나타나기 시작했다. 신문을 검색해 보면 행정 단위 거

82권, 중종 31년(1536) 10월 1일 계미癸未 첫 번째 기사 중 "근자시민간람지사近者市民奸濫之事, 현로고추문이現露故推問耳"가 그것이다. 이로 미루어 적어도 조선 전기에 이미 사회화된 용어로 자리 잡았다고 보인다.

3 이들은 조정의 강력한 통제하에 있었지만 그 틈새에서 자신의 이익을 극대화하려는 상인적 기질을 강하게 지니고 있던 층이었고 이들을 종종 시민으로 불렀다. 박명규,『국민·인민·시민』, 소화, 2009, 183쪽.

4 같은 책, 196~197쪽.

5 정상호,『시민의 탄생과 진화』, 한림대학교 출판부, 2013 참조

주민의 의미로 처음 사용된 것은 『대한매일신보』 1909년 9월 3일자 기사다. 여기서는 시민이나 읍민, 촌민 등을 나란히 병기하고 있어 행정 단위를 기준으로 서술한 것으로 보인다. 뒤에는 상인, 농민, 공장인 등이 나와 직업별 분류가 아닌 것도 확인된다. 이렇게 지역 주민을 지칭하게 된 변화는 1905년 통감부가 설치되면서 일본의 실질적 지배가 관철된 것이 중요한 배경이었다. 일본에서는 1860년대부터 '시티즌'citizen, '뷔르거'bürger의 번역어로 시민이 사용되기 시작했으며 1889년 시정촌제가 시행되면서 일상용어로 관철되었다.[6]

이후 시민은 상인과 함께 특정 지역 거주민을 의미하는 것이 중첩되어 사용된다. 일제 시기에는 지역 주민들이 자신들의 이해관계를 관철하기 위한 각종 집회를 개최하는 경우가 많았는데, 그 명칭은 행정 단위를 따라 부민대회, 군민대회, 면민대회 등이었다. 이때 시민대회도 간간이 사용된다.[7] 심지어 경성은 행정 단위로 부府였기에 부민이라는 용어가 정확하고 또 실제로 많이 사용되었지만 시민 역시 적지 않게 사용되었다. 즉, '경성 30만 시민' 등과 같은 표현이 산견된다. 또한 식민지 시기 언론에 나타난 해외 소식을 보면 백림시민, 동경시민과 같이 도시 거주민을 시민으로 표기하는 경우가 대부분이다. 즉, 식민지 조선은 부府제였지만

---

6 박명규, 『국민·인민·시민』, 206~210쪽. 그러나 일본에서도 행정구역 거주민이 아니라 일반 명사로서 시민을 사용한 것은 1945년까지는 드문 일이었다고 한다.
7 한상구, 「일제시기 지역주민운동 연구: 지역 주민대회를 중심으로」, 서울대학교 국사학과 박사 학위논문, 2013 참조.

2부 시민권의 경계, 또 다른 주체들

세계사적으로 시가 더 일반적 용어로 쓰였다고 보인다.

식민지 시기 최초의 사전은 1920년 총독부가 편찬한『조선어사전』이다. 이것은 한국 최초의 사전이었고 시민이 사전에 등재된 최초 사례로 보인다. 이 사전에서 시민은 "시내에서 상업을 영위하는 인민"으로 설명되었다.[8] 그런데 1938년 문세영이 발간한『조선어사전』에서 시민은 시정市井과 같은 뜻으로 "시내에서 상업을 하는 사람"으로 설명되는 동시에 "시내에 사는 백성"으로 확장된 서술을 보여 준다. 그런데 후자가 첫 번째 어의로 나오고 전자가 두 번째 의미로 배치되었다. 즉, 시내 거주민의 의미가 상인의 뜻보다 중요하고 일반적으로 사용된다는 의미로 해석할 만한 배치다.

총독부의 사전은 1910년 합방과 함께 준비되어 10년간 작업했기에 1910년대까지의 상황을 반영한 것이고 문세영의 사전은 1920년대 이후의 상황을 반영한다고 본다면, 1920년대 이후로 시민이 시내 거주민으로 어의가 확장되어 일반화된 상황이었다고 할 수 있다. 이로 봐서 조선시대 시전 상인을 지칭하던 시민은 금난전권이 폐지된 신해통공 이후 점차 전국의 상인 일반을 지칭하는 용어로 확장되었으며 대한제국기와 일제 초기에 걸쳐 상인과 함께 시가지 거주민 일반을 지칭하는 용어로 확장되었다.[9]

이 점은 기존 연구에서도 지적된 바 있다. 박명규는 "일제시대

---

8 조선총독부,『조선어사전』, 1920, 537쪽.
9 정상호,『시민의 탄생과 진화』, 112~115쪽.

내내 시민이라는 말은 경성 시민과 같이 행정구역의 주민을 지칭
하는 말로 쓰이거나 상업 활동에 종사하던 장시의 시민을 지칭하
는 수준"에 그쳤다고 단언했다. 반면 사회주의자들에 의해 시민계
급, 소시민 등이 사용된 것에 대해서는 "자유주의보다 계급적 측
면이 강조된 것"이라고 설명한다.[10] 정상호 역시 조선시대부터 식
민지 시기에 이르기까지 시민은 "도시 주민으로서의 시민뿐"이라
고 단언했다.[11] 이런 인식은 서구 근대의 시민 개념을 준거로 하여
판단한 것임이 분명하다.

송호근은 이를 잘 보여 준다. 그는 시민을 첫째, 신분 질서에서
벗어나 계약 질서로 맺어진 독자적 개인들, 둘째, 전통적 이해관
계(혈연·지연·학연)에서 벗어난 개인들, 셋째, 공익의 중요성에 눈
뜬 개인들로 규정하고 이 세 가지가 "시민사회의 전제 조건이며
동서양을 막론하고 근대의 공통적 표상"이라고 주장한다. 이 규
정에 비추어 보면 개화기에 일부 단서가 발견되지만 체계적 증거
가 부족하다고 한다. 즉, 그가 보기에 시민의 탄생에 있어 자발적
결사체가 매우 중요한데, 이 시기 자발적 결사체들은 국민을 호명
해 국가로 함몰되었다는 것이다. 요컨대 시민 대신 국권 회복의
주체로 국민을 발견했다는 주장이다.[12]

또한 그는 재산권과 함께 참정권을 시민권의 핵심 내용으로 보

---

10 박명규, 『국민·인민·시민』, 230~231쪽.

11 정상호, 『시민의 탄생과 진화』, 115, 219쪽.

12 송호근, 「한국의 시민과 시민사회의 형성 : 시민성 결핍과 과잉 '국민'」, 『지식의 지
   평』 20호, 2016, 6~7쪽.

면서, 서양의 경험에 근거해 종교개혁, 계약적 질서, 개별적 인권, 정치 참정권 등 네 가지 요소가 가능할 때 시민사회가 성립한다고 주장한다. 시민은 그런 사회를 구성하는 주권적·주체적 개인이며, 공익과 사익 간 균형을 취할 수 있는 공공 정신과 도덕을 내면화한 사람으로 규정한다. 서양처럼 처음에는 상공업층, 다음에는 부르주아계급, 그리고 중산층과 노동자, 농민층을 두루 포함하는 광의의 시민 개념으로 발전하고, 무엇보다 국가권력을 창출하고 공적 질서를 관할하는 입법자로서의 위상으로 승격된 시민 개념은 식민 시기에는 결코 출현할 수 없었다는 것이 그의 결론이다.[13]

기존 연구들은 모두 구미에서 정립된 시민, 시민사회 개념을 적용해 그것이 한국 역사에서 어떻게 확인 가능한지를 검토한다. 즉, 근대 서구를 표준으로 설정하고 그 기준으로 한국의 역사적 경험을 평가하는 방식이다. 이런 전략은 이미 수많은 비판에 직면해 있는 전형적인 서구 중심주의의 반복이다. 당연하게도 조선시대나 식민지 시기에 서구적 시민을 찾는 것은 곤란하다. 존재할 수 없는 것을 확인하고 존재하지 않았다고 하는 것은 공허한 동어반복이다.

또한 공적 문제에 참여하고 저항하는 주체, 공익과 사익 간의 균형을 잡고 공공 정신과 도덕을 갖춘 주체가 꼭 시민이어야 하는지의 문제도 제기된다. 재산권, 참정권, 개별 인권, 계약 등 시민이 존재할 수 있는 조건 역시 근대 서구의 특권적 산물처럼 제시

---

13 송호근, 『시민의 탄생』, 민음사, 2013, 431~434쪽.

되지만, 내용 측면에서 유사한 권리들은 역사상 무수히 명멸했다. 재산권은 이미 고대 이래의 관습이며 정치에 참여하는 권리 역시 인류가 공동체를 구성한 이래의 전통이다. 다만 참여의 범위가 다양한 형태로 제한적이었지만 이것은 근대사회 역시 마찬가지다. 정치적인 것이란 본래 권력 접근을 둘러싼 경합이다.

개별 인간의 권리를 특권화해 보편적 인권을 성립시켰다는 근대사회 역시 노예제를 비롯해 그에 반하는 사례들로 넘쳐 난다. 근대사회가 어느덧 '새로운 중세'처럼 보이는 현실이 차고 넘치는 상황에서 보편적 인권의 특권화는 무력화된다. 프랑스는 1970년대까지 기요틴 처형을 폐지하지 않았고 1960년대 알제리 해방 투쟁을 지지하는 파리 시위 군중 수백 명을 살해해 센강에 던져 버렸다. 유럽의 선진 문명국가들이 우생학 논리에 따라 장애인 등을 대상으로 수만 건의 단종 수술을 시행한 게 1970년대였다. 한국전쟁, 베트남전쟁, 아프간 전쟁을 보면 인권은 도대체 무엇인가라는 의문이 들지 않을 수 없다. 인권의 이름으로 인간을 살해하는 근대의 야만이란 도대체 무엇인가. 사회계약은 일종의 이론적 가설에 불과할 뿐이었다.

송호근이 상정하는 시민적 주체는 늘 결핍된 욕망이다. 이상적 시민상이 현실 속에서 구현된다면 그것이야말로 역사의 종말이다. 다시 말해 이상화된 시민이 되어야 한다는 당위는 곧 불가능한 기획이다. 따라서 현실의 대중은 교양과 합리성, 도덕과 공공성이 결핍된 불완전한 주체로 여겨지고 끊임없는 교육과 계몽의 대상이 되어야 한다. 이것은 엘리트의 존재 증명 전략은 될지언정 역사적 현실을 드러내는 언설일 수는 없다.

2부 시민권의 경계, 또 다른 주체들

이런 입장은 결국 특정한 정치적 실천의 한 형태이다. 추상적이고 보편적인 주체 형상에 근거해 대중을 교양하고자 하는 것은 다른 의미로 정치적 지도를 관철하겠다는 욕망일 뿐이다. 시민의 덕성을 갖추지 못한 자들의 정치적 권리와 그 존재론적 의미를 축소해 일종의 정치적 금치산자를 만들고 스스로를 온전한 시민으로 재현해 그들을 대표하려는 정치 행위의 연장이다.

물론 개항 이후 오늘날까지 한국사는 서양의 압도적 영향 속에서 진행돼 왔다. 그만큼 서구 중심주의의 영향도 막대하다. 그렇기 때문에라도 역사적 접근은 최대한 그 영향을 차단하면서 경험적 분석이 중요하다. 개념 차원에서 보더라도 한국 사회는 근대 서구와 전통 시대의 이중적 접합이 복잡하게 진행된 효과 속에 있다. 예컨대 공과 사 개념만 하더라도 동아시아의 전통적 용례와 서구의 '퍼블릭-프라이빗'public-private 개념이 착종되어 혼효된 독특한 개념으로 사용된다. 멸사봉공, 빙공영사와 같이 동아시아의 공과 사는 가치 내지 규범적 측면이 매우 강했다. 이는 영역적 측면이 강한 서구의 개념과 비교된다.[14]

시민 개념 역시 이미 조선시대 이래의 용례가 있기에 간단치 않다. 많은 근대 개념들이 일본을 통해 번역되어 사용되었는데, 기존 용례가 없는 것은 비교적 간단히 정리가 가능하지만 공과 사, 시민 등은 좀 더 복잡한 논의가 필요하다. 공사 개념과 달리 시민

---

14 황병주, 「식민지 시기 '공' 개념의 확산과 재구성」, 『사회와 역사』 통권 제73집, 2007 참조.

은 그 어의가 확연하게 달라졌다. 애초 시전 상인, 나아가 상인 일반을 지시하던 것이 시가지 거주민, 도시민을 넘어 정치적 주체로까지 확장되었다. 문제는 이 과정에서 애초의 의미, 즉 상인층을 지시하던 의미가 완전히 탈락했다는 점이다.

기원만 놓고 보면 조선시대 시민과 서구의 뷔르거 사이에서는 상당한 형태적 유사성이 발견될 수 있다. 그럼에도 애초 의미가 완전 탈락하고 전혀 다른 맥락의 어의가 형성된 과정은 좀 더 많은 연구와 분석이 필요한 대목이다. 이는 단지 개념사의 지평을 넘어 한국이 경험한 근대의 특이성을 설명하는 중요한 단서가 될 수도 있다. 또한 서구 역시 뷔르거가 부르주아가 되는 과정은 애초의 어의가 탈락하고 새로운 의미가 구성되는 과정이었다. 여기서 중요한 것은 용어의 사전적 의미가 아니라 그 변화를 강제한 역사적 맥락을 드러내는 것이다.

결국 기존 연구들은 1980년대 이후 시민 개념이 일반화되는 양상에 주목한다. 즉, 정치적 주체라는 맥락에서 시민의 탄생을 주목한다. 그렇기에 해방 이후 1970년대까지는 별다른 분석 대상이 되지 못한다. 다만 정상호는 4·19의 역할을 강조한다. 그는 4·19혁명 시기 "시민 개념의 보편성 획득"이 이루어졌다고 본다. 이 시기에 처음으로 참여하고 토론하며 저항하는 주체의 이미지가 안으로부터 그리고 아래로부터 만들어졌다고 본다. 그러나 곧바로 5·16이 발발하면서 상황이 역전되어 거리의 저항하는 주체로서의 시민 대신 소시민이 득세한다고 본다.[15]

송호근은 1990년대 이전 한국의 시민 개념이 취약했던 상황을 예의 서구의 경험을 전범 삼아 설명한다. 그에 따르면 유럽의 초

2부 시민권의 경계, 또 다른 주체들

기 시민층은 귀족층을 넘어설 윤리와 정서, 가치관과 세계관을 배양해야 했는데, 그 담당층이 교양 시민이다. 그리하여 상공업에 포진한 경제 시민이 교양 시민과 짝을 이뤄 자유주의를 전파하는 쌍두마차로 등장했다고 한다. 그러나 한국 현대사에서는 시민층이 확장될 때 그들이 대적할 계급이 존재하지 않았다는 점이 문제라고 한다. 따라서 지배층 진입 경쟁이 시민 계층 전반으로 확산되었고 세계에서 유례없는 산업화는 시민층 내부의 무한 경쟁을 부추겨 부정부패, 뇌물 수수, 투기, 사기 등이 판쳤다고 본다.[16]

요컨대 시민층의 선두에서 시민 의식의 터전을 만드는 교양 시민과 경제 시민이 계층 상승에 매몰된 나머지 사회를 이끌 행동 양식과 정신적 자원 구성에 실패했다는 주장이다. 대신 들어선 것이 경제개발의 주체로서 국민이었고 "시민 없는 국민국가의 시대가 너무 길었다"고 한다. 결국 1987년까지 한국인은 '시민성'에 관한 교육을 한 번도 받아 본 적이 없다는 것이다.[17] 박명규 역시 반공과 냉전 논리로 공간이 매우 협소해졌고 한 시인의 표현을 빌려 "시민은 목하 입원 중"이라고 강조했다. 즉, 시민의 불구성, 연

---

15 정상호, 『시민의 탄생과 진화』, 146, 189쪽.

16 송호근, 「한국의 시민과 시민사회의 형성」, 4~5쪽.

17 "주민자치, 사회적 약자 보호, 불평등 완화, 사회정의, 국가 공권력에 대한 시민적 권리 보호, 공익을 위한 자발적 행동 규범 등에 대한 윤리적 긴장과 실천은 집단주의적 충효사상에 밀려났다. …… 반독재 투쟁과 저항운동이 모든 가치관에 우위에 놓였기에 '더불어 살기' 내지 '타인에 대한 배려' 같은 것은 그 절박했던 정치적 상황하에서 조금은 사치스러운 쟁점이었다. 시민성의 최고 가치를 우애fraternity라고 한다면, 반독재 투쟁의 그것은 '척결'eradication이다." 같은 글, 9~10쪽.

약함, 이중성을 잘 상징한다는 것이다.[18]

시민층에 대적할 계급이 존재하지 않아 시민성 배양이 불가능했다는 주장은 근거를 확인하기 곤란한 자의적 주장이다. 무엇보다 시민성 없는 시민을 시민으로 볼 수 있는가라는 문제가 제기된다. 교양 없는 시민을 교양 시민으로 볼 수는 없을 것이다. 대적할 계급이라는 조건은 역사적 상황에 따라 다를 수 있다. 귀족 대신 혈통과 가문을 따지는 보수적 양반의 후예들이나 강력한 대중적 토대를 구축했던 좌파 정치 세력도 시민층의 강력한 적일 수 있다. 서구 경험을 절대화하는 것도 문제지만 무엇보다 역사와 현실 속에서 적실한 근거를 확보하기 위한 노력이 아쉽다. 시민층 내부의 경쟁이 부정부패와 투기, 사기의 근원이라는 주장은 더욱더 문제적이다. 경쟁은 자유주의의 금과옥조다. 경쟁을 통한 발전은 오랫동안 자유주의가 설파해 온 핵심이다. 하이에크는 인간 이성의 한계로 사회주의 계획-경제가 불가능하다고 보고 대안으로 시장의 자유경쟁을 얘기한다. 개별 인간의 이성과 합리성의 한계를 논하면서 대신 시장의 자유경쟁을 통한 최적의 합리성 도출이 타당하다는 주장이다. 송호근은 자유주의가 경쟁에 부여한 가치와 정반대의 주장을 펴고 있는 셈이다.

부정부패는 자유주의와 사회주의를 가리지 않으며 동서고금을 막론하고 초역사적으로 존재해 온 인간 삶의 어두운 면이다. 거의

---

18 박명규, 「21세기 주체 형성을 위한 신기획 : 시민 되기와 시민 만들기」, 『지식의 지평』 20호, 2016, 6쪽.

모든 대중적 정치 언설에는 부정부패 근절이 빠지지 않는다. 시민 층이 없던 부정부패를 만들어 낼 정도로 위력적 존재임을 강조하 기 위한 것인지도 모르겠지만, 비역사적인 주관적 관념의 언설 이 상이 아니다. 부정부패의 원인을 친일파 척결이 실패해 민족정기 가 훼손된 데서 찾는 것만큼이나 시민층의 경쟁 역시 역사적 현실 을 전혀 드러내지 못한다.

중요한 것은 서구적 기준으로 역사를 재단해 시민의 존재 유무 를 판정하는 것이 아니라 근대 서구가 끼친 영향을 구체적으로 살 펴보는 것이다. 서구 근대성을 참조한 담론들과 실천들의 효과 그 리고 그것을 주도한 주체들의 면면을 확인해 한국에서 서구적인 것의 역사성을 두텁게 서술해야 한다. 특히 이런 고찰은 특정한 역 사 국면에서 맥락적으로 검토할 필요가 있다. 모든 담론과 실천은 진공상태가 아니라 특정 시·공간 속에 명멸하기에 역사적 맥락을 소거하면 그 담론과 실천의 실질적 효과를 가늠하기 힘들다.

1990년대 이전 시민의 역사적 양상을 잘 살펴볼 수 있는 대표 적 사례가 4·19혁명이다. 4·19와 5·16으로 이어지는 당시의 역 사 국면은 한국의 자유주의와 군사주의, 시민혁명과 쿠데타가 교 차하면서 집단 주체로서 시민의 등장을 잘 보여 준다. 더욱이 혁 신계라는 명칭으로 불린 사민주의적 또는 사회주의적 정치 활동 이 다시 등장하면서 한국전쟁 이후 처음으로 자유주의 우익과 좌 파 간의 담론적 경합이 공개적으로 연출된 특징도 갖고 있다. 자 유주의는 귀족층만을 대적하는 것이 아니라 좌파 담론과의 전투 를 통해 자신을 구성해 왔음을 보여 준다. 4·19 국면 속에서 진행 된 자유주의 우익의 실천은 1990년대 이후 자유주의와 시민의 귀환을 선취했다고 하겠다.

4·19를 계기로 적어도 자유주의 세력에게 시민 개념은 확고한 시민권을 획득한다. 4·19 당시 민주당과 『사상계』, 『동아일보』, 『경향신문』 등 자유주의 세력의 동향을 보자. 1960년 4월 26일 이승만 하야가 발표되고 바로 다음 날 『동아일보』는 4·19를 '역사적 시민혁명'이라고 못 박았다.[19] 그러나 『동아일보』는 같은 날 다른 기사를 통해 노골적으로 냉정과 질서를 주문했다.

감격의 4·26. 이날의 과감한 시민혁명이 성공적으로 막을 내리자 용광로와도 같이 뒤끓던 시민들의 가슴은 차츰 냉정을 다시 찾아 우리의 요구는 관철되었으니 이제는 질서를 유지하여 건설로 나아가는 소리가 높아 가고 있다.[20]

이런 모습은 『경향신문』도 유사했다. 『경향신문』은 "학생들의 의로운 피"를 거론하며 학생들을 찬양하면서도 정치에 관여하거나 이용당할 수 있음에 불안하다는 입장을 피력했다. 학생은 미래의 일꾼이지 현재의 일꾼은 아니라는 주장이었다.[21] 이들은 이승만 하야를 정점으로 그 이상의 사태 진전을 바라지 않는 모습이 역력했다. 『사상계』 역시 4월 혁명을 시민혁명으로 높이 평가하

---

19 『동아일보』, 1960/04/27.

20 「民權鬪爭은 끝났다」, 『동아일보』, 1960/04/27.

21 「學生과 敎育界에 부친다」(사설), 『경향신문』, 1960/04/30.

면서도 이후 전개된 사태에 대해 방종과 무질서가 혼란과 파괴로 이어질 수 있음을 강력하게 우려했다.[22] 거리의 안정으로 표상된 이들의 두려움은 혁명의 급진화였다.

일부 경망한 정치인들은 금번의 반독재 정치혁명이 시민혁명이라는 기본 성격을 이해하지 못하고 마치 사회주의혁명으로 오인한 것 같은 무책임하고 무원칙한 감정론을 방언放言하는 데 기업가의 제반 약점을 악용하고 있다. …… 일부 노동자가 실력으로 공장과 기계를 파괴하고 자기의 소임을 다하지 않는 경향이 있다 함은 심히 유감이라 아니할 수 없다. 노동자 제위는 우리가 처해 있는 경제적 위기를 정시하고 빈약한 우리나라의 생산 시설을 다시 파괴한다는 것이 얼마나 죄악이 되는가를 재고해서 그대들의 원한을 법과 정부에게 일임해 주기를 바란다.[23]

『경향신문』은 『동아일보』와 마찬가지로 4·19를 시민혁명으로 규정짓고 사회주의혁명이 아님을 강력하게 주장했다. 이에 따라 기업가에 대한 핍박을 중단하고 노동자들은 생산 시설 파괴를 중지해야 한다고 강조했다. 『동아일보』 역시 한편으로 "4·19 시민혁명"을 통해 "정치적 자유 및 사상의 자유가 확장"되었음을 인정하면서도 그것은 "반공의 테두리 내에서의 정치적인 자유와 사상의 자유는 사실상 쟁취"된 것임을 분명히 했다.[24] 이들에게는 반

---

22 이상록, 『한국의 자유민주주의와 사상계』, 고려대학교 민족문화연구원, 2020 참조.
23 「一部政客과 謀利輩에게 警告한다」(사설), 『경향신문』, 1960/05/03.

공과 함께 보다 능동적이고 적극적인 대항 담론이 필요했고 그것
은 세계사의 보편적 발전 법칙에 걸맞은 역사상을 제시하는 것으
로부터 출발했다.

> 근대국가를 완수함에 있어서는 두 개의 기본 조건이 선행 충족되어야
> 한다. 그것은 민족의 독립과 시민적 자유의 보장이다. 민족주의란 그
> 고유한 의미에서는 민족의 통일과 독립의 완성에 있으며 민주주의는
> 곧 이 시민적 자유의 보장을 지상 목표로 한다. 자유주의가 근대국가의
> 기반이라면 민족주의와 민주주의는 실로 이 자유주의의 쌍생아라고 할
> 것이다. 불란서혁명에서 막을 연 서구의 근대사는 이 민족의 독립과 시
> 민적 자유를 쟁취하기 위한 피투성이의 싸움으로써 점철된 역사이다.
> 우리도 이 역사의 궤도에서 벗어날 수 없다. 우리나라가 참으로 근대화
> 하고 우리들도 진정한 공민적 자유를 향유하기 위하여는 우리도 이 역
> 사의 관문을 거쳐야 하며 예정된 시련을 겪어야 했다.[25]

인용문은 근대국가 완수의 세계사적 보편 경로를 제시하면서
4월 혁명이 그 연장선에 있음을 논증하고자 한다. "일제의 식민지
화로 민족의 독립은 무참히도 유린되고 민족의 자유가 없는 위에
고질적인 봉건성과 경제적 후진성으로 인해 민주적 자유는 더구
나 바라볼 여지조차 없"었다는 것이 위 인용문 필자의 주장이다.

---

24 「保守對革新의 問題」(사설), 『동아일보』, 1960/05/07.
25 김성근, 「自力民主革命에의 巨步」, 『동아일보』, 1960/05/05.

8·15 해방으로 민족의 독립과 민주적 자유 등 두 개의 혁명을 한 몫에 성취했지만 그것은 일종의 횡재에 불과했기에 타력 혁명에 불과했다고 한다. 4월 혁명으로 비로소 대가를 지불했다는 것이 그의 결론이다.

> 근대 서구 사회가 봉건사회의 테두리에서 벗어나서 자유로운 시민사회의 체제를 갖추기 위해 개인의 자유와 인간의 존엄을 깊이 자각한 근대적 시민계급이 역사의 긴 세월을 두고 전제군주 및 봉건세력과 피의 치열한 혁명 투쟁을 오랫동안 치르지 아니하면 아니 되었다. …… 4·19는 진실로 시민적 자유를 피로써 전취한 민주혁명이었다. 어떤 의미에서 우리는 4·19혁명에서 비로소 자유와 민주주의를 찾았고 시민사회와 시민적 인간을 몸소 체험했다. 4·19의 피의 혁명과 더불어 우리는 세계를 향하여 자유를 논할 자격이 생겼고 민주주의에 참여할 권리를 가졌다고 할 수 있다.[26]

인용문은 서구에서 시민계급이 근대사회의 주체로 정립되는 과정을 전형적 공식처럼 보여 준다. 4·19는 이 공식에 걸맞은 일종의 자격 심사처럼 배치되어 있다. 심사에 통과하려면 서구 시민계급이 그랬듯이 피의 혁명을 수행해야 한다. 이것이 자유와 민주주의에 참여하고 논할 자격이 된다. 4·19는 한국이 근대사회로 진입하고 한국인이 근대적 주체로 구성되는 데 필수 불가결한 통과

---

26 안병욱, 「利의 세대와 義의 세대」, 『사상계』 1960년 6월호, 100~101쪽.

의례가 된다.

여기서 이런 담론들이 전제하고 있는 근대사회와 근대적 주체의 모습이 곧 부르주아를 모델로 한 시민계급이었다. 이런 입장을 잘 보여 주는 것이 민주당의 김영선이다. 김영선은 민주당의 중진으로 장면 정권에서 재무장관을 역임하면서 주요 경제정책을 주도한 핵심 브레인이었다. 그는 "민주당이 수립하고 보수하려는 것은 근대 시민사회 질서"임을 분명히 했다. 시민사회 질서는 곧 "법치주의와 자유경제 원칙"이라고 설명한다. 일정하게 혼합 경제적 모델을 제시하면서도 김영선은 자유주의에 방점을 찍었다.[27] 민주당은 분명하게 자유주의적 경제 질서를 천명한 셈이다.

그런데 여기서 주목되는 지점은 소유권 문제가 불거진다는 점이다. 김영선은 생산수단의 국유화를 경계하면서 사유사영을 각별히 강조했다. 사회대중당 등 혁신계의 입장을 경계 대상으로 한 것인데, 4·19로 조성된 정세가 급진화되는 것을 우려한 모습이 역력하다. 소유권 문제를 지적한 글은 또 있다. 김상협의 글이 그것인데, 그는 고려대, 동아일보, 삼양사 등으로 구성된 김성수·김연수 집안의 핵심 인물이었다. 그가 인용한 말을 들어보자.

개인의 사유재산권은 정치권력의 절대화를 방지하는 민주 보루이다. 만일 사유재산권이 없다고 가정한다면 국가 관헌은 하고 싶은 짓을 제멋대로 행할 수 있고 그렇게 되는 날이면 개인의 자유는 없어지고 만

---

27 김영선, 「民主黨 腹案의 骨子」, 『사상계』 1960년 6월호, 144~148쪽.

다. 사유재산권을 소유함으로 말미암아 안정된 생활을 누릴 수 있는 남녀의 수가 많아지면 많아질수록 관헌 독재로부터 독립 자활할 수 있는 자유 시민의 민주 보루가 강화되고 이 민주 보루를 기지 삼아 많은 사람의 자유 보장은 용이해질 것이다. 소유권을 가진 사람의 수가 많아지면 독재자에 대해서 코웃음을 치는 자유 시민층이 생기게 된다. 소유권이야말로 폭정에 대한 가장 효과적인 대비책인 것이다.[28]

인용문은 영국 보수당 이든 수상의 말이다. 그는 이것이 "영국 보수당의 '소유권 있는 민주주의' 이론인데 우리나라에서도 이것을 실현하도록 해야 할 것"이라고 주장했다. 즉, "선진 각국의 민주주의는 소유권 있는 중산계급의 투쟁으로서 이루어졌으며 또 팟쇼 독재, 공산당 독재에 반항해서 용감히 싸워 온 것도 소유권 있는 중산 계급이었다"고 강조하면서 우리 역시 "하루바삐 산업 개발을 하는 동시에 이를 '많은 사람이 소유권을 가지는 민주주의'의 방향을 이끌어 나가야 할 것"임을 주장했다.

사실 4·19 정세 속에서 제출된 자유주의 세력의 담론은 이미 시민, 중산층 등과 관련된 핵심 내용을 망라했다. 그 전범이 서구 근대였음은 물론이다. 특히 이들은 5·16 이후의 반자유주의 흐름에 맞서 자유주의를 강화하는 투쟁의 핵심이 된다. 시민 개념이 5·16 이후 소시민에 압도되고 침잠했다고 보는 것은 사태의 한 측면만을 보여 준다. 자유주의의 최대 번성 조건은 반자유주의적

---

28 김상협, 「韓國의 新保守主義」, 『사상계』 1960년 6월호, 126쪽.

현실일 수 있기 때문이다. 반공주의가 거꾸로 선 공산주의인 것처럼 반자유주의는 자유주의의 위력을 반증하는 것이기도 하다.

5·16 이후 군사주의가 득세함으로써 오히려 자유주의는 더욱 강화될 수 있는 조건을 갖춘 셈이다. 군사주의를 넘어설 담론과 실천, 가치와 정책 그리고 지향을 만들어 내기 위한 자유주의의 노력은 한국 민주화 운동의 주류였으며 이들의 헤게모니를 정치적·사회적으로 관철하는 핵심 과정이었다. 송호근식으로 말하자면 군부 세력이 귀족층 역할을 해준 셈이었다. 이런 활동의 대표적 사례가 1970년대 이후 민주화 운동이다. 보수 야당과 종교계 및 재야 그리고 지식인과 학생 중심으로 진행된 민주화 운동이야말로 자유주의를 핵심 공유 지점으로 한 시민들의 합창이었다. 1987년 이후 1990년대 자유주의와 시민운동이 이런 역사와 결코 무관치 않음은 주지의 사실이다. 송호근의 담론적 실천과 서경석의 시민운동 역시 그 연장선상에 있다.

1970년대 유신 체제에 맞선 민주화 운동의 핵심은 자유주의였다. 사상·양심, 언론·출판·집회의 자유, 인권 등의 가치가 운동의 주된 근거였으며 한국은행 독립, 시장 자율 등의 가치 역시 자유주의적 내용들이다. 자유주의라 쓰고 민주주의로 읽은 셈인데, 여기서 민주주의와 자유주의의 주된 주체로 상정된 것이 시민이었다. 민주화 운동이 곧 '시민성' 교육이었던 셈이다. 또한 백낙청의 '시민문학론'이 제출된 것이 1969년이었다. 1970년대 들어 민족문학론으로 전회하고 민중과 민족이 핵심 키워드가 되기는 하지만 그 출발이 시민이었음을 기억할 필요가 있다. 이런 역사성을 무시하고 1990년대를 논하는 것은 곤란하다고 생각된다.[29]

시민 개념의 독특한 사례는 '시민군'이다. 시민군은 한국 근현대사를 통틀어 단 한 번 사용되었는데, 바로 5·18 항쟁에서였다. 평범하기 그지없는 용어인 시민에 군이 결합됨으로써 단번에 비범하고 예외적인 집단 주체가 만들어졌다. 민병대, 치안대도 아니고 혁명군이나 민중군도 아닌 시민군은 당대 집단 주체 호칭으로 시민이 광범위하게 사회화된 상황이었음을 반증한다. 물론 여기서 시민은 부르주아라기보다는 행정구역 거주민의 의미가 더 컸다. 이는 곧 시민에 대한 지식인의 담론적 규정보다 국가의 제도적 실천이 대중의 감각에서 더 중요할 수밖에 없다는 사정도 작용했을 터이다. 즉, 민중은 지식인의 개념이었지 실제 '민중'의 언어가 아니었음을 보여 준다.

주지하듯이 시민군은 서양, 특히 프랑스혁명의 중요한 계기였다. 광주의 시민군은 시공을 넘어 시민 개념이 혁명적일 가능성을 보여 준 셈이다. 물론 시민군은 말의 문제라기보다 상황의 문제였겠지만, 어쨌든 무장 시민의 존재 그 자체가 혁명적임은 분명하다. 이는 분명 자유주의 세력에게는 상당히 불편하고 불안한 사태이지 않을 수 없다. 4·19에서 보여 준 그들의 태도를 보건대 시민군을 받아들이기는 곤란했을 것이며, 그들에게 시민군은 시민성

---

29 정상호는 이 시기를 '관 주도 시민'과 저항하고 참여하는 '적극적 시민'과의 역사적 대립으로 정리한다. 즉, 박정희 체제는 반공 냉전 시대의 종속된 신민臣民을 이상적인 시민상으로 내세운 반면 이에 맞서 재야와 민주화 세력은 권력에 대항하는 비판과 감시, 시민들의 인권과 자유를 강조했다고 한다. 관 주도 시민은 사실상 국민과 거의 차이가 없는 것으로 보인다. 정상호, 『시민의 탄생과 진화』 참조.

교육을 통해 순화되어야 할 존재일 따름이다.

5·18의 시민군은 '시민'과 날카롭게 대립되기도 했다. 부유층이 항쟁에 소극적이고 재산 기부도 거부하거나 아예 피신까지 갔다는 것은 잘 알려진 사실이다. 항쟁이 격화되면서 이미 19일부터 '학생들은 다 빠졌다'는 소리가 나오기 시작했고 21일 총을 들 무렵에는 더욱 확연해졌다. 결국 총을 잡은 사람들은 노동자, 공원, 목공, 술집 웨이터, 구두닦이, 넝마주이 등 하층민들이었다.

이들을 보는 '시민'의 시선은 미묘했다. 한편으로 그들은 앞장서 무장 항쟁을 하는 용기 있고 고마운 존재들이었지만 다른 한편으로는 "구두닦이, 양아치들이 총을 들고 거만스럽게 다니는 것을 보자 왠지 싫"은 집단이기도 했다.[30] 시민군 역시 '시민'에 대한 시선이 곱지 않았다. "특수 기동대 차를 타고 순찰을 도는데 양동 다리에서 승용차에 탄 사람들이 무기를 회수한다고 했다. 우리는 그들의 머리에 총을 쏴버리고 싶었다. 어떻게 되든 광주를 지키고 싸워야 할 판에 무기를 회수한다는 것은 스스로 자폭하는 것이나 다름없다고 생각했다."[31] 승용차를 탄 사람들과 시민군은 사회적 위치가 달랐고, 항쟁에 대한 태도 역시 같을 수 없었다.

이는 무기 회수를 둘러싼 갈등에서도 반복된다. 회수를 주장하

---

30 한국현대사사료연구소 엮음, 『광주오월민중항쟁사료전집』, 풀빛, 1990, 457쪽. 위 구술자는 "최소한 천 명은 넘게 죽었을 것이다. 5·18 이후 실제로 2, 3년간은 거리에 부랑자, 거지가 없었다"라고 하여 항쟁의 주역이 하층민임을 다시 한번 확인해 주었다.
31 같은 책, 509~510쪽.

는 논리 중에는 폭도론을 활용하는 경우도 있었다. 윤영규의 증언에 따르면 갱생원 출신 30여 명의 시민군들에게 "너희들 때문에 광주 온 시민이 폭도라는 누명을 쓰게 됐으니까 너희들만 무장 해제를 해준다면 문제는 끝나겠다"라고 설득했다고 한다. 이에 시민군 중 한 명이 "여보시오! 당신만 애국자요? 우리도 애국 한번 합시다"라고 응수했다.[32] 확실히 5·18의 시민군은 '시민'과 다른 존재들이었고 그 다름은 발화 주체의 차이이기도 했다. 후자가 중산층에 기반한 자유주의자의 호명 기호였다면 전자는 항쟁 주역들 스스로 붙인 명칭이었다. 이런 맥락에서 1990년대 시민은 1980년 시민군과 어떤 관계에 있는지가 질문될 필요가 있다.

3. 시민사회 운동의 대두와 시민

한국에서 시민 개념이 1990년대 이후 본격적으로 중요한 가치로 등장했다는 것은 거의 모든 논자들이 공통적으로 주장하는 바이다. 그 기점이 되는 것은 6월 항쟁이다. 1987년 이후 시민운동의 형성과 분화가 주목되는데, 운동 진영은 한편으로는 기존 정치 질서를 따라 보수화되면서 다른 한편으로는 1989년 경실련, 1993년 환경운동연합, 1994년 참여연대 결성 등에서 나타나듯이 중간

---

32 광주광역시 5·18사료편찬위원회, 『5·18광주민주화운동자료총서』 V, 1997, 293~294쪽(최정운, 『오월의 사회과학』, 오월의 봄, 2012, 253쪽에서 재인용).

계급 중심의 운동이 활성화된다. 이는 자본주의 소비생활의 확산 및 세계화에 따라 자본주의 문화와 상징 구조가 일상 속에 침투해 지배하게 된 상황을 배경으로 한다.[33] 즉, 6월 항쟁 이후 현실 사회주의가 몰락하면서 진보 이념이 뿌리째 흔들리기 시작하고 중산층의 안정 추구 심리가 확산되며 사회가 급격히 보수화되었다는 것이다.[34]

박명규 역시 1990년대 이후의 시점이 시민, 시민 의식, 시민사회의 논의가 동북아시아의 변화와 맞물려 시대의 주요 쟁점으로 부상한 때로 본다. 유럽에서 진행된 민주화·탈국가화·통합화 흐름이 국민이나 민족이 아닌 시민과 시민권을 중시하는 관점을 강화했고 동북아에서도 톈안먼 사태, 북한의 위기, 한국의 민주화, 중산층의 대두 등이 이런 문제의식을 뒷받침한다는 것이다. 이념의 소멸을 부르짖는 낙관주의가 탈산업사회의 문제의식과 맞물리면서 노동운동과 구별되는 신사회운동이 부각되었고 그 주체로서 시민층, 시민 조직, 시민단체가 각광을 받으면서 자각하는 시민, 권리를 요구하는 시민, 저항하는 시민, 주체적 시민, 탈계급적 시민이 강조되었다고 한다.[35]

실제 신사회운동으로 일컬어진 시민운동의 성장은 상당한 주

---

33 김호기·김정훈, 「시민사회와 계급정치」, 『6월 민주항쟁과 한국사회 10년』 II, 당대, 1997, 219~221쪽.

34 손혁재·정현백·박강호, 「시민사회운동의 전망과 역사변혁의 주체」, 『창작과비평』 제27권 2호, 1999, 349쪽.

35 박명규, 「21세기 주체 형성을 위한 신기획」, 6~7쪽.

목을 끌었다. 당시 대표적 조직이었던 경실련은 창립 3년 만에 회원이 500명에서 7000여 명으로 늘어났으며 언론의 주목을 받았다. 이지문 중위가 군 부재자 부정투표를 고발했고 이문옥 감사관이 합류하기도 했다. 1992년 당시 서울뿐만 아니라 인천·대전·대구·부산·제주·광주·진주·이리 등에 지부를 결성했는가 하면 서울 경실련 사무실은 상근자만 35명이 넘었다. 반년간 예산 집행액이 1억 원을 넘을 정도였다. 시민운동답게 그 비용은 회원들의 회비와 함께 기업 후원금으로 충당했다.[36]

초기 경실련의 핵심 인물인 서경석은 그 성격과 관련해 중간층 운동이라는 규정은 운동권의 편견이며 경실련은 "초계급 운동을 벌이는 시민운동 단체"라고 주장했다. 이어 "경실련 운동의 주체는 시민이다. 이때 시민이라는 말은 서구 사회의 부르주아지가 아닌 국민이라는 말과 같은 의미"라고 설명했다. 그러면서도 중간

---

36 최진섭, 「중간층 운동 앞장선 경실련의 3년」, 『말』 1992년 9월호, 126~127쪽. 회원 분포는 사무직 27.9%, 학생 15.5%, 학계 15.2%, 중소기업 및 자영업 9.2%, 종교계 4.8%, 법조계 및 전문직 4.8% 순이다. 서울이 69.1%를 차지하고 있고 종교별로는 기독교가 75.3%로 압도적이다. 공동 대표는 변형윤 교수, 황인철 변호사, 송월주 스님이고 고문은 강만길, 박완서, 박홍, 이한빈 등 29명이다. 지도위원은 손봉호 교수, 김지하, 안병직 교수, 인명진 목사, 한완상 교수 등이었다. 경실련은 다섯 그룹이 모태였다고 하는데, 1987년 하반기 결성된 교수·변호사·언론인 모임인 '우리모임' 회원들로 서경석, 이각범, 이근식, 안병영, 황산성 등이 구성원이었고, 두 번째는 새문안교회 40대 신자 모임인 새마당 회원들로 유재현, 윤경로 등이 있었고, 세 번째는 기독교청년운동, 네 번째는 서울대학교 상대 경제학과 출신인 이근식, 강철규 등이었다. 마지막은 이만열, 손봉호 등 복음주의 계열 기독교 인사들이었는데 그 영향력으로 회원 중 75%가 복음주의 신자들이었다고 한다.

층의 역할 증대를 중시한다는 점은 인정했다. 중간층은 "화염병과 최루탄 사이에 서있는 70% 정도의 시민"이라고 했다.[37]

서경석은 '초당파적 국민운동'을 주장하면서 정당 가입조차 거부했던 해방 직후 이승만을 떠올린다. 서경석은 1982~86년 미국 유학을 거치면서 급격한 노선 전환을 단행한다. 뉴욕의 유니온 신학교에서 「사회주의 국가 속의 기독교」라는 논문을 쓰면서 사회주의사회의 실상을 파악했고 북한을 다녀온 교포들과 유학생들을 통해 그 실체를 더욱 분명하게 알게 되었다고 한다. 그러나 그가 큰 영향을 받은 것은 한국 자본주의의 놀라운 성공이었다. 국내 진보 학자들은 제국주의에 종속된 한국 경제가 곧 망할 것처럼 예언했으나 미국 시장에 진출한 엑셀 자동차, 슈퍼마켓에 가득한 메이드 인 코리아 상품들을 보고 한국 경제력을 실감했다는 것이다. 심지어 서경석은 "내가 죽기 전에 한국이 미국을 앞지를 것"이라 생각했다. 이에 서경석은 "더 이상 어두운 뒷골목, 폐쇄된 곳에서 살지 않고 개명 천지에서 살겠다"는 다짐을 하고 귀국해 시민운동을 전개했는데, 그는 자신이 운동권으로부터 '파문'당했다고 생각했다.[38]

요컨대 경실련은 기본적으로 두 가지를 배경으로 한 것으로 보

---

37 같은 글, 127쪽.

38 같은 글, 128쪽. 서경석이 미국 유학을 통해 사상 전환을 한 것은 비슷한 시기 안병직이 일본 체류를 통해 사상 전환을 하고 중진 자본주의론을 주장하게 된 것과 비교된다. 안병직 역시 일본과 한국 자본주의의 욱일승천하는 기세를 보고 크게 놀랐으며 이것이 전환의 결정적 배경이었다고 하겠다.

이는데 하나가 1980년대 운동의 반정립이었다면 다른 하나는 한국 자본주의의 팽창이었다. 물론 양자는 긴밀하게 연동된다고 하겠는데, 전자는 후자의 결과처럼 보인다. 즉, '민주화'라는 1980년대 운동의 일정한 성취는 곧 자본의 진출을 위한 수로 역할을 한 셈이었다. 어떻게 보면 자본 운동의 흐름이 사회운동으로까지 확장된 것처럼 보인다. 이런 변화가 자본에 반하는 1980년대 운동과 반정립되는 것은 당연했다. 경실련 역시 운동권의 상식, 고정관념을 부정하는 데서 출발했음을 분명히 했다. 또한 이념 없는 운동을 주장하면서 이념이 아닌 정책을 중심으로 하되 그 실현 방법은 철저하게 합법적이고 평화적으로 진행할 것을 강조했다. 자신들의 운동은 "그 본질에 있어 정신 혁명 운동"이라는 점을 분명히 했다.[39]

경제 정의를 수립하는 일을 정부나 국회에만 맡겨서는 안 되며 이젠 시민들이 직접 나설 수밖에 없다고 하는 점입니다. …… 이제는 우리들 '보통 시민들'이 나설 수밖에 없습니다. …… 이러한 시민에 의한 시민을 위한 운동이 바로 〈경제정의실천시민연합〉입니다. 어떤 사람은 왜 민중이 아니고 시민이냐고 물을지도 모르겠습니다. 그러면 우리는 이렇게 대답합니다. "우리가 힘을 모으려는 세력은 소외되고 억눌린 민중만이 아닙니다. 선한 뜻을 지닌 가진 자도 이 운동의 중요한 주체입니다. 왜냐하면 우리 사회가 이래서는 안 되고 기필코 민주 복지 사회로

---

39 같은 글, 128~129쪽.

가야겠다고 하는 선한 의지를 가진 사람이면 그가 기업인이든 중산층이든 할 것 없이 이 운동의 중요한 구성원이 될 수 있기 때문입니다." …… 우리가 오늘 이 운동의 주체를 시민이라고 표현할 때는 단지 민중과의 차이를 보여 주기 위한 것만은 아닙니다. 오히려 우리의 깊은 관심의 대상은 1987년 6월 민주화 대항쟁 때 길거리에 쏟아져 나왔던 시민들입니다. …… 요즈음 우리 사회는 좌우의 양극적 대립으로 인해 표류하고 있으며 시민들은 불안을 감추지 못하고 있습니다. 재야 운동권의 문제 제기를 흡수하는 완충지대가 존재하지 않음으로 해서 국민적 합의에 기초한 운동의 출현을 대망하고 있습니다.[40]

위 인용문은 경실련 설립 취지문인데, 그 내용을 보면 민중 대신 시민이 나서야 되는 점을 강조하고 있다. 선한 의지의 기업인, 중산층을 포함한 시민이 국민적 합의에 기초한 운동을 이끌어 가야 한다고 강조했다. 운동 진영을 비롯한 다양한 비판을 의식해서인지 발기문에서는 가진 자들의 이익만을 도모하는 김 빼기 운동이 결코 아니며 우리 사회의 근본적인 개혁이 목적임을 강조하기도 했다.[41]

근본적인 개혁을 강조했지만 그것은 1980년대 반자본주의적 사회변혁과는 분명히 달랐다. '선한 의지'의 자본, 중산층 등이 시민의 핵심으로 상정되었고 이들이 민중을 대신해 국민을 대표해

---

40 경실련 설립 취지문.
41 최진섭, 「중간층 운동 앞장선 경실련의 3년」, 131쪽.

야 한다는 논리였다. 계급 대신 의지의 선악이 중요하기에 정신 혁명이 강조된다고도 하겠다. 선한 의지의 기업인이라는 규정은 자본에 대한 분석을 포기하고 그 인격적 표현체의 마음을 보겠다는 선언과 다름없었다. 자본이 좋은 뜻으로 자금을 기부한다면 좋은 곳에 쓰겠다는 호의로 받겠다는 논리이기도 했다. 결국 사회의 물질성을 주체의 의지로 대체하겠다는 것이며 지옥으로 가는 모든 길은 선한 의지로 포장되어 있다는 어구로부터 자유로울 수 없는 입장이었다.

또 다른 중요한 시민운동 단체인 참여연대의 주요 인사 가운데 하나인 이병천은 자신들의 입장을 다음과 같이 밝혔다. '민주적 시티즌십에 기반을 두고 계급, 민족, 젠더, 인종, 지역, 세대 등 모든 다양한 주체의 위치에서 어떤 억압도 차별도 받지 않고 인간이라면 마땅히 누려야 할 양도할 수 없는 권리를 추구하며, 이와 동시에 정치 공동체에의 적극적이고 능동적인 참여, 이를 통한 시민적 자유와 연대의 삶의 실현을 지향하며 개인의 인권 또한 이를 통해 온전히 보장할 수 있다.' 공동 편집자 홍윤기는 시민을 "사회 구성원의 모든 생활 세계에서 충원되는 탈계급적 운동의 주체"로 본다.[42]

결국 이들의 입장은 계급과 계층을 넘어 무차별적 시민을 상정한다. 서경석 역시 시민을 국민과 거의 동일한 것으로 상정한다고

---

42 이병천, 「세계화 시대 시민국가와 다중적 시민정치를 위하여」, 『시민과 세계』 상반기, 2004, 34쪽.

했는데, 정치 공동체 내지 생활 세계의 모든 구성원들로 확장된 시민은 인간 일반으로 상승한다. 계급 대신 인간으로 회귀한 시민이라는 보편적 주체 위치는 사회적 균열과 갈등 그리고 적대로부터 기원하는 정치적 실천 대신 인류 공통의 초월적 가치를 추구하는 주체다. 우리는 프랑스혁명이나 미국 독립혁명을 통해 제시되고 루스벨트의 4대 자유를 거쳐 유엔 인권 헌장으로 이어지는 일련의 보편주의 기획의 세계사를 알고 있다. 또한 그 보편주의에 기반한 인간학적 기획이 어떻게 갈라진 세계에서 무력하거나 정치적 수단으로 기능해 왔는지를 알고 있다. 유엔(과 미국)을 통해 만들어진 한국에서 보편적 인권은 반공의 다른 이름으로 출발했으며 법무부가 『인권주보』를 발간하고 인권 옹호 연맹을 만든 주체들 역시 선한 의지를 지닌 부유한 '시민'이었음도 알고 있다. 그 선한 의지의 8할은 반공이었음도 분명했다. 1970년대 민주화 운동 이전까지 한국에서 인권은 국가 제도와 기득권층의 반공주의 회로를 벗어난 적이 거의 없다. 나아가 이들은 세계 시민주의 구현을 강조한다.

민족과 국가의 터전에 굳건히 발을 디디면서 그 폐쇄적 경계를 뚫고 세계 시민주의로 전진하는 다중적·중첩적 시민 정치의 길은 없는가. 국민들 사이에 도무지 이해되지 않는 이유로 반목과 갈등을 부추기다가 끝내 전쟁으로 서로를 살상하게까지 만드는 이 국민국가들 안에서 시민은 어떻게 살아야 하는가. 국민국가의 시민화, 즉 풀뿌리 자치와 공공 영역에 기반을 두는 시민 국가 및 시민 공화국으로의 전환과 동시에 개별적 다양성과 보편적 연대성의 조화를 지향하는 비판적 세계 시민주

의를 어떻게 구현할 것인가.[43]

세계 시민주의에 대한 문제의식은 박명규도 비슷하다. 그는 "국경을 넘어서 연대할 수 있는 시민적 품성, 마음의 아비투스가 마련되지 않을 때 시민은 손쉽게 국민에 종속될 것"임을 우려하면서 "국가에 전유된 유교 사상, 발전주의, 민족 정서, 집단 자부심을 어떻게 넘어설 것인가"를 묻고 있다. 즉, "시민 정체성을 근거로 영토와 문화, 시장의 경계를 넘어서는 횡적 연대가 동북아에서는 형성될 수 없을 것인가"를 질문하고 있다.[44]

여기서 시민은 계급에 이어 국경마저 넘어서는 보편적 주체로 상정된다. 개별적 다양성에도 불구하고 보편적 연대성을 구현할 수 있다는 희망의 근거가 곧 세계 시민주의로 읽힌다. 그러나 시민사회가 동질적이라고 볼 수는 없으며, 시민사회가 성립하면서 계급적 차이나 이해관계, 이데올로기적 대립과 이로 인한 역학 관계가 사라진 것도 아니다.[45] 시민의 보편성이나 세계 시민주의는 또 다른 특수 계층의 이데올로기로 기능하고 있다고 하겠다. 표현이 어찌되었건 그것이 중산층, 중간 계층에 기반한 것도 분명했다.

중간 계층 문제는 오래된 화두이기도 하다. 이미 1960년대 중산층 논쟁이 벌어지기도 했고 1980년대 운동 진영에서도 중간 계

43 이병천, 「권두언」, 『시민과 세계』 상반기, 2004.
44 박명규, 「21세기 주체 형성을 위한 신기획」, 9쪽.
45 손혁재·정현백·박강호, 「시민사회운동의 전망과 역사변혁의 주체」, 349쪽.

층이 문제로 부각되었다. 1980년대 중반의 변화된 상황으로 중간 계층에 대한 고려가 필요하다는 문제의식하에 이들의 양적 성장에 따라 소규모의 특권적 계층으로서의 성격이 희석되었고 1970년대와 동등한 수준의 시혜적 보상이 불가능해졌다는 인식이 대표적이다. 자본주의 재생산 메커니즘에 따라 신구 중간 계층이 확대되어 1980년대 중반 전체 노동인구의 3분의 1에 달한다는 추정이 나왔다.[46]

이런 입장에서 중간 계층은 시민이라는 독자적 집단으로 상정되는 것이 아니라 오히려 민중 진영으로 견인해야 하거나 최소한 중립화시켜야 할 대상으로 여겨졌다.[47] 시민 개념과 밀접하게 관련되며 전개된 시민사회에 대해서도 비판적 입장이 개진되었다. 즉, 시민사회론의 대두가 "사회민주주의, 곧 복지 자본주의의 국가주의적 실천이 벽에 부닥침에 따라 국가 '밖의' 영역, '비국가적' 영역에서 민주주의의 어떤 활로를 모색하고자 하는 시도"로 파악되었다. 이는 곧 "국가에 대한 패배주의"에 불과하며 "국가와 정면에서 유효한 투쟁을 할 의지나 전망의 부재가 이 국가 밖에서 민주주의의 왕국을 찾게 한" 것으로 평가되었다.[48]

국가 또는 국민국가의 경계를 넘어서는 문제 설정은 매우 중요한 화두이다. 그런데 시민을 강조하는 입장에서 이 문제는 이중적

---

46 서관모, 「중간계층의 계급적 성격」, 『실천문학』 8호, 1987, 109~110쪽.
47 같은 글, 122쪽.
48 서관모, 「국가, 시민사회, 이데올로기」, 『이론』 6호, 1993, 64쪽.

이율배반의 논리를 보여 준다. 한편으로는 국경을 넘어 세계 시민을 강조하면서 다른 한편으로는 국가 외부를 사유하지 않는다. 세계 시민은 무국적이 아니라 국적 있는 시민일 뿐이며 여권과 비자를 자유자재로 활용할 수 있는 기득권에 불과해진다. 온갖 미사여구로 세계 시민의 보편적 선의를 강조하지만 그 실상은 "민족과 국가의 터전에 굳건히 발을 디"딘 존재들이다. 국경을 넘는 것은 오직 국가의 '선한 의지'에 기반한 여권과 비자를 통해서다.

사실 국경을 자유롭게 넘나드는 것은 자본이다. 세계화가 자본의 월경을 강조했음은 이미 많은 사람들이 지적한 바이다. 대신 노동의 세계화는 자본의 필요에 따라 선별적으로 처리된다. 자본의 세계화가 주권국가의 위상을 약화할 것이라는 전망도 있지만 사실상 양자의 관계는 요지부동으로 보인다. 자본의 세계화는 국민국가의 위상을 역으로 제고한다. 다국적이거나 초국적이라 하더라도 기본적으로 국적에 기반할 수밖에 없고 자본이 노동-인민을 직접 통제하거나 사회적 재생산을 모두 감당하기란 불가능하기에 국가의 기능은 여전히 매우 중요하다. 이명박과 트럼프에서 보듯이 자본에 국가는 여전히 매력적인 자본 운동의 결정적 계기이기도 하다.

자본의 문제는 사적 소유권의 문제이기도 하다. 이 문제는 시민과 시민사회를 강조하는 입장에서도 제기되었다. 이는 시민의 자율성을 재산권에서 구하고 생계를 걱정하지 않을 정도의 물질적 토대를 갖춘 중산층이 시민의 기본 토대라고 한다면 신자유주의 보편화에 따른 비정규직 확대, 계층 상승 기회 축소 속에서 시민의 자율성을 어떻게 담보할 수 있는가의 문제다.[49] 즉, 시민사회의 안정성과 통합성은 그 자체가 계급 관계의 일정한 질서, 축적의 정당성을 근거로 하는데, 시민사회론이 중산층 내지 중간계급적 생활 세계와 매우 밀접한 연관을 갖는 것도 그 때문이라는 것이다. 따라서 경제 위기 심화와 계급 갈등은 시민사회의 안정성을 위태롭게 할 가능성을 제고한다.[50]

그럼에도 시장의 경쟁은 어쩔 수 없는 것으로 긍정된다. 수출로 성장을 추구하는 전략을 포기할 수 없는 한, 또 세계화의 진전으로 세계가 훨씬 더 냉혹한 경쟁의 장에서 움직이고 있음을 모르지 않는 한 경쟁력 강화라는 목표가 갖는 중요성은 자명하다고 한다. 다만 그것이 야기하는 사회적 불안정을 최소화하기 위해 경쟁 원리 못지않게 사회적 연대의 논리를 강조할 뿐이다.[51] 요컨대 자본이 구성해 놓은 현실을 거의 그대로 인정하고 그 토대 위에서의 운동과 개혁을 말한다. 자본의 문법대로 세계 시장에서 살아남기 위해 경쟁력을 키우는 것이 급선무라면 국민국가를 넘어설 세계 시민의 길은 요원해진다. 보편적 인권과 세계 시민의 연대를 주문하면서 다른 한편으로는 타국의 시민들과 경쟁해 이길 수 있는 시민이 되어야 한다고 역설한다. 이런 자가당착과 자기모순이야말로 시민-주체를 주장하는 입장의 결정적 난점이다.

오른손으로 연대하고 왼손으로 경쟁하는 딜레마를 해결할 수

---

49 박명규, 「21세기 주체 형성을 위한 신기획」, 10~11쪽.
50 박명규, 「한국의 시민사회와 민족주의」, 『철학과 현실』 37호, 1998, 75쪽.
51 같은 글, 81쪽.

있는 것 역시 현실 속에서는 난망하기에 또다시 마음으로 돌아가야 한다. 그것이 곧 시민성이라 불리는 품성, 덕성, 마음이다. 교양 시민이라 불렸던 유럽의 시민들이 인류 보편에 이를 정도의 사고와 '마음의 체제'를 구축하게 만든 토대를 만들어야 한다는 주장이다. 그런데 오직 물질적 성취와 세속적 성공의 가치가 유독 강한 힘을 행사하는 현대 한국에서 물질적 성취와 도덕적 진보가 하나로 합칠 수 있다는 공통의 인식이 가능한지가 문제라고 한다. 결국 이 문제들을 사유하는 기준은 "온 세상과도 바꿀 수 없는 고귀한 존재로서의 인간이라는 명제"에 대한 고민으로 귀결된다.[52]

송호근 역시 토크빌이 마음의 습관Habits of the heart이라 부른 시민성을 만들어 내지 못했음을 지적하면서 "국민소득 2만 달러를 훨씬 넘어선 이 시대에야 비로소 시민사회의 저변을 형성하는 습속과 윤리적 기초를 얘기"해야 하는 안타까움을 토로한다.[53] 경실련이 정신 혁명 운동을 강조했다면 이들은 마음을 강조한다. 사실 정신 혁명, 정신 개조에 대한 강조는 매우 오래된 엘리트 지식인들의 상투어다. '하면 된다'류의 정신주의와 짝을 이루기도 한다. 주의주의와 정신주의로 덧칠된 것이 한국 지성사의 중요한 측면이다.

요컨대 시민은 물질적 토대를 마련하고 교양(마음)을 갖춘 존재다. 교양과 재산이라는 서구 근대 부르주아의 재림인 셈이다. 그것

---

52 박명규, 「21세기 주체 형성을 위한 신기획」, 11쪽.
53 송호근, 「한국의 시민과 시민사회의 형성」, 14쪽.

만 갖추면 "여당을 지지하는 사람들과 야당을 옹호하는 사람, 북한을 비난하는 사람과 대북 정책의 잘못을 지적하는 사람이 모두 시민"이다.[54] 다시 말해 한국 사회는 여전히 근대화 중이어야 한다. 근대적 개인은 사회를 구성하는 주체이고, 개인과 사회가 근대성을 획득해 가는 과정에서 개인은 시민으로 발전한다.[55] 정신을 매개로 100년 넘게 반복된 엘리트 계몽 기획의 연장이다. 정신을 강조하기는 '뉴라이트' 진영도 마찬가지다. 이영훈은 "종속 상태의 후진국이 자유롭고 독립적인 국가로 서기 위해선 상응하는 정신 혁명이 필요"하다고 강조한다.[56]

이런 전략은 재산의 차이를 마음의 조화로 넘어서야 한다는 주문인 셈이다. 국가와 국가, 계급과 계층은 물론이고 심지어 가족과 가족, 개인과 개인 사이에서도 끊임없는 갈등과 분열을 야기하는 소유권의 문제 대신 정신 개조와 마음의 습관을 문제화하는 이들의 전략은 '내 탓이오' 운동이나 '무소유'를 강조하는 종교적 색채마저 느껴진다. 현실의 모순을 마주하는 대신 주관적 관념의 세계로 후퇴한 시민-운동은 마음의 문제가 오히려 1980년대 운동으로부터 기원한다고 강조한다.

즉, 1990년대는 노동운동과 시민운동이 시민사회를 각각 분할·점령했고 민주화 중반기까지 정치적 혼란을 피할 수 없었다고 한

---

54 박명규, 「21세기 주체 형성을 위한 신기획」, 14쪽.

55 송호근, 『시민의 탄생』, 9쪽.

56 이영훈 외, 『반일 종족주의와의 투쟁』, 미래사, 2020, 28~29쪽.

다. 시위 공화국이라는 냉소적인 말도 등장했다는 것이다. 이는 곧 "적의 척결, 권위주의 체제에 도전했던 운동권의 행동 양식이 그대로 답습되었다는 뜻에서, 민주화 시기의 시민사회를 '운동론적 시민사회'"로 규정하는 것과 연결된다. 그리하여 운동론적 민주주의는 '시민성'의 본질을 성찰하는 데 실패했기에 시민성civicness의 반쪽인 권리 찾기에만 몰두했다고 비판한다.[57]

이주민, 이주 노동자들에 대한 배타적 관행은 모두 시민성 결핍의 소산이며 세월호 이준석 선장은 국민일 뿐 시민이 아니라고도 한다. 그는 헬기와 해경 구조선을 보고 국가가 해결할 것이라 기대하면서 국가에 위급한 사태 해결을 위임하는 의뢰적 존재에 불과했다는 것이다. 자발적 시민 의식이 부재했다는 것인데, 공유지의 비극을 막을 수 없는 자유주의와 감시와 처벌 비용을 감당할 수 없는 공화주의를 보완하기 위해 반드시 필요한 것이 곧 시민성이라는 주장이다.[58]

사실 이런 시민운동의 모습은 등장 초기부터 집중적으로 비판받았다. 시민운동의 기본 노선을 "자본주의 틀 내에서의 합리적인 운용과 '정의'의 실현을 도모하는 것"으로 규정하고 중산층 또는 일부 중소 자본가의 이해관계와 잘 맞아떨어지는 전략으로 파악했다.[59] 이런 시민운동은 생활 영역에 대한 자본의 침투와 밀접

---

57 송호근, 「한국의 시민과 시민사회의 형성」, 11~14쪽.

58 같은 글, 14~17쪽.

59 백욱인, 「한국사회 시민운동(론) 비판」, 『경제와 사회』 12호, 1991, 59쪽.

하게 관련되는 것으로 파악되었다. 즉, 생산 영역과 소비 영역의 분화가 고도화되고 소비 영역에서 각 계급·계층에 대한 자본의 차별적 포섭이 진행됨에 따라 계급적 동질성보다 생활 조건에 큰 영향을 받는다는 설명이다. 그렇기에 "현대의 노동자는 노동자임과 동시에 시민"이라는 규정 속에 소비 양식과 축적 체제, 생활양식에 대한 연구가 필요함을 강조했다. 이런 변화가 개량주의적 운동 경향을 부추길 수 있기에 대중 생활의 구체적 조건과 자본 운동의 구체적 결과를 해명하고 이에 대한 노동운동과 변혁 운동의 전략·전술을 고민해야 된다는 주장이었다.[60]

이 입장은 1980년대 운동의 연장선에서 문제를 바라보고 있다는 제한이 있지만 그 비판의 핵심은 여전히 경청할 만하다. 자기 모습대로 세계를 복제해 내는 자본의 위력은 신자유주의를 만나 더욱 강력해졌고 그 포섭력은 1980년대와 비교하기 힘들 정도이다. 삼성의 방계라 할 CJ가 제작한 〈기생충〉이 아카데미 작품상을 수상하고 기획사-자본의 산물 BTS가 빌보드 차트를 석권하는 상황만 보더라도 한국 자본주의의 위력을 실감할 수 있다. 자본의 외부를 사유하는 것조차 버거울 정도다.

이런 변화는 확실히 1980년대에는 예상하기 힘들었다. 1980년대가 마르크스주의의 전일적인 군림의 시기였다면 1990년대는 매우 다양한 문제 영역, 이론, 학파, 이즘 등이 총출연하는 제자백가의 시기이며 1980년대가 집단성으로서의 '우리', 권圈, 계급에

---

60 같은 글, 62, 69쪽.

기반했다면 1990년대는 개별자로서의 '나', 정확히는 '나들'이 기반이자 목적이 되는 시대라는 분석은 설득력이 더 크다. 그렇기에 1980년대가 노동과 민족이라는 실천 과제에 집중되었다면 1990년대는 환경·여성·종교·인종·관료제 등이 내면적으로는 개인의 자율성, 개인의 욕망, 성, 육체의 해방 등이 새로운 문제 영역으로 등장했다는 설명에도 귀를 기울여야 할 것이다.[61]

그럼에도 삶의 중심에는 여전히 생존의 문제가 놓여 있다. 생존의 문제는 사회적 재생산이자 자본의 확대재생산이다. 사실상 전자를 지배하는 것은 후자이며 자본의 문법을 거스르며 사회적 생존을 도모하기가 매우 곤란한 상황이다. 시민 개념과 거의 종차가 없는 중민 개념을 강조하는 한상진은 최근 중민 이론의 혁신이 필요하다고 주장하면서 네 개의 시민 범주를 제시했다. 국가 시민, 공공 시민, 민중 시민, 생존 시민이 그것이다.[62] 김홍중은 여기서 생존주의를 주목한다.

그에 따르면 한국의 생존주의는 19세기 폭력적 개항과 주권 상실이라는 초유의 정치적 트라우마를 기원으로 하며, 민족/국가의 지속되는 위기와 필사적 적응 과정에서 중층적으로 구조화된 것이다. 즉, 20세기를 거쳐 오면서 한국 사회는 이른바 '생존주의적 모더니티'라 명명될 만한 강력한 생존주의 문화·이념·가치의

---

61 이성백, 「90년대 진보적 사회이론의 상황」, 『진보평론』 3호, 2000, 219~221쪽.

62 한상진, 「양극화 시대의 중민 : 30년의 회고와 전망」, 『사회와 이론』 27집, 2015, 25쪽.

헤게모니를 특징으로 한다. 이는 개인에게 그대로 전이되어 가장 중요한 생존 단위로서의 '나'라는 주체가 등장하고 생존과 실패를 가르는 요인은 오롯이 개인의 능력에 달린 것으로 여겨진다. 그리하여 세계는 하나의 정글로 나타나고 생존 주체는 최대한의 자원을 동원해 냉혹한 투쟁에서 승리해야 하며, 결국 살아남는 것 자체가 선하고 아름다운 것 혹은 적어도 '불가피한 것'이라는 인식이 확산되었다고 한다.[63]

생존 시민과 생존주의는 서로가 서로에게 늑대가 되는 자연 상태의 유비로 보이는데, 그 기원을 주권 상실의 트라우마로부터 끌어오는 것은 홉스의 그것과 유사하다. 스페인 무적함대의 위협 속에 홉스는 자연 상태를 상정하고 리바이어던의 정당성을 도출한다. 곧 외부 위협을 매개로 한 내적 통합과 주권의 정당성 확보 전략인 셈이다. 주지하듯이 외부 위협을 통한 내부 통합은 아주 오래된 지배 전략이며 남북 관계는 그 단적인 예다. 극한의 생존주의가 국가와 민족 단위의 위기로부터 기원한다는 주장은 외적 침입과 국난 극복을 유독 강조했던 유신 체제의 지배 전략과도 일맥상통한다.

그러나 자유경쟁의 무성한 정글을 만든 것의 8할은 자유주의와 자본주의 시장경제다. 사적 소유에 기반한 소유적 자유주의와 메리토크라시야말로 자유주의와 자본주의가 결합해 나타난 역사

---

63 김홍중, 「성찰적 노스탤지어 : 생존주의적 근대성과 중민의 꿈」, 『사회와이론』 27 집, 2015, 61~63쪽.

적 구성물과 다름없다. 남북한의 차이만 봐도 개항기의 주권 상실이 개인 간 극한 경쟁으로 귀결된다는 주장의 비역사성을 알 수 있다. 외부 위협은 오히려 개인 간 경쟁을 최소화하고 집단으로의 결속을 강조하는 전략으로 연결될 수도 있다. 생존주의와 생존 시민은 결국 (신)자유주의적 현실을 정당화하거나 최소한 불가피한 것으로 여기게 만드는 담론 전략의 일환이다.

경쟁을 좋은 것 또는 불가피한 것으로 여기는 입장에서는 시민 개념 역시 경쟁의 승자임을 강조한다. 정상호는 시민은 소시민, 민중 혹은 계급 언어, 다중이라는 개념들과 경쟁 속에서 승리하며 정착되고 있다고 한다. 그중에서도 민중은 시민 개념의 "가장 강력한 경쟁자이자 오랜 숙적"이다.[64] 그는 시민 개념에 큰 의미를 부여하면서 자신의 심정을 "산전수전을 다 겪고 독하게 살아남은 입지전적인 독지가에 대해 품는 존경심"에 비유했다. 또 "우리가 살고 있는 시대는 시민의 시대"임을 분명히 하면서 "촛불과 광장은 시민을 상징하는 또 다른 기표이며, 공화주의의 부상은 시민 이데올로기의 힘찬 부활"을 상징한다고 주장했다.[65]

시민의 생존주의적 경쟁력이야말로 시민성의 핵심이다. 독하게 살아남은 자에 대한 존경심은 단지 비유 이상의 의미를 함축한다. 시민 개념의 생존 능력이 시민의 경쟁력으로부터 기원한 셈이다. 그것은 사회진화론적 우승열패를 반복하는 것이기도 하다. 자

---

64 정상호, 『시민의 탄생과 진화』, 210쪽.
65 같은 책, 8~10쪽.

신의 능력으로 시장의 경쟁에서 살아남아야 한다는 주장은 시민 개념이 여타 경쟁자를 물리치고 살아남았다는 서사와 연루된다. 시민이 '숙적' 민중을 제압하는 과정이 곧 독하게 살아남은 독지가의 성공 서사와 중첩된다.

시민 개념의 승리 서사가 단순한 과장만은 아니다. 최장집은 그 변화 과정을 잘 보여 준다. 그는 1990년대 초까지만 해도 시민 개념이나 시민운동에 상당한 거부감을 표했다.

이제 모든 운동은 시민운동이라는 개념으로 변하고 있고, 얼마 전까지도 우리 민중이 주체가 되는 민중 언술이 지배적이었는데, 그것은 어디론가 다 사라져 버리고 노동운동도 이젠 별 논의가 없고, 어딜 가나 시민운동이 지배적인 논의의 주제가 되고 있단 말이죠. 그 시민운동이라고 하는 것 속에서. …… 중산층-교육받은 도시 신중산층의 중심적 역할이 강조되는 경향을 읽을 수 있습니다.[66]

인용문에서 보듯이 최장집은 도시 신중산층 중심의 시민운동에도 상당한 거부감을 숨기지 않았다. 또한 "신자유주의적인 헤게모니하에서의 시장 중심의 자본주의 질서가 오래간다고 보지 않"는다는 인식하에 그는 "맑시즘에는 쉽게 방기될 수 없는 합리적, 휴머니즘적 내용이 풍부하다"는 입장을 개진했다. 시민운동의 중요성을 강조하는 입장에 대해서는 "부르주아 헤게모니 프로젝트의

---

66 최장집 외, 「[토론] 한국사회와 맑스주의」, 『동향과 전망』 17호, 1992, 19쪽.

산물"이라 단언했다.[67]

그러나 최장집은 2000년대 들어 민중 대신 시민을 강조하기 시작했다. 그는 그것을 '민중에서 시민으로'라고 요약했다.[68] 최장집은 서구의 개인적 자유와 권리의 담지자로서의 시민이라는 개념이 한국적 맥락에서는 존재하지 않거나 극히 약했던 반면, 민중은 민주주의 및 사회와 역사를 이해하는 방법에 큰 영향을 미쳤다고 인정했다. 그러나 최장집은 민중을 "시민-민중 또는 민중-시민"으로 호명하기 시작했다.[69] 두 개념의 동거처럼 보이지만 시민적 가치와 내용으로 민중 개념을 전유하는 것이었다.

엘리트 지식인의 입장 변화는 내면적 사유의 결과만은 아니다. 상황 변화는 1991년 5월 투쟁을 제외하고 설명하기 힘들다. 민주화의 힘과 탈민주화의 힘이 교착적으로 대립하는 국면이던 1991년 5월 투쟁에서 결과적으로 민중운동 세력은 패배했고 민주화 과정은 극히 제한적인 정치적 민주주의만을 허용하는 것으로 귀결했다.[70] 요컨대 시민운동은 1980년대 사회운동의 헤게모니가 붕괴되는 과정에서 민중운동에 대한 일종의 반정립으로 부각되었다.[71]

1980년대 혁명이라는 화두가 거세된 시·공간에서 운동하는 시민이 등장한 셈이었는데, 스스로 황혼녘 미네르바의 올빼미라고

---

67 같은 글, 23~27쪽.

68 최장집, 『민중에서 시민으로』, 돌베개, 2009.

69 같은 책, 226, 246~247쪽.

70 김정한, 『비혁명의 시대』, 빨간소금, 2020, 14쪽.

71 같은 책, 50~52쪽.

느꼈을 법하다. 그들은 난장판이 된 거리를 말끔하게 청소하고 공익과 사익 사이의 절묘한 균형 감각을 현시할 말들의 향연을 펼치고자 했다. 드높은 시민의 도덕성을 과시하면서 수준 높은 교양의 언어들을 통해 거리의 무질서와 폭력을 계몽하고자 했다. 물론 권력과 자본에 대한 훈계도 병행되어야 했다. 공정한 법 집행과 약자를 위한 정책 개발은 물론이고 시장의 악마의 맷돌 속도를 조절할 인간학적 기획도 요구되었다. 시장이 인간의 얼굴로 굴러가야 한다는 주문이었다. 그들의 경험에 따르면 시장의 생존경쟁은 할 만한 것이었고, 무엇보다 승리의 쾌감을 만끽한 환희의 순간이기도 했다. 시장에서 나와 시장으로 돌아간, 인간의 얼굴을 한 시민들이었다.

4. 맺음말

시민을 중산층의 정치적 표현이라 할 수 있다면, 그들은 시장의 문법을 따라 생존경쟁에서 우월한 지위를 획득한 집단이다. 그렇다면 생존경쟁에서 밀린 자들의 삶은 어떠했을까?

5월 27일 밤 도청에 희망 없이 남은 사람들의 이야기 …… 광주항쟁은 전남대 학생들의 시위로 촉발됐지만, 학생들이 공수부대에 끌려가는 것을 보고 나선 이들은 고아, 거렁뱅이, 넝마주이, 구두닦이, 다방 레지, 술집 웨이터, 식당 종업원, 중국집 배달부, 일품팔이 노동자, 버스 안내양, 시장 상인들, 중·고등학교 청소년, 택시 운전사, 버스 운전사,

공돌이·공순이라 불리던 노동자들, 야학 교사와 학생 등이었다. 교수, 기자, 종교인, 엘리트들이 도청을 빠져나가고 마지막 밤에 끝까지 남은 사람도 바로 이런 사람들이었다. 그때나 지금이나 '시민'이란 깔끔한 말로는 담을 수 없는 사람들. 오히려 '시민 바깥의 존재'라 할 수 있는 사람들. '남은 사람들'은 언제나 그런 사람들이었다.

그런 사람들을 예전에는 '민중'이라 불렀다. 그러나 지금은 민중이란 말을 잘 쓰지 않는다. …… 지식인들이나 중간계급 시민들도 이제는 '민중'이란 말에서 느꼈던 역사적 부채 의식을 더는 느끼지 않는다. 노동이 아니라 지식과 정보에서 부가 나온다고 하는 창조 경제와 혁신 자본주의는 지식과 정보의 생산을 담당하는 중간계급 시민을 부를 창조하는 주력 계층으로 재생산했다. …… 민중은 그냥 자동 소멸한 것이 아니다. 민중의 소멸은 신자유주의적 계급 재구성 과정에서 이루어진 계급투쟁의 산물이다. 민중의 하강은 중산층 시민의 상승과 한 쌍으로 진행됐다. 역사 속에서 민중은 개념적으로 유실됐고 실존적으로 추방됐다.[72]

시민의 이름으로 공수부대와 최후의 일전을 불사했던 이들의 대다수는 생존경쟁에서 밀린 민중이었다. 그들은 시민이자 민중이었고 또 둘 다 아니었다. 안병무의 표현을 빌리자면 '화산맥'이었다. 그들은 늘 있었지만 늘 잘 안 보이는 존재들이었다. 어느 날 갑자기 봉기 군중으로 폭발적으로 나타났다 또 흔적조차 찾기 힘들게 사라지는 존재들이기도 했다. 시민이 보기에 그들은 시장의

---

72 채효정, 「민중」, 『참세상』, 2020/06/17.

열패자들로서 맷돌에 깔린 존재들이다. 맷돌을 돌리는 자들에게 그들은 단지 갈려야 될 대상이다. 갈리는 고통에 대한 측은지심이 시민성의 기본이겠지만, 맷돌은 그래도 돌아야 한다.

이런 맥락에서 민중이 시민의 '숙적'이라는 표현은 단순한 비유 이상의 함의가 있다. 시민은 단지 민중을 대체하는 것이 아니라 전유하고자 한다. 양자는 이항 대립으로 보이지만 샴쌍둥이처럼 붙어 있다. 상징계 차원에서 양자는 언어적으로 구분되지만 실재계의 어두운 심연 속에서 그 구분은 무의미해진다. 시민이 민중을 대체할 수 있는 것은 오직 상징계에서만 가능할 뿐이다. 시민의 얼굴을 한 민중이 화산맥처럼 조용히 지표 아래를 관류한다면 민중의 얼굴을 한 시민은 거리의 난폭자다.

민중과 시민을 비롯해 모든 집단 주체는 일종의 재현체다. 그 실체를 알 방법은 따로 있을 수 없으며 오직 재현의 언어를 통해 상징계에 현전한다. 그렇기에 변검처럼 끊임없이 교체되는 가면을 닮았다. 재현의 담론들이 실체론적 포즈를 취하는 것은 상징계의 일반적 문법이겠지만, 실체의 재현은 늘 실패로서만 가능하다. 상징계의 문법은 지배 세력의 그것을 참조하기에 시민은 상징계의 패권 주체이기 십상이다. 반면 민중은 그것을 정지하거나 교란하는 사건을 통해서만 우발적으로 출몰한다.

시민의 관심은 시민을 계몽하는 것이 아니라 민중을 전유하는 것이다. 민중이라는 거대한 공포 없이는 시민의 계몽 기획은 사실상 대상 없는 실천에 불과하다. 자유롭고 평등한 인간이라는 부르주아의 자유주의적 교리가 일종의 판도라의 상자를 열었듯이 이름 없는 거대한 군중을 거리로 호출한 것이 곧 시민혁명이었다. 이들을 다시 회수하고 재규율해야 될 어떤 숙명 같은 것이 시민의 짐이다. 거리의 군중을 향해 가족과 학교와 교회와 공장으로 돌아갈 것을 호소하고 윽박질러야 하는 것이 그들의 운명이다. 가끔은 경찰의 힘을 빌리고 아주 가끔은 군대를 동원해서라도 거리를 청소해야 하는 운명 말이다.

시장의 생존경쟁을 뚫고 솟구쳐 상징계의 패권을 틀어쥔 시민들이야말로 우리 시대의 주권자들로 손색이 없을 것이다. 이들 '깨어 있는 시민들'이 주도하는 세계에서 민중이 설 곳은 별로 없어 보인다. 그들의 호명에 고개를 주억거리며 돌아보는 것이 전부인 것처럼 보인다. 시장의 생존 규칙과 상징계의 문법 그 어느 곳에서도 시민의 자유롭고 평등한 동료로 민중은 루저의 자리를 채우고 있다.

그럼에도 민중은 시민의 숙적이다. 역사는 일련의 초과 저항 사례를 보여 준다. 무력과 헤게모니를 동반한 지배 질서가 정교하게 관리함에도 언제나 그것을 넘어서는 저항들이 항존해 왔다. 저항을 포섭해 내장한 지배 질서가 그 지배의 강도를 최적 조건으로 유지하고자 했음에도 그것이 결과적으로 늘 과잉과 과소로 판명이 나게끔 하는 저항들이 끊이지 않았다. 발전과 번영이 극에 달한 것처럼 보이고 시장과 상징계에서 시민의 메리토크라시를 좇고자 다들 분주한 이때 민중의 행방을 묻는 것은 철지난 일처럼 보인다.

그러나 역사적으로 민중은 시민의 숙적이자 숙주이기도 하다. 민중을 숙주 삼아 성장해 온 것이 곧 시민의 역사였다. 숙적이 제거되고 숙주가 사라진 이율배반적 세계가 시민의 거처라면 민중의 행방은 더더욱 궁금하지 않을 수 없다. 자기의 땅에서 유배당한, 대지의 저주받은 자들의 행방은 늘 역사의 공백으로 남아 재귀적 열정의 원천이 되기도 했다. 역사에서 억압된 것들의 귀환은 호명에서 시작된다. 호명은 당연히 이름 없는 것들에 이름을 붙여 주는 것으로 출발한다. 아무것도 아니었던 것들이 어느 시인의 말처럼 이름을 붙여 불러 주는 순간 어떤 의미가 되어 출현한다.

이름을 붙여 호명하는 과정은 어떤 권력의지의 실천이지 않을 수 없다. 부모가 자신의 욕망을 담아 자식의 이름을 짓듯이 호명은 권력의 욕망을 충족하기 위한 전략적 행위다. 하여 명명과 호명이라는 권력의 실천은 실재계에서 상징계로 넘어가는 과정이기도 하다. 다시 말해 호명은 지배적 언어 문법을 통해 주체를 길들이려는 전략적 실천이다. 물론 이 과정은 대항 호명과의 갈등을 수반한다. 사물의 질서가 언어 문법으로 전화되는 과정은 그 자체로 거대한 투쟁이다.

이런 맥락에서 우리는 호명의 지시 대상보다 호명의 주체/위치를 심문하지 않을 수 없다. 시민은 개념이자 호명 기호다. 그것은 이미 확정된 의미를 내포한 개념에 그치는 것이 아니라 그 의미가 관철되어야 하는 대상을 갖고 있으며 그것을 관철하고자 하는 권력의지의 실천까지 포함된 복잡계다. 그럼에도 호명의 주체/위치에 대한 고민보다 대상에 대한 분석에 치중해 온 것이 현실이다. 시민을 부르는 소리에 주목해야 한다. 누가 왜 그들을 부르고 있는지를 심문해야 한다. 그 소리 길을 따라 거슬러 기원을 찾아가야 한다. 그 자리에 무엇이 있는지 확인해야 한다.

여기서는 견지망월見指忘月의 교훈을 거꾸로 읽어야 한다. 달은 잊어버리고 손가락을 봐야 한다. 손가락을 따라 달싹거리는 입술

2부 시민권의 경계, 또 다른 주체들

로 시민을 호명하는 그 주체를 응시해야 한다. 주체가 발 딛고 선 자리와 그 주체를 둘러싼 대지의 노모스를 봐야 한다. 그 주체가 몸담고 있는 곳, 그 주체의 가족과 친인척, 주체가 속한 세계와 그 계급적 기반, 주체를 만들어 온 역사 전체를 투시해야 한다. 주체가 하는 모든 언어의 향연, 기름칠한 개념들, 멋진 수사들, 찬란한 묘사들을 거슬러 주체의 맨몸을 들여다봐야 한다.

주체의 자리에는 그물망처럼 촘촘하고 거미줄처럼 끈끈하게 주체와 세계를 잇는 연결의 줄들이 이어져 있다. 물샐틈없이 연줄로 이어진 대지의 자리가 주체의 자리다. 이 네트워크가 곧 대지의 노모스를 만들어 내는 기원일 터이다. 난마처럼 뒤얽힌 연줄의 네트워킹이 작동하는 한 주체의 삶은 영속할 것이며 호명 역시 끊어지지 않을 것이다. 호명에 응할지 거부할지는 중요하지 않을 수 있다. 어떻게 하든 이미 호명 주체가 구성한, 대지의 노모스가 짜 놓은 프레임을 벗어나기 어렵다. 민중을 시민으로 호명하는 주체들의 자리를 만들어 주는 네트워킹을 직시해야 한다.

네트워킹의 난마는 사실상 고르디우스의 매듭을 닮았다. 알렉산더의 칼이 도래하기 전까지 매듭은 왜 풀리지 않았는가. 매듭마다 대지의 저주받은 자들이 묶여 있다. 네트워킹은 끊임없이 새로운 유배자들을 끼워 저주의 매듭을 만들어 낸다. 매듭은 풀리고 얽히는 과정이 뫼비우스의 띠처럼 연결되어 있다. 유배된 민중이 자유로운 시민으로 풀려 가는 매듭이 어느새 비정규직과 플랫폼 노동의 매듭으로 이어진다. 폭등하는 부동산이 시민의 자유 증진 매듭으로 풀리는가 하면 고시원의 연탄불 자살이라는 '자유의지'로 이어진다. 칸트와 루소와 로크는 물론 하이에크와 프리드먼은 저주받은 고시원 문턱을 넘을 수 없다. 또한 도청의 마지막 밤을 매듭지은 시민군의 '자유의지'도 어쩔 수 없다.

2부 시민권의 경계, 또 다른 주체들

참고문헌

『경향신문』.

『동아일보』.

『조선어사전』, 조선총독부, 1920.

『조선왕조실록』, http://sillok.history.go.kr.

『표준국어대사전』, 국립국어원, https://stdict.korean.go.kr.

광주광역시 5·18사료편찬위원회, 『5·18광주민주화운동자료총서』 V, 1997.

김상협, 「韓國의 新保守主義」, 『사상계』 1960년 6월호.

김영선, 「民主黨 腹案의 骨子」, 『사상계』 1960년 6월호.

김정한, 『비혁명의 시대』, 빨간소금, 2020.

김호기·김정훈, 「시민사회와 계급정치」, 『6월 민주항쟁과 한국사회 10년』 II, 당대, 1997.

김홍중, 「성찰적 노스탤지어 : 생존주의적 근대성과 중민의 꿈」, 『사회와 이론』 27집, 2015.

박명규, 「21세기 주체 형성을 위한 신기획 : 시민 되기와 시민 만들기」, 『지식의 지평』 20호, 2016.

_____, 『국민·인민·시민』, 소화, 2009.

_____, 「한국의 시민사회와 민족주의」, 『철학과 현실』 37호, 1998.

백욱인, 「한국사회 시민운동(론) 비판」, 『경제와 사회』 12호, 1991.

서관모, 「국가, 시민사회, 이데올로기」, 『이론』 6호, 1993.

_____, 「중간계층의 계급적 성격」, 『실천문학』 8호, 1987.

손혁재·정현백·박강호, 「시민사회운동의 전망과 역사변혁의 주체」, 『창작과비평』 제27권 2호, 1999.

송호근, 『시민의 탄생』, 민음사, 2013.

_____, 「한국의 시민과 시민사회의 형성 : 시민성 결핍과 과잉 '국민'」, 『지식의 지평』 20호, 2016.

안병욱, 「利의 세대와 義의 세대」, 『사상계』 1960년 6월호.

이병천, 「권두언」, 『시민과 세계』 상반기, 2004.

_____, 「세계화 시대 시민국가와 다중적 시민정치를 위하여」, 『시민과 세계』 상반기, 2004.

이상록, 『한국의 자유민주주의와 사상계』, 고려대학교 민족문화연구원, 2020.

이성백, 「90년대 진보적 사회이론의 상황」, 『진보평론』 3호, 2000.

이영훈 외, 『반일 종족주의와의 투쟁』, 미래사, 2020.

정상호, 『시민의 탄생과 진화』, 한림대학교 출판부, 2013.

채효정, 「민중」, 『참세상』, 2020/06/17,
  http://www.newscham.net/news/view.php?board=news& nid=105024.

최장집 외, 「[토론] 한국사회와 맑스주의」, 『동향과 전망』 17호, 1992.

최장집, 『민중에서 시민으로』, 돌베개, 2009.

최진섭, 「중간층 운동 앞장선 경실련의 3년」, 『말』 1992년 9월호.

한국현대사사료연구소 엮음, 『광주오월민중항쟁사료전집』, 풀빛, 1990.

한상구, 「일제시기 지역주민운동 연구 : 지역 주민대회를 중심으로」, 서울대학교 국사학과
  박사 학위논문, 2013.

한상진, 「양극화 시대의 중민 : 30년의 회고와 전망」, 『사회와 이론』 27집, 2015.

황병주, 「식민지 시기 '공' 개념의 확산과 재구성」, 『사회와 역사』 통권 제73집, 2007.

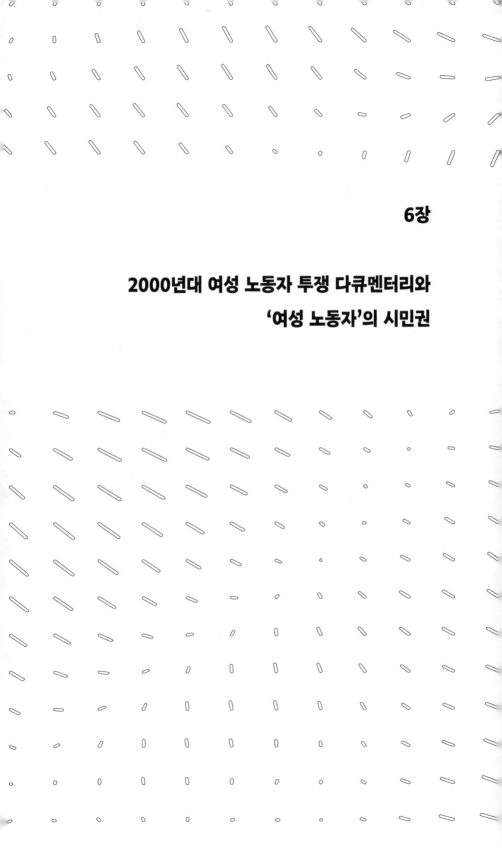

6장

**2000년대 여성 노동자 투쟁 다큐멘터리와
'여성 노동자'의 시민권**

1. 들어가며

한국의 노동자 투쟁을 다룬 다큐멘터리가 본격적으로 제작되기 시작한 역사는 1980년대 후반으로 거슬러 올라간다. 1990년에 극영화로 노동자들의 파업 과정을 재현한 〈파업전야〉(1990)의 성공은 노동 다큐멘터리의 더 많은 제작과 배급을 독려하는 계기가 되었다.[1] 〈파업전야〉의 제작을 전후해 노동자 투쟁을 주로 재현한 노동 다큐멘터리들은 주로 남성 노동자들의 투쟁을 재현하는 데 주목해 왔다. 이 시기에 여성 노동자들의 투쟁이 없었던 것은 아니지만, 다큐멘터리 제작자들의 시선을 사로잡은 것은 남성 노동자들의 투쟁이었던 것이다. 그렇지만 이 같은 상황은 2000년대 중반으로 들어서면서 여성 노동자들의 투쟁을 다룬 다큐멘터리들이 성장하기 시작하면서 반전된다.

여성 노동자의 투쟁을 다룬 다큐멘터리영화의 등장은 노동시장 흐름의 변화와 그 맥을 같이한다. 1990년대 말 정부의 대대적인 정리 해고와 뒤이은 비정규직화의 폭풍은 성별과 직종을 가리지 않았지만, 집중 포화를 맞은 영역은 여성들이 주로 종사하는 서비스직이었다. 효율성과 비용 절감을 추구하는 기업들은 '생계 부양자'라도 '생계 부양자'가 아니고, '임금노동자'이지만 궁극적으로는 '임금노동자'가 아닌 여성 노동자들의 노동조건을 저하시

---

1 전우형, 「한국 노동 다큐멘터리 영화의 역사적 기원 연구」, 『민족문학사연구』 64호, 2017, 504~509쪽.

키는 전략이 남성들을 공략하는 것보다 사회적으로 더 쉽게 용인된다는 것을 알고 있었다. 그리고 '여성 직종'으로 불리는, 여성들이 많이 종사하는 경공업과 서비스 직종의 경우 비숙련 노동으로 쉽게 간주되었기 때문에 여성 노동의 비정규직화와 저임금화는 사회적으로 큰 저항을 받지 않고 빠르게 이루어졌다.

여성 노동자들은 자본의 포화를 우두커니 서서 맞고 있지만은 않았다. 그녀들은 형편없는 저임금·불안정 노동과 회사 사정에 따른 부당 해고에 노동조합 결성과 투쟁으로 맞섰다.[2] 그러나 투쟁은 결코 용이하지 않았다. 높은 임금과 고용 안정성이 보장되는 정규직은 직장에 대한 애착도 높고, 보다 쉽게 노동조합을 조직하는 데 비해, 낮은 임금과 비정규직이라는 그녀들의 노동조건은 노동자들의 결속 자체를 어렵게 만들었다. 사측에서도 그녀들의 투쟁을 정규직 노동조합의 투쟁만큼 부담스러운 것으로 받아들이지 않았고, 많은 여성 노동자 투쟁 사업장들은 소수 조합원들이 주축이 된 장기 투쟁으로 치달았다. 하나둘씩 장기 투쟁 사업장이 늘어나면서 그녀들의 사업장에 들어온 연대 세력에는 다큐멘터리 감독들도 있었다. 이 감독들의 카메라들은 경찰과 노동자 간의 격렬한 충돌이나, 열악한 노동환경 속에서 고생하는 여성 노동자들의 모습과 생활인으로서 그녀들의 모습을 투쟁의 연장선상에서 재현했다.

---

2 2000년대 여성 비정규직들의 투쟁들이 여기에 해당한다. 2000년대 대표적인 여성 비정규직 투쟁과 그들의 투쟁 과정은 유경순 엮음, 『나, 여성 노동자』, 그린비, 2010을 참조.

그 대표적인 사례로 〈얼굴들〉(2006)과 〈평촌의 언니들〉(2008) 등이 있다. 시그네틱스 여성 노동자들의 투쟁을 담은 지혜 감독의 〈얼굴들〉에서 한 조합원은 자택의 주방에서 감독과 인터뷰를 진행하던 도중, 물을 달라는 남편의 소리에 인터뷰를 중단하고 벌떡 일어나 냉장고에서 물병을 꺼내 컵과 함께 쟁반에 받쳐 들고 남편에게 향한다. 뉴코아 노동자들의 투쟁을 다룬 임춘민 감독의 〈평촌의 언니들〉은 투쟁 모의를 위한 모임에 지각한 한 여성 조합원이 헐레벌떡 뛰어오며 은행 업무를 보다가 늦었다고 동료 조합원들에게 변명하는 장면까지 고스란히 카메라에 담는다. 이렇듯 여성 노동자들을 다룬 다큐멘터리영화들은 임금노동 시장과 노동운동에서 그녀들의 위상뿐만 아니라, 가정 내에서 노동하는 그녀들의 모습도 여성 노동자들의 하나의 정체성으로 다룬다. 이상과 같은 다큐멘터리 안에 나타난 투쟁하는 여성 노동자의 재현은 청중으로 하여금 가정 내 여성들의 노동과 이에 대한 사회적 평가가 임노동 시장에서 여성 노동자의 위상과 어떤 관련성이 있는지 성찰하도록 이끈다.

이 글은 2000년대 다큐멘터리가 재현하는 여성 노동자의 투쟁에서 드러나는 임노동자로서의 정체성과 가정 내 노동 책임자로서의 정체성을 넘나드는 여성들을 통해 젠더와 계급을 고려한 새로운 시민권의 상을 고민해 보고자 한다. 일찍이 문승숙은 남한 사회의 여성 사회운동 조직의 활동을 중심으로 1980년대 후반부터 2000년대 초반에 이르기까지 10여 년간의 여성운동을 여성의 시민권 운동으로 분석한 바 있다. 그녀의 연구는 경공업을 중심으로 1980년대 후반과 1990년대 초반에 걸쳐 적극적으로 진행된 여성 노동자 운동을 분석할 때에는 서울여성노동자회를, 1990년대 초반과 중반에 걸쳐 주로 대기업의 성평등 고용 운동을 분석할 때에는 한국여성민우회를 주목한다.[3] 이 연구에 따르면, 여성(노동자)들의 시민권 쟁취 투쟁에서 주요한 역할을 수행한 것은 교육받거나 의식화된 여성 활동가들과 이들이 속한 단체들이고, 이 운동의 당사자인 여성 노동자들의 목소리는 이 운동의 성취에서 그다지 중요한 것으로 재현되지 않는다. 하지만 이상의 여성 노동자 투쟁 다큐멘터리들이 보여 주듯이, 상위 노동조합 간부들과 연대 단체들만이 아니라 투쟁에 참여하는 당사자인 여성 노동자들에 초점을 맞춰 이 투쟁을 살펴보면, 그녀들의 실천과 가정 및 직장에서의 위치를 통해 노동쟁의와 시민권의 젠더, 나아가 여성 노동자들이 그녀들의 안정적인 노동환경을 쟁취하기 위해서는 어떤 시민권이 필요한지 가늠할 수 있다.

이 글은 2000년대를 풍미한 여성 노동자 투쟁을 재현한 다큐멘터리 가운데,[4] 논의의 대상을 김미례 감독의 〈외박〉(2009)으로

---

3 Moon, Seungsook, *Militarized Modernity and Gendered Citizenship in South Korea*, Duke University Press, 2005, pp. 147~171.

4 현대자동차 정리 해고 반대 투쟁 과정에서 식당 여성 노동자들을 담보로 대공장 노동자들의 정리 해고자 수를 감축한 사건과 그 이후 식당 여성 노동자들의 투쟁을 다룬 〈평행선〉(2000)과 〈밥·꽃·양〉(2001), 시그네틱스 노동조합의 파업 투쟁을 다룬 〈얼굴들〉(2006), 광주시청 청소 용역 노동자들의 고용 승계 투쟁을 다룬 〈지금 보고 계신 거죠?〉(2007), 이랜드-뉴코아 노동자 투쟁을 다룬 〈평촌의 언니들〉(2008), 〈효순씨, 윤경씨 노동자로 만나다〉(2009), 〈외박〉(2009) 등을 2000년대에 발표된, 여성 노동자 투쟁을 다룬 대표적인 다큐멘터리로 언급할 만하다.

한정한다. 〈외박〉은 2007년 6월 30일 밤, 대형 할인 마트 홈에버에서 일하던 500여 명의 여성 노동자들이 상암 홈에버 매장을 20여 일 동안 점거해 농성을 벌였던 사건을 중심으로 한다. 2007년 7월 1일은 기간제 노동자를 보호한다는 허울 좋은 명분을 앞세운 '비정규직 보호 법안'(〈기간제 및 단시간근로자 보호 등에 관한 법률〉, 이하 기간제법)이 시행되던 첫날이었다. 특정 사업장에서 2년 이상 근무한 노동자라면 모두 정규직으로 전환해야 하는 의무 조항이 포함된 이 법안의 적용을 회피하기 위해 이랜드 사측은 법원으로부터 부당노동행위라는 판결을 받으면서까지 비정규직과의 계약을 해지하고, 계산 업무를 점차적으로 외주화한다. 대다수가 여성이었던 이랜드 비정규직들의 분노는 그녀들을 매장 점거 투쟁으로 이끌었다. 〈외박〉은 대인 서비스산업이 확장하면서 갈수록 증가하는 감정 노동의 수요에도 불구하고, 이것을 숙련 기술을 요하지 않는 직종으로, 여성의 성 역할에 적합한 직종으로 취급해 여성 비정규직으로 채우는 노동시장의 현실과, 이에 저항하는 여성 노동자들의 반응을 담아냈다.

〈외박〉은 농성장의 분위기와 농성 참여 노동자들과의 인터뷰를 통해 임노동 현장에서의 역할과 가정 내에서의 역할이 분리되지 않고 서로 겹쳐 있음을 재현한다. 특히 카메라가 가장 긴밀한 유대감을 보이는 김경미 이랜드 일반 노동조합 홈에버 상암 분회장과의 관계는 노동자와 엄마/아내 사이의 역할 갈등을 가장 노골적이고 문제적으로 보여 준다. 이 글은 〈외박〉의 다큐멘터리라는 장르적 특성과 이 영화가 여성 노동자들을 재현하는 방법을 분석해, 시민권의 젠더와 계급을 논하고자 한다.

2. 비정규·불안정 노동의 확산과 여성 노동자

한국에서 노동 유연화 조치가 출현한 것은 김영삼 정부 시절부터였으나, 이것이 본격적으로 노동시장 구조에 영향을 미친 시점은 국제통화기금IMF이 구제금융 제공을 조건으로 요구한 국가적 구조 조정의 항목에 노동시장 유연화가 포함되면서였다. 노동시장 유연화의 희생양이 '여성'이 되리라는 것은 1990년부터 1997년 사이에 남성의 고용 증가는 주로 상용 고용(63.1%)에 의해 주도된 반면, 여성의 고용 증가는 임시 고용(61.2%)에 의해 주도되었다는 통계 지표가 이미 말해 주고 있었다. 경제 위기로 인한 고용 감축이 있었던 1998년에는 남성의 고용 감축이 대부분 임시 고용(94.6%)의 영역에서 이루어진 데 반해, 여성의 경우는 상용 고용(83.3%)에서 이루어졌다.[5] 대다수의 여성들이 우선적으로 상용직에서 퇴출당한 통계 결과는 남성 생계 부양자 모델을 표준으로 설정해 정책을 결정하는 한국의 사회구조와도 관련이 깊다. 생계 부양자 남성을 직장에서 몰아내는 방식보다, 피부양자인 여성을 해고하는 방안이 사회 통념상 반발을 피하기 더 용이하기 때문이다.[6] 성별화된 정리 해고 과정을 적나라하게 보여 주는 사례로는

---

5 김태홍, 『비정규직 고용형태의 확산에 따른 여성고용구조의 변화와 정책과제』, 한국여성개발원·노동부, 1999, 59~60쪽.

6 여성을 피부양자로 놓는 관점은 여성 노동자를 고용 불안정에 늘 시달리게 할뿐더러 사실과도 다르다. 김영순은 여성들을 학력에 따라 분류한 다음, 대졸 이상 중산층 여성들은 여성을 가사 노동과 양육 노동의 전담자로 상정하고 남성을 생계 부

1998년에 있었던 농협의 사내 부부 우선 해고 정책이 대표적이다.

1998년부터 정부는 정부 산하 기관 및 공기업에 1997년 대비 인력을 20% 감축하라는 지침을 내린다. 이 감축 비율은 기관의 특성이나 상황을 전혀 고려하지 않은 것이었지만, 따르지 않을 경우 해당 기관에 제재가 가해졌으므로 이 기관들은 감축을 단행하지 않을 수 없었다.[7] 공기업인 농협은 정부 지침을 따라야 했고, 이들은 사내 부부 중 여성 직원이 구조 조정을 당해도 가장 저항이 적을 것이라고 판단했다. 농협은 이 여성 사원들에게 접근해 "명예퇴직을 하지 않으면 남편을 순환 명령 휴직시킬 것이며, 순환 명령 휴직자는 2차 구조 조정 때 정리 해고 1순위가 될 것"이라며 사직 압력을 가했고, 그 결과 사내 부부 752쌍의 92%에 달하는 688명의 여성 노동자가 사직서를 제출했다.[8] 정리 해고 대상으로 사내 부부를, 그리고 부부 중 여성만을 포착한 농협의 행태는 첫째, 해당 노동자의 노동 성과나 업무 배치 등을 전혀 고려하지 않고 '사내 부부'라는 이유만으로 해고 대상자로 선정했다는

양자로 놓는 모델 구조에서 안정적인 생활을 영위할 수 있을지 모르나, 비정규직으로 일하는 저학력 노동계급 여성 노동자들의 경우에는 남성 생계 부양자 모델이 적용될 수 없음을 지적한다. 결론적으로 김영순의 연구는 비정규직 여성 노동자들의 사회권 확보를 위해서는 기존의 남성 생계 부양자 모델에 의해 구성된 성별화된 이중 노동시장 체제를 버리고 새로운 노동시장 모델을 구축할 필요성을 주장한다. 김영순, 「비정규직 여성 노동자의 사회권을 통해 본 한국의 젠더체제」, 『사회보장연구』 26권 1호, 2010 참고.

7 조순경, 「합법을 가장한 위법의 논리 : 농협의 사내 부부 우선 해고와 '의도적 차별'」, 조순경 엮음, 『노동과 페미니즘』, 이화여자대학교 출판부, 2000, 138~139쪽.

8 같은 책, 140쪽.

점에서 부당노동행위이고, 둘째, 성별화된 노동시장에서 남성이 여성보다 승진 등 직장 내에서 성공하기에 더 유리하다는 사회적 전제를 활용해 사내 부부 가운데 여성만을 협박했다는 점에서 성차별적이며, 마지막으로, 여성 노동자들에게 명예퇴직을 선택하도록 설득하기 위해 이들을 사적 영역의 '아내'로 취급했다는 점에서 가부장적 가족 이데올로기를 재생산한다.

농협의 부부 사원 정리 해고 방침은 이후 여성 노동의 비정규직화 과정을 합리화하는 사회적 편견에 상당 부분 근거했다는 점에서 매우 시사적이다. 남성 생계 부양자 모델 체제에서 기혼 여성의 수입은 가정 경영에 필수적인 부분이 아니라 가정 경영을 '보다 원활하게' 할 보조적인 수입으로서의 성격을 띤다고 간주되곤 한다.[9] 그러나 남성과 여성의 임금이 모두 가정 경제 운용비로 사용되는 경우, 액수의 차이는 있겠으나 둘 모두 용처가 같으므로 여성의 임금이 쓰이는 영역과 남성의 임금이 쓰이는 영역을 임의로 나누어 경중을 따질 수 없다. 그러나 남성 생계 부양자 이데올

---

[9] 농협 사내 부부 부당 해고 소송 관련 1심 피고 측 준비 서면을 보면, 사측은 정리 해고 과정에서 아무런 문제가 없었음을 주장하며 "정리 해고 되는 경우에는 남편과 아내 중 통상 아내 쪽이 해고 대상이 되리라고 보는 것이 우리나라의 실정상 보다 그럴듯"하다면서 "아직까지는 남편이 가정의 경제를 부담하는 것이 보다 일반적"이라는 사회 통념에 호소한다. 그리고 '아내들'이 해고되지 않았다면 그녀들의 남편이 해고되었을 수도 있었다면서 그녀들의 명예퇴직으로 남편들의 고용 안정을 이루었다는 점을 강조한다. 재판 과정에서조차 여성의 임금 수입을 남성보다 부차적이라고 공공연하게 밝힐 만큼 여성 임금노동자의 수입을 경시하는 사회 통념은 한국 사회에 깊숙이 자리 잡고 있다. 농협중앙회, 「농협 사내부부 해고 소송 관련 1심 피고측 준비서면」, 2000/06.

로기는 여성의 수입을 가계에 부차적인 것으로 쉽게 취급해 버린다. 농협은 기혼 여성에게 '남편'이라는 부양자가 있기에 여성의 임금노동이 가계에 미치는 영향은 결정적이지 않다는 사회 통념을 바탕으로 부부 사원 가운데 남성이 아닌 여성을 우선적인 해고 대상으로 선정했을 것이다. 농협 사례는 이후 합병이나 회사 규모를 축소하는 상황에서 부부가 같은 회사에 근무할 경우 둘 중 한 명, 특히 여성이 해고 위험에 쉽게 노출될 가능성을 보여 준다.

여성의 본래 자리는 일터가 아니라 가정이라는 성차별적 이데올로기는 여성의 해고와, 여성들이 주로 종사하는 가사 노동 혹은 돌봄 노동의 성격을 가진 직종들의 저임금화를 합리화한다. 여성들, 특히 중년 여성들은 '여성적'이라고 불리는, 돌봄 노동과 가사 노동을 임노동화한 직종에 주로 종사한다. 성별 고정관념을 답습하는 이 직종들은 여성은 '임시적으로' 임노동 시장에 나와 있으며 곧 가정으로 돌아가리라는 사회적 편견에 기대어 저임금 및 불안정한 고용조건을 유지한다.[10]

2020년 8월 통계청의 「경제활동인구조사」에 따르면, 한국의 임금노동자 가운데 여성의 비중은 43.3%이지만, 이들 중 비정규

---

[10] 여성을 노동시장의 주요 참여자로 보지 않는 문제는 2000년 당시 사회문제로 불거진 바 있고, 여성들이 상대적으로 고임금 및 전문 직종에서 더 활발하게 활동하고 있는 2020년대에는 상당 부분 해소된 듯하지만, 여전히 노동시장에 뿌리 깊게 남아 있으며 특히 언론의 관심과 법의 감시망이 못 미치는 중소기업에는 여전히 만연해 있다. 이와 관련된 여성 노동자들의 경험을 다룬 책으로는 싸우는여자들기록팀 또록, 『회사가 사라졌다 : 폐업·해고에 맞선 여성 노동』, 파시클, 2020 참조.

2부 시민권의 경계, 또 다른 주체들

직으로 고용된 비중은 45%에 달한다. 남성 비정규직 비율 29.4%
와 비교했을 때, 여성들의 비정규직 고용 비율이 훨씬 높다. 또한
2019년 고용노동부의 「고용형태별근로실태조사」에 따르면, 남성
경제활동인구(668만 1040명)가 여성(416만 5419명)보다 더 많으므
로 한국표준직업분류 6차에 따른 대부분의 직종에서 남성들의 수
가 여성들의 수보다 많았지만, 오직 서비스업에서만 여성들의 수(42
만 9141명)가 남성들(15만 9315명)보다 많았다. 그리고 2020년 8
월 통계청의 「경제활동인구조사」에 따르면, 비정규직의 비율이 제
일 높은 보건업 및 사회복지 서비스업은 앞서 언급한 여성들이 많
이 종사하는 서비스업에 해당한다.[11] 이 같은 통계 수치는 노동자
들의 성별에 따라 주로 종사하는 직종이 다르며, 여성들이 주로 종
사하는 직종은 비정규직화 흐름에 매우 취약하다는 것을 보여 준다.

많은 여성들이 종사하는 숙박 및 음식점업이나 교육 서비스업
은 가정 내에서 여성들의 의무라고 여겨지는 양육 노동이나 가사
노동, 감정 노동과 노동과정이 유사하다. 따라서 이런 노동은 숙
련 노동으로서의 가치를 인정받지 못하며, 여성이라면 누구든 할
수 있는 일로 취급되어 비정규직화와 저임금화를 정당화하는 근
거가 된다. 가정 내 노동 기술을 활용하는 그녀들의 노동은 '숙련
/비숙련' 범위에 속하지 않는 여성의 특성 정도로만 간주[12]되어 숙

---

11 통계청, 「경제활동인구조사」, 2020, 11쪽.

12 박홍주, 「판매직 감정 노동의 재평가」, 조순경 엮음, 『노동과 페미니즘』, 43, 52쪽;
김미주, 「성, 숙련, 임금」, 같은 책, 190쪽.

련도에 따른 임금 인상의 혜택조차 누리기 어려워진다. 마트에서 계산원으로 일하는 여성 노동자들의 경우, 고된 노동으로 이직률이 높아 원활한 업무 수행을 위해서는 숙련 노동자가 꼭 필요하다. 그러나 〈외박〉의 무대가 된 홈에버의 경우, 노동자의 근속 기간에 따른 임금 인상은 오직 근속 기간이 2년 되는 해에 한 번 있을 뿐이고, 그 이후에는 계속 동일한 임금을 지불했다.[13] '여성적' 노동에 붙어 있는 '비숙련'이라는 낙인은 노동시장에서 여성들의 위치를 열악하게 만드는 중요한 원인이다.

'여성적' 노동을 비숙련직으로 비하하는 시선은 여성들이 수행하는 가정 내 노동이 시장에서 교환될 수 있는 '가치'를 가진 상품을 생산하는 노동으로 인정받지 못했던 역사와도 관련이 있다. 가정 내 노동은 물질로 가시화되지 않는 가치, 이를테면 정서나 성애도 포함하는데, 이것들을 측정하는 객관적 지표가 마련되기 어렵다는 이유로 교환가치의 측면은 물론 사용가치의 측면에서도 제대로 평가받지 못했다. 또한 매일같이 반복되는 청소나 빨래, 설거지 같은 가사 노동도 특정한 대상을 생산하지 못하고 끊임없이 반복되기만 하는 비생산적인 노동으로 취급받았다.[14] 가정 내 노동은 수량화와 물질화의 곤란을 이유로 제대로 된 가치 평가를

---

13 박수정, 「투쟁, 비망록을 펼치다 : 이랜드 일반 노동조합 홈에버지부, 황옥미」, 『여자, 노동을 말하다 : 우리 시대 여성 노동자 8인의 이야기』(전자책), 이학사, 2017, 114~115쪽.

14 포르뚜나띠, 레오뽈디나, 『재생산의 비밀』, 윤수종 옮김, 박종철출판사, 1997, 22~36, 111~138쪽.

2부 시민권의 경계, 또 다른 주체들

받지 못한 채 노동시장에서도 정당하게 평가받지 못하고 있다.

외환 위기 이후 본격적으로 한국 경제를 휩쓴 신자유주의의 물결은 여성 노동자에 대한 사회적 편견과 '여성적' 노동의 평가 절하와 맞물려 여성 노동시장을 우선적으로 저임금·비정규직화했다. 남성 생계 부양자 모델은 여성 노동자들을 열악한 노동환경에 위치시키는 것을 합리화하는 중요한 이데올로기적 기반이 되어왔다. 〈외박〉이 재현한 홈에버 여성 노동자들의 대량 해고 역시 이와 같은 여성 노동자들에 대한 편견 어린 사회적 시선에 기대었기 때문에 가능했다.

3. '외박'과 여성 노동자로서의 자각

영화 〈외박〉은 이랜드 사측과의 협상에 실패한 이후, 홈에버 노동자들이 투쟁에 나서는 모습으로 시작한다. 카메라는 아무런 성과를 내지 못한 채 사측과의 협상이 결렬되고 난 뒤, 아이가 넷이라며, 계약 해지 통보를 받고도 조금이라고 돈을 더 벌고자 계속 계산대에서 물건의 바코드를 찍는 슬픈 마음을 사측에 전달하고 싶었다고 울먹이며 말하는 호혜경 조합원의 모습을 보여 준 뒤에 회사의 조치에 항의하며 파업 투쟁을 준비하는 노동자들의 모습을 담는다. 협상 실패 후, 무엇보다 자신이 해고되고 나면 아이를 위한 양육비가 부족해질 상황을 제일 먼저 걱정하는 조합원의 말에서 그녀의 노동은 가족의 생계유지에 필수적이라는 사실이 드러난다. 이 영화는 시작부터 여성들의 임금노동은 가족 생계에 부차적이라는 사회적 편견에 도전하면서, 이들의 부당해고에 맞선 투쟁이 '생존'을 위한 투쟁이라는 것을 강조한다. 사측과의 협상 실패 후 눈물을 흘리는 조합원의 모습 뒤에, 바로 투쟁 장면을 배치한 구성은 조합원들의 해고를 동정적인 시선 대신, 이에 대한 노동자들의 저항에 좀 더 초점을 맞추려는 감독의 의도를 드러낸다.

이 영화에서 카메라가 가장 주목하는 노동자는 홈에버 상암점 노동조합 분회장인 김경미다. 영화 안에서 카메라와 가장 밀접한 거리를 유지하는 김경미 분회장은 이랜드 투쟁에 참가한 노동자들의 모순적인 감정과 여성 노동자라는 범주 설정이 필요한 이유를 누구보다도 잘 보여 준다. 정리 해고를 단행하려는 사측에 맞서 투쟁하기로 결정한 뒤, 이랜드 노동조합원들이 처음으로 투쟁 결의를 위해 모인 자리에서 카메라는 조합원들 앞에서 투쟁 결의 구호를 준비하는 김경미 분회장의 모습에 초점을 맞춘다. 빨간 노동조합 조끼와 '비정규직 차별과 해고를 철회하라!'라는 파란색 티셔츠를 입고 어색하게 웃으며 조합원 모임을 마무리하고자 8박자 구호를 준비하는 그녀의 모습은 누가 봐도 2007년 7월을 달구었던 이랜드 투쟁의 중심에 있었던 홈에버 상암점 분회장으로 보이지 않는다. 그녀는 구호를 시작하기 위한 구호로 "투쟁, 투쟁, 단결 투쟁!"까지 외치는 데에는 성공하지만 '8박자 구호'를 제대로 시작하지도 못하고 웃어 버린다(12:23).[15] 카메라는 이어서 이랜드 노동조합 김경욱 위원장의 리드에도 불구하고 구호를 잘 맞

---

15 이하 괄호 안의 숫자는 〈외박〉에서 인용한 장면이 나온 시간대를 가리킨다.

추지 못하는 조합원들, 이랜드 사측에 저항하는 거리 집회 와중에 어찌할 바를 모르고 계속 두리번거리는 김경미 분회장, 한 평조합원이 분회장에게 투쟁 방식을 지도하는 모습 등을 계속 담아내면서 분회장과 조합원들이 처음부터 '준비된 시위꾼'이 아님을 강조한다. 이는 이들이 맞닥뜨린 부당노동행위와 이에 맞선 저항이 결코 특수한 것이 아니라 이 영화를 보고 있는 관객들도 언제든 맞닥뜨릴 수 있는, 우리의 일상에서 발생할 만한 사건임을 암시한다.

영화 초반에 나오는 홈에버 상암점 점거에 돌입한 2007년 6월 30일 밤과 그다음 날 아침인 2007년 7월 1일의 풍경 역시 이 여성 노동자들의 '평범함'을 강조한다. 카메라는 매장을 점거한 직후의 평화롭고 나른한 상황과 조합원들이 계산대 앞에서 옹송그리고 자는 모습, 삼삼오오 떠드는 모습을 배치해, 이 영화의 등장인물들이 일상적으로 쉽게 볼 수 있는 기혼 여성들과 크게 다르지 않음을 보여 준다. 영화에서 비춰지는 장소가 일상과는 전혀 다른 농성장이라는 것은 김경미 분회장과의 인터뷰에서부터 상기된다. 점거 투쟁을 벌인 지 갓 하루가 지난 아침, 그녀의 상기된 표정은 파업과 '외박'의 떨림을 반영한다.

김경미 : 결혼해서 이렇게, 처음으로 외박을 해봤어요, 어제. 나는 정말, 단조로운 직장 생활하고 가정생활만 왔다 갔다 하면서 4년을 보냈고 그 전에도 가정일만 하다가 했는데, 그런데 이제 이런 사회적인, 전체적인 여러 사람을 알면서 이런 인간관계를 만들고 보니까 이게 참 재미있는 거예요, 저는(05:04~05:25).

김경미 분회장이 매장 점거 투쟁을 '외박'으로 명명한 방식 자
체가 여성 노동자들에게 투쟁이 가지는 의미를 고스란히 보여 준
다. '외박'은 밤낮으로 계속되는 매장 점거를 사수하는 노동자들
의 파업을 의미하기도 하지만, 한편으로는 가정 내 노동으로부터
의 파업을 의미하기도 한다. 대부분 기혼 여성들로 이루어진 이랜
드 여성 조합원들은 임금노동뿐만 아니라 가정 내 노동 역시 동시
에 수행해야 하는 상황이다. 이런 그녀들에게 '퇴근'은 또 다른
'출근'을 의미한다. 때문에 매장을 점거하는 '파업 투쟁'에 참여하
기 위해서는 가정 내 노동에 대해서도 '파업'하지 않으면 안 된다.
인용문에서도 드러나듯, 김경미 분회장은 임노동 시장에 나서기
전에도, 임노동 시장에 뛰어든 이후에도 '가정주부'라는 정체성을
최우선시했다. 그러나 파업은 그녀에게 동료들을 돌아보고, 다양
한 사람들을 만나고, 그녀들이 놓인 사회적 위치를 생각하는 기회
가 되었다. 물론 이 기회는 그녀들이 임노동 시장에의 파업으로
얻은 것이지만, 가정 내에서 수행하던 가사 노동과 돌봄 노동으로
부터 해방되었다는 점 역시 결정적이다.

　　조합원 1 : 저 여기 적응되는 것 같아요. 밥 달랠 사람도 없고, 와이셔츠
　　내놓으란 사람도 없고, 양말 달래지도 않고, 청소도 안 해도 되고, 적응
　　됩니다. 충분히 한 달 견딜 수 있어요(05:47~06:07).

　　조합원 2 : 우리 서방님 오라지[화] 났네. 맛있는 거 안 해준다고 오라
　　지 났네(39:32~39:48).

조합원들의 집회 시간에 나온 이런 발언들은 여성 노동자들이 파업에서 느끼는 해방감이 임금노동의 규범에서 풀려나 자본의 질서에 저항한다는 것 이외에도, 사적 영역 내 노동에서도 풀려났다는 쾌감에서도 기인한다는 것을 보여 준다. 파업 현장에서 엄마 또는 아내, 그리고 며느리로 그녀들을 대우할 사람은 아무도 없다. 그녀들은 "맛있는 거 안 해준다고" 투정하는 남편을 희화화하는 등 그녀들의 노동을 무상으로 제공받는 또 다른 '착취자'들과도 거리를 둔다. '외박'하는 그녀들은 임노동 현장뿐만 아니라 가정에서도 파업 선언을 한 셈이다. 조합원들은 집회와 문화제 도중에 흥겹게 춤을 추고 발언하며 해방감을 마음껏 표현하면서, 그녀들을 규정하던 두 가지 정체성, 자본의 질서에 얽매인 임금노동자와 사적 영역 노동의 전담자라는 정체성을 전유해, '여성 노동자'라는 또 다른 자신들의 정체성과 관계성을 자각하고 만들어 간다. 그중 하나가 '동지'들과의 관계다.

　　홈에버 상암점 이랜드 노동자들은 투쟁 과정에서 자신들과 같은 이해관계를 공유하는 '동지'들을 만난다. 홈에버 상암점이 이랜드가 소유한 대형 마트를 중심으로 자행되는 대량 해고에 맞선 노동자 투쟁의 핵심으로 부상하면서, 전국 홈에버 매장의 여성 노동자들은 파업을 위해 상암점으로 결집한다. 투쟁이라는 공동 목적을 가진 이 여성 노동자들은 매장에서 함께 '외박'하고, 서로의 경험을 공유하면서 자신들의 투쟁이 한 개인의 일자리 사수를 위한 것이 아니라, 사회적인 의미를 가진다는 것을 머리가 아닌 몸으로 감각한다. 다른 노동자들과 연대하고 교류하는 경험은 여성 노동자들의 시야를 개인에서 사회로, 가족에서 동지로 확장하는 기회가 된다.

　이랜드 노동자들은 '여성 노동자'로서 자신들을 구성해 가면서 그동안 그녀들을 부당하게 대우했던 관습에 저항하는 힘을 키운다. 여성 조합원들을 단지 사적 영역의 존재로만 규정하는 '아줌마'라는 호칭에 반감을 표하는 이경옥 부위원장의 발언이 대표적이다. 문화제 시간에 여러 조합원 앞에서 '아줌마'라는 호칭에 불쾌감을 표하는 이경옥 부위원장의 발언은 이제 그녀들이 자신들을 가정과의 관련성 안에서만 규정하는 관습에 순응하지 않는다는 것을 보여 준다.

> 이경옥 : 관리자들이 항상 무시할 때 이런 말을 합니다. 예전에 입사하고 초기에 보면 아줌마라는 단어를 매장에서 상당히 많이 사용했습니다. 아줌마, 아줌마, 절대로 저는 그 아줌마라는 단어에는 제일 민감합니다. 아줌마라는 말은 절대 들을 수가 없습니다. 내 이름을 불러도[불러 줘]. 내 이름이 있는데 왜 아줌마냐(21:35~22:03).

　유머러스하게 아줌마라는 호칭에 대한 불쾌감을 풀어내는 이경옥 부위원장은 이 호칭이 왜 문제인지 분명하게 드러내고 있다. '아줌마'라는 호칭은 중년 여성들이 공공장소에서 실수하거나 사회 통념에 어긋나는 행동을 할 때 그녀들의 무능력함을 조롱하고 비하하기 위해 쓰인다. 공공장소에서 실수하는 여성들을 '아줌마'라고 호명하는 사람들의 의식에는 공공장소에서 그녀들이 담당하는 일은 '본래부터' 공공장소 담당자인 남성들에게 맡겨 두어야 하는 것이며, 그녀들에게 어울리는, 숙련 기술을 요하지 않는 가정 내 노동'이나' 하라는 의도가 들어 있다. 즉, 이 용어는 공적 영역에서 여성들의 역량을 깔보는 동시에, 가정 내 노동에 대한 비하를 내포하고 있다. 인용에서처럼, 매장에 고용된 여성 노동자를 '아줌마'로 명명한 관리자는 그녀들을 '노동자'이기 이전에 사회 생활에 미숙한, 가정 내 노동의 전담자인 기혼 여성으로 명명해 이를 바탕으로 직장 내에서 명확한 위계 관계를 확립하려는 의도가 있었을 것이다. 파업은 사내 위계 관계 탓에 문제를 제기하지 못한, 관리직들의 '아줌마'라는 호칭에 여성들이 저항할 기회를 제공한다.

이경옥 부위원장의 발언에는 그녀가 관리자들처럼 인격을 가진 한 개인이고, 존중받을 권리가 있는 한 명의 노동자라는 주장이 담겨 있다. 발언이 끝난 후 열렬한 호응은 아줌마라는 호칭에 대한 불쾌감이 한 조합원의 개인적 경험이 아니라 기혼 여성 노동자들이 공유하는 집단적인 것이라는 것을 보여 준다. 이는 그동안 그녀 자신들도 내면화해야만 했던 '여성 노동자'를 비하하던 인식에서 탈피하려는 욕망의 분출이기도 하다. 그러나 여성 노동자를 비하하는 '아줌마'라는 용어는 파업이 시작되고 3개월 후, 민주노총 대의원들이 이랜드 총력 투쟁을 결의하기 위해 모인 임시 대회에서 민주노총 이석행 위원장에 의해 다시 한번 반복된다.

이석행은 이랜드 여성 노동자들이 임금수준이 매우 열악해 조금이라도 더 가계에 도움이 되고자 적게나마 수당이 붙는 야간 업무도 감내했던 상황을 언급하며, 투쟁하는 이랜드 조합원들에게 생계비를 지급해야 한다고 대의원들을 설득한다. 이 과정에서 그는 매우 자연스럽게 이 여성 노동자들을 "우리 아주머니들", "우리 아줌마들"(47:35~48:11)이라고 명명하고, 카메라는 주저함 없이 '아줌마'를 연발하는 이석행의 얼굴을 클로즈업으로 담아낸다. 여기서 주목할 부분은 이석행이 여성 노동자들이 가족들을 '돌보기' 위해 저임금 노동을 감수하는 상황을 설명하는 와중에 '아줌마'라는 호칭을 사용했다는 점이다. 이는 그 역시 여성 노동자들을 '노동자'이기 이전에 가정 내 '돌봄' 노동의 담당자라고 우선적으로 인식하고 있었고, 그녀들을 가족 구성원의 일원으로 호명할 때, 남성이 더 많은 비율을 차지하는 대의원들이 그의 주장에 쉽게 설득되리라고 생각했기 때문이었을 것이다.

이석행의 발언은 이랜드 여성 노동자들의 사회적 위치를 보여 준다. 2007년 당시 여러 미디어는 이랜드 투쟁을 2007년 7월부터 시행되는 기간제법의 오남용을 보여 주는 대표적인 사건이자, 노동자들이 이 법의 맹점에 격렬하게 저항하는 대표적인 사건으로 중요하게 보도했다. 그러나 이석행의 발언이 보여 주듯, '이랜드 투쟁의 주체'인 여성 노동자들은 여전히 '아줌마'로만 호명되었다. 심지어 그녀들과 연대하려는 사람들조차 가정에 있어야 할 그녀들이 가정 밖으로 나와 '노동자'가 되어야 하는 상황을 동정한다. 이는 여성 노동자들이 경험하는 차별이 단지 임금노동 시장에만 국한되지 않음을 보여 준다. 사적 영역과 공적 영역의 경계에 서 있는 여성 노동자들이 자신들의 시민권을 주장하기 위해서는 정치적인 의견을 표현할 자유를 요구하거나 자본가에 의한 노동자의 부당 착취나 차별을 고발하는 것이 아닌, 또 다른 문제를 지적해야 한다.

4. '여성 노동자'와 '가족'의 복잡한 관계

2007년 6월에 시작된 이랜드 노동자들의 파업은 6월 30일 매장을 점거하기 이전까지는 매장 안에서 집회를 열고, 사측이 파업인력을 대체하기 위해 임시로 고용한 용역 직원들에게 이랜드가 자행한 부당노동행위와 노조가 파업하는 이유를 알리는 방식으로 대중투쟁을 전개하거나, 혹은 모든 조합원이 소액 카드 결제를 시도해 미숙한 용역 직원들이 제대로 계산을 못 해 계산 업무가 마비되는 상황을 만드는 등 조합원들 각자가 매장에 '출퇴근'하는 방식으로 진행되었다. 이때까지는 불거지지 않던 조합원들의 불만은 매장을 점거하고 본격적인 '외박'을 진행하면서부터 조금씩 터져 나온다. 영화 안에서 제일 먼저 불만을 터뜨린 사람은, 뒤통수만 보인 채 항의하는 한 조합원이다. 그녀는 길어지는 외박으로 인한 남편의 불만, 가사 노동을 방기한 채 매장에서 투쟁해야 하는 어려움을 다른 조합원들 앞에서 토로한다. 한 조합원이 "이제 남편이 이해할 때도 되지 않았어요?"라고 말하자, 다른 조합원들이 "그렇게 말하면 안 되지"라며 불만을 이야기하는 조합원을 지지한다. 많은 이들이 그녀가 겪는 어려움에 공감하며 외박이 어려운 그녀의 사정을 이해한다(32:04~32:47). 그러나 카메라는 문제를 제기하는 조합원의 뒤통수만 비추면서 그녀의 행동이 이 영화에서 바람직하지 않은 것으로 재현한다. 파업이 진행되면서 불만을 가진 조합원은 더 늘어났을 테지만, 영화에서는 뒤통수만 나온 조합원을 제외하고 파업에 참여하기 어렵다는 조합원들의 목소리를 더는 담지 않는다. 대신 이 조합원의 이야기를 기점으로 이 영화는 파업에 계속 참가하려는 여성들이 가족과 겪는 갈등을 논한다.

〈외박〉의 '외박'을 둘러싼 갈등을 보고 있으면 2009년 쌍용자동차 노동자들의 공장 점거 농성을 다룬, 태준식 감독의 영화 〈당신과 나의 전쟁〉(2010)의 장면이 겹친다. 공장을 점거하고 사측과 협상을 진행하다가 공권력에 의해 투쟁 현장을 봉쇄당하자, 외부와 단절된 채 기약 없는 공장 점거에 들어간 남성 노동자들의 '외박'은 가족들의 생계를 책임지는 가장으로서 일자리를 사수하기 위한 '투쟁'으로 불린다. 가족들은 아빠, 남편, 아들의 외박을 책망하기보다 오히려 공장 옆에 '가정대책위원회'라는 이름으로 농성장을 차리고 그들의 투쟁을 지지하는 데 여념이 없다. 남성 노동자의 아내들 가운데 그 누구도 매일같이 외박하는 남편들을 질타하지 않는다. 그녀들은 공권력에 의해 철통같이 막혀 버린 공장을 매일 방문하며 남편의 투쟁이 승리하기만을 바란다.

두 사례 모두 파업에 참여한 노동자들은 일자리를 사수하기 위해 '외박'을 하지만 기혼 여성들의 외박과 기혼 남성들의 외박에 대한 사회적 배치와 가족들의 반응은 상반된다. 두 투쟁에서 외박의 의미를 가르는 결정적인 지점은 성별이다. 가정 내 노동의 전담자들인 기혼 여성들은 무슨 일이 있어도 사적 영역을 사수해야 하는 의무를 가진다. 그녀들의 임금노동도 결국 가정 내 노동을 효과적으로 수행할 목적을 띠기에, 공적 영역에서의 활동과 가정에서의 의무가 충돌하면 후자가 더 우선시되어야 한다. 그러나 공공 영역이 주 활동 무대인 남성들의 경우 공공 영역에서 그들의 지위를 사수한다는 명분이 있다면 외박이 허용되는 것은 물론 가족 모두가 그의 지위를 사수하기 위해 발 벗고 나선다. 노동운동

　　　　　2부 시민권의 경계, 또 다른 주체들

의 젠더 차이는 〈외박〉에서 김경미 분회장의 남편이 농성장을 찾 았을 때 극명하게 드러난다.

아직 공권력이 홈에버 상암점 농성장을 침탈하지 않은 어느 날, 김경미 분회장의 남편이 농성장을 찾는다. 카메라를 보고 수줍게 자신의 남편을 소개하는 그녀는, 남편이 농성을 지지하는 의미에 서 박카스를 한 상자 사왔다고 말하며 농성에 호의적인 남편의 모 습을 보여 주고 싶어 한다. 그러나 남편은 그녀 옆에 있던 이랜드 노동조합 위원장 김경욱을 보자 "남자답게"(하이파이브), "우리 마 누라 곱게 보내 줘요", "나 설거지 힘들어. 지금 죽겠어. 밥하랴, 청 소하랴"(28:32~29:17)라며 김경욱 위원장을 마치 자신을 대신해 아내를 관리해 주는 사람처럼 대우하고, 분회장인 김경미의 지위 를 고려하기는커녕 아내를 대신해 가사 노동을 하느라 고달프다 고 투정을 부린다.

아내를 남편의 소유물로 생각하고, '외박'하는 아내의 주체성 을 인정하기보다 다른 '남성'에게 잠시 맡겨 둔 것으로 생각하는 김경미 분회장 남편의 태도는 여성을 여전히 남성의 통제 아래에 서 사적 영역에 머무르는 존재로 취급하는 인식이 고스란히 드러 난다. 게다가 김경미 분회장에게 투쟁을 독려하기는커녕 가사 노 동이 힘드니 어서 집으로 돌아오라는 그의 발언은, 당시 논란이 되던 기간제법의 남용에 맞선 투쟁의 무게를 격하하고, 그녀를 사 적 영역 노동의 전담자로만 한정한다. 그러나 김경미 분회장은 남 편의 태도에 난처하다는 듯 웃기만 할 뿐이고 김경욱 위원장은 어 쩔 줄 모르며 그에게 "정말 죄송합니다"(28:53)를 연발한다. 언론 에서, 신문에서 주요 기사로 이랜드 투쟁을 연일 보도할 정도로 점거 투쟁이 무르익어 가던 상황에서, 파업의 핵심에 있는 상암점 분회장을 오직 '아내'로만 취급하는 남편의 태도를 통해, 카메라는 계급투쟁의 구도로도, 비정규직을 둘러싼 쟁점의 구도로도, 성차별적 노동시장의 구도로도 제대로 포착되지 않던 여성 노동자들의 이중 부담과 어떤 위치에 있더라도 '가정'이라는 거대한 타자 앞에 사적인 존재로만 환원되는 여성들의 위상을 재현한다.

투쟁이 진행되면서 '남편'이 아내의 외박을 이해하지 못하는 상황은 카메라와 제일 친밀한 김경미 분회장도 예외는 아니었다. 그녀는 카메라 앞에서 "남편이 드디어 이혼하자는 말을 꺼냈어요" 라며 착잡한 표정을 짓는다. 그녀는 투쟁을 위해서라면 이혼도 불사하겠다고, 투쟁에의 굳은 결의를 드러내지만 이내 가족을 생각하면 "너무 이기적인 엄마, 이기적인 아내"라며 "미안하다는 말밖에 할 말이 없다"고 말하면서도, 다시 가족이라면 그녀의 투쟁을 마땅히 지지해 줘야 하지 않겠냐며 서운한 감정을 드러낸다. 카메라는 인터뷰를 끝내고 한숨을 쉬며 안타까움을 감추지 못하는 그녀의 상반신을 포착하는데, 이는 투쟁하는 여성 노동자에게 가족의 관계에 대해 질문을 던지는 듯하다(32:48~33:42). 가족들이 김경미 위원장의 귀환을 바라는 제일 큰 이유는 생활비가 부족하다거나 그녀들의 투쟁에 반대해서라기보다 그녀가 가족을 위한 노동을 방기하고 있기 때문이다. 홈에버 상암점 노동조합 분회장이기도 하지만 엄마와 아내라는 이름으로 가족 안에 부여된 역할을 수행해야 하는 그녀는 두 가지 정체성을 모두 수행할 수 없는 현실 속에서 자신의 정체성을 고민한다.

처음 파업을 준비하던 때부터, 파업을 감행한 그날 밤의 심경,

파업의 진행 과정, 그리고 농성장이 공권력에 침탈당해 강제로 전경차에 실려 가기까지 김경미 분회장의 여정을 담아내던 카메라는 농성장이 공권력에 의해 침탈당한 이후의 김경미 분회장의 행적을 쫓지 못한다. 경찰서 유치장에 잠시 수감되었던 그녀가 풀려나오자마자 남편에게 끌려가 그 이후로 농성장에서 사라졌다는 내레이션이 그녀의 부재 이유를 설명한다. 투쟁이 끝나기도 전에 투쟁의 주역이 사라져 버리는 비극적인 결말을 야기한 원인은 공권력도 동지들도 아닌 바로 그녀의 '가족'이었다.

'가족'들이, 여성 노동자들이 임금노동 영역에서 자신들의 노동자로서의 권리를 주장하고 정부와 사측의 부당함을 알리는 활동에 가장 큰 걸림돌이 된다는 점은 매우 아이러니하다. 이는 공적 영역에서 여성들의 활동이 사적 영역에서 그녀들의 지위에 상당 부분 종속되어 있다는 증거이자, 그녀들에게 공적 영역과 사적 영역은 서로 겹쳐 있는 영역임을 의미한다. 이는 앞서 살펴봤듯이 여성 노동자들이 임금노동 시장에서 차지하는 위치에 결정적인 영향을 미치는 부분이기도 하다. 그렇다면 이렇게 여성 노동자들이 가족에게 제공하는 돌봄은 어떤 사회적 가치를 인정받고 있는가? 이 돌봄이 가족 구성원들에게 필요한 것이라면, 그녀들이 살고 있는 사회는 이런 돌봄을 충분히 주고받을 만한 조건을 마련해 주고 있는가?

5. '여성 노동자'의 시민권

사학자 임지현은 〈외박〉을 보고 난 뒤 이랜드 노동자들의 점거 농성을 "해방"이라고 표현했다. 절박한 생존 투쟁의 흔적만이 아니라 가사 노동에서 벗어난 개인으로서 자아 표현을 하는 여성 노동자들의 투쟁 장면은 그에게 상당히 인상적으로 다가왔던 듯하다. 그는 이랜드 여성 노동자들의 파업을 "절박하면서도 유쾌"한 것으로 정의한다.[16] 그가 여성 노동자들의 투쟁에 '유쾌'라는 수사를 붙일 수 있었던 이유에는 유쾌함 뒤에 있는 가정에 대한 책임감이라는 그늘을 무시했기 때문이다. 임지현의 분석과는 달리, 투쟁이 진행될수록 여성 노동자들은 잠시 잊었던 가정이라는 굴레가 점점 세게 조여 오는 것을 느껴야만 했다.

문화 평론가 이택광은 〈외박〉을 여성주의 영화로 보기를 거부하면서 여성 노동자들의 파업을 방해하는 가장 큰 장애물인 '가족'에 주목한다.[17] 그는 '가족'을 "자기만의 즐거움을 금지하는 '법의 이름'"이라고 명명하면서 한국의 노동자들이 가족의 벽을 뛰어넘을 수 있을지 묻는다. 가족을 벗어난 여성 노동자들의 해방적 모습뿐만 아니라, 그 뒤에 드리운, 그녀들의 파업을 제약하는 '가족'에 주목했다는 점에서 이택광이 임지현보다 좀 더 심층적으로

---

16 임지현, 「[금요논단] '외박' : 여성노동의 정치학」, 『경향신문』, 2009/05/07.

17 이택광, 「[이택광의 문화읽기] 아직 끝나지 않은 즐거움의 기록 : 〈외박〉」, 『미디어 오늘』, 2009/04/16.

2부 시민권의 경계, 또 다른 주체들

영화를 읽어 내기는 했으나 그는 이랜드 노동자들이 '여성'이라는 점을 간과했다. 한국 사회에서 (혈연)가족은 '남녀노소' 가리지 않고 가장 중요한 공동체로 인식된다. 하지만 가족 안에서 '남녀노소'들의 역할은 서로 다르다. 〈외박〉은 그중에서 유자녀 기혼 여성 노동자에 초점을 맞추었고, 가족 구성원에 대한 기혼 여성으로서의 책임감이 무엇보다 부각되었다. 〈외박〉을 분석할 때 빼놓을 수 없는 핵심은 '여성 노동자'와 '가족'이다.

〈외박〉에서 '아줌마'라는 단어는 기혼 여성들을 얕잡아 부르는 문제적인 용어이기도 하지만, 동시에 투쟁하는 여성 노동자들이 대중들에게 이 투쟁의 정당성을 감정적으로 호소하기에 적합한 용어라는 이중성을 지닌다. 김영옥은 〈외박〉에서 '아줌마'라는 단어의 이중성에 주목해, 여성 노동자들의 실천이 공적 영역과 사적 영역 모두에서 상호적으로 정의된다고 지적한다.[18] 김영옥의 말처럼, '아줌마'라는 단어에 대한 여성 노동자들의 이중적인 반응은 그녀들의 이중적인 정체성, 즉 임금노동자이면서 가정 내 노동 전담자이기 때문에 나타난다. 그렇다면 여성 노동자들이 보여 주는 이중적인 위치, 즉 가정 내 노동 전담자라는 정체성에만 그녀들을 가두는 사회와 가족에게 반발하면서도, 동시에 이 정체성을 자신을 규정하는 중요한 부분으로 승인하는 상황을 어떻게 해석해야 하는가?

---

18 김영옥, 「문화정치학의 관점에서 본 여성노동과 젠더 레짐 : 여성 노동자 투쟁 다큐멘터리를 중심으로」, 『상허학보』 50집, 2017, 276~283쪽.

2010년 이후, 여성 노동자들의 수기나 그녀들과의 인터뷰 등은 꾸준히 출간되고 있다.[19] 그리고 이 출판물들은 2000년대 여성 노동자 다큐멘터리처럼, 단순히 그녀들이 경험한 부당노동행위나 이에 맞선 투쟁 경험을 싣는 것을 넘어, 그녀들이 노동 현장은 물론 가족과 맺는 관계들까지 주목한다. 이는 오늘날 여성 노동자들에 주목하는 사람들이 (투쟁하는) 여성 노동자들의 '노동자로서의 권리', 그리고 그녀들의 시민으로서 정치적 권리를 논의하기 위해서는 가정에서 그녀들의 활동과 가족과의 관계에 관한 논의가 필수적임을 인지했기 때문일 것이다. 가정 내 노동 전담자라는 여성들의 정체성은 한편으로 새로운 활동을 향한 그녀들의 욕망을 억누르기도 하지만, 다른 한편으로 새로운 활동에 대한 그녀들의 욕망을 자극하기도 한다. 가족과 여성 노동자들의 이런 모순적인 관계를 시민권 측면에서 어떻게 이해할 수 있을까?

〈외박〉에서 '가족'과 자신들의 임노동을 완전히 별개로 구별하지 않는 여성 노동자들의 인식과 실천은, 오늘날 한국 사회에서 '노동자'의 기본 모델을 다시 생각할 필요성을 촉구한다. 문승숙의 책에서 언급한 대로 한국의 페미니즘 운동은 1990년대 중반부터 임금노동자들의 기본 항이 남성 노동자 중심인 것에 문제를 제

---

19 이에 해당하는 책들은 다음과 같다. 유경순 엮음, 『나, 여성 노동자』; 박수정, 『여자, 노동을 말하다』; 여성 노동자 글쓰기 모임, 『기록되지 않은 노동 : 숨겨진 여성의 일 이야기』, 삶창, 2016; 안미선·한국여성민우회, 『백화점에는 사람이 있다 : 상품 뒤에 가려진 여성노동자들의 이야기』, 그린비, 2016; 싸우는여자들기록팀 또록, 『회사가 사라졌다』.

　　　　　　　2부 시민권의 경계, 또 다른 주체들

기하면서 임신과 출산, 그리고 양육을 병행할 수 있는 존재로 그 기본 항이 변해야 한다고 주장하며 여성의 시민권을 확장하고자 노력해 왔다.[20] 그러나 여전히 임신과 출산, 그리고 양육은 노동자들을 임금노동 시장에서 경쟁력을 떨어뜨리는 요인이다. 또한 2절에서 분석했듯이, 가정 내 노동을 전담하는 이들은 노동시장에서 열악한 위치에 놓이기 쉽다. 이런 상황에서 〈외박〉의 여성 노동자들은 시민권의 전제 조건에 문제를 제기하며, 자신들을 '바람직한 임금노동자'로 재현한다.

〈외박〉의 노동자들이 처한 상황은 시민권 항목에 '가족 구성원을 돌볼 권리'[21]를 더 확장할 필요성을 상기시킨다. 이들이 주장하듯이, 임금노동자들은 임금노동 시장에서 일하는 존재만이 아니라 가족들을 위해 일하는 존재이기도 하다. 그리고 이 일은 이들에게 임금노동 시장에서의 일처럼 단순히 '착취'의 문법만으로 설명될 수 없는 것이다.[22] 또한 이들의 운동이 재정의하는 시민권에

---

20 Moon, Seungsook, *Militarized Modernity and Gendered Citizenship in South Korea*.

21 여기서 '가족'이란 혈연과 이성애 결혼으로 구성된 '정상 가족'만을 의미하지 않는다. 〈외박〉의 여성 노동자들도 '정상 가족'을 벗어난 형태로 살아가는 경우가 종종 발견될 만큼, 이들이 자신들을 '아줌마'로 일컬을 때, 이 '아줌마'는 이성애자 기혼 유자녀 여성만을 명명한다고 보기 어렵다.

22 레오폴디나 포르투나티는 여성의 가사 노동과 돌봄 노동은 남성의 노동력 재생산과 미래의 노동력인 아이들의 노동력 재생산에 기여하므로 역시 자본주의 질서 안에서 가치를 생산하는 노동이라는 분석을 통해 자본은 임금노동자의 노동력뿐만 아니라 가사 노동력 역시 착취한다는 것을 밝힌 바 있다. 그녀의 분석은 고정관념에 따른 성 역할 분업에 전적으로 의존해 여성의 가사 노동 가치를 분석하려 했고, 이성애 부부가 경제력의 중심이 되는 가정에서 남성이 임금노동자라는 전제가 있

따르면, '가족 구성원을 돌볼 권리'는 시민으로서 마땅히 갖춰야 할 덕목이기도 하므로, 특정 성별이라는 이유로 이 덕목의 실천을 방기한다면 시민으로서의 자질을 의심받을 만하다. 이에 더해, 사회 역시 가족 구성원들이 서로를 잘 돌볼 환경을 마련해야 한다. 장시간 노동을 하지 않을 권리, 과도한 업무를 부여받지 않을 권리, 가족들에게 돌봄을 제공하기에 충분한 임금을 받을 권리, 다양한 형태의 '가족'을 이룰 권리 등 사회가 시민들이 이 권리를 누리고 이 의무를 서로에게 다할 수 있도록 협조하는 것 역시 필수적이다.

〈외박〉은 여성 노동자들의 투쟁이 가정에서도 그리고 일터에서도 가정 내 노동 전담자와 임금노동자라는 두 가지 정체성으로 모두 호명되기 때문에 발생하는 모순적인 상황을 그려낸다. 이때 그녀들의 투쟁은 하나의 정체성만을 강조하거나 두 정체성을 모두 벗어버리는 방식이 아닌, 자신들의 방식으로 기존의 호명에 저항하고 그것을 전유해 현재 성차별주의적이고 가부장적인 사회가 전제하는 시민권에 도전하면서 새로운 시민의 덕목을 제시하고 있다. 이 다큐멘터리는 오늘날 여성 노동자들의 상황을 논하는 문헌들이 주목하는 가족과의 복잡한 관계를 예민한 시선으로 포착

을 때만 타당하다는 문제점이 있다. 또한 고용주와 피고용인의 관계와는 완전히 같다고 보기는 어려운 가족 구성원 간의 관계에 대해서는 분석하지 않았다. 포르투나티의 분석은 자본주의 체제 내에서 여성의 가사 노동의 지위를 논한 중요한 저서이지만, 성별 분업을 자연화하는 가정과 임노동 시장에서 나타나는 관계의 차이는 도외시했다. 포르뚜나띠, 레오뽈디나, 『재생산의 비밀』.

해, 여성 노동자 문제의 다층적 측면을 시민권 측면에서도 고민하
게 하는 텍스트이다.

참고문헌

◆ 영화

김미례, 〈외박〉, 2009.

태준식, 〈당신과 나의 전쟁〉, 2010.

◆ 문헌

고용노동부, 「고용형태별실태조사」, 2019,
　　　　https://kosis.kr/statHtml/statHtml.do?orgId=118&tblId=DT_118N_PAYM32&co
　　　　nn_path=I2 (검색일 : 2021/08/15).

김영순, 「비정규직 여성 노동자의 사회권을 통해 본 한국의 젠더체제」, 『사회보장연구』
　　　　26권 1호, 2010.

김영옥, 「문화정치학의 관점에서 본 여성노동과 젠더 레짐 : 여성 노동자 투쟁
　　　　다큐멘터리를 중심으로」, 『상허학보』 50집, 2017, 251~290쪽.

김지아, 「포스트페미니즘 시대의 여성주의 다큐멘터리 : 한국 여성주의 다큐멘터리
　　　　생산자의 인식을 바탕으로」, 고려대학교 석사 학위논문, 2013.

김태홍, 『비정규직 고용형태의 확산에 따른 여성고용구조의 변화와 정책과제』,
　　　　한국여성개발원·노동부, 1999.

남인영, 「타자들의 '목소리' : 한국 여성주의 다큐멘터리 영화들에서의 사운드와 이미지의
　　　　관계」, 『영상예술연구』 13집, 2008, 113~141쪽.

농협중앙회, 「농협 사내부부 해고 소송 관련 1심 피고측 준비서면」, 2000/06,
　　　　http://www.womenlink.or.kr/nxprg/board.php?ao=view&doc_num=1515&ss[fc]=1
　　　　&bbs_id=main_data&ss[sw]=sa&ss[kw]=농협 (검색일 : 2021/08/15).

박수정, 『여자, 노동을 말하다 : 우리 시대 여성 노동자 8인의 이야기』(전자책), 이학사,
　　　　2017.

손희정, 「사적 고백으로 직조된 공적 역사의 기록 : 여성영상집단 움 〈우리들은
　　　　정의파다〉」, 『법과 사회』 30집, 2006, 345~354쪽.

싸우는여자들기록팀 또록, 『회사가 사라졌다 : 폐업·해고에 맞선 여성 노동』, 파시클,
　　　　2020.

안미선·한국여성민우회, 『백화점에는 사람이 있다 : 상품 뒤에 가려진 여성노동자들의
　　　　이야기』, 그린비, 2016.

여성 노동자 글쓰기 모임, 『기록되지 않은 노동 : 숨겨진 여성의 일 이야기』, 삶창, 2016.

유경순 엮음, 『나, 여성 노동자』, 그린비, 2010.

이택광, 「[이택광의 문화읽기] 아직 끝나지 않은 즐거움의 기록 : 〈외박〉」, 『미디어 오늘』, 2009/04/16, http://www.mediatoday.co.kr/news/articleView.html?idxno=78987 (검색일 : 2021/08/15).

임지현, 「[금요논단] '외박' : 여성노동의 정치학」, 『경향신문』, 2009/05/07, http://news.khan.co.kr/kh_news/khan_art_view.html?artid=200905071756275&code=990000 (검색일 : 2021/08/15).

전우형, 「한국 노동 다큐멘터리 영화의 역사적 기원 연구」, 『민족문학사연구』 64호, 2017, 499~524쪽.

조순경 엮음, 김경희·김미주·박홍주·전명숙·정고미라·정금나·조순경·조정아·최성애 지음, 『노동과 페미니즘』, 이화여자대학교 출판부, 2000.

조진희, 「「열대야」: 노동자 다큐멘터리의 가부장제」, 『영상문화』 10집, 2005, 22~39쪽.

_____, 「「평행선」과 「소금」을 중심으로 살펴본 여성 노동자 다큐멘터리」, 『아시아여성연구』 44권 1호, 2005, 298~328쪽.

통계청, 「경제활동인구조사」, 2020, http://kostat.go.kr/portal/korea/kor_nw/1/3/2/index.board?bmode=read&bSeq=&aSeq=391323&pageNo=1&rowNum=10&navCount=10&currPg=&searchInfo=&sTarget=title&sTxt= (검색일 : 2021/08/15).

포르뚜나띠, 레오뽈디나, 『재생산의 비밀』, 윤수종 옮김, 박종철출판사, 1997.

Moon, Seungsook, *Militarized Modernity and Gendered Citizenship in South Korea*, Duke University Press, 2005.

7장

유동하는 경계와 피난민의 시민권
: 1960년대 초반 안수길의 신문 연재소설에 나타난
'폭력의 공간화' 양상을 중심으로

1. 흔들리는 경계와 피난민의 시선

2020년 제작된 영화 〈쿠오바디스, 아이다〉는 불과 25년 전 보스니아에서 벌어진 '스레브레니차 학살'을 재현하고 있다. 유엔군 통역사로 일하는 아이다는 유엔군 캠프에 피신해 있던 보스니아인들을 차에 태워 어디론가 데려가는 세르비아계 군인들을 불안한 눈빛으로 바라보고 있다. 캠프 밖으로 발길을 옮긴 아이다에게 무장한 세르비아계 군인 한 명이 다가오며 반갑게 말을 걸지만 그녀는 황급히 캠프 안으로 되돌아간다. 유엔 캠프의 안과 밖을 구획하는 차단기를 경계로 그들은 일상적 안부를 주고받지만, 그 대화에는 미묘한 긴장감이 깃들어 있다. 군인은 아이다가 자신의 고등학교 선생님이었음을 동료들에게 환기하지만, 캠프 안에 피신해 있는 아이다의 아들 함디야의 안부를 묻는 군인의 어조에도, 함디야가 숲으로 도망쳤다고 거짓말하는 아이다의 시선에도 서로에 대한 신뢰는 담겨 있지 않다.

이 장면은 이 영화의 마지막 부분과도 긴밀하게 연결된다. 아이다와 세르비아계 군인의 대화에 숨겨져 있던 불안과 적대감이 보스니아 피난민들의 대량 학살로 현실화되었음을 보여 준 뒤 영화는 다시 선생님이 되어 스레브레니차로 귀환하는 아이다의 모

---

* 이 연구는 「1960년대 초반 안수길 신문연재소설의 4·19 표상과 피난민의 시민권 : 『생각하는 갈대』(1961~62)와 『백야』(1963~64)를 중심으로」, 『한국문학이론과 비평』 제82집, 한국문학이론과 비평학회, 2019를 수정한 글이다.

습을 그리고 있다. 〈쿠오바디스, 아이다〉는 학살된 남편과 아들들의 유골을 수습하는 아이다의 슬픔으로 영화를 끝맺고 있지 않다. 유골을 수습한 아이다는 다시금 학교에서 아이들을 가르치고, 아이들은 명랑한 표정으로 발표회에 참여하고 있다. 영화는 발표회를 지켜보고 있는 학부모와 아이다를 교차해 보여 준다. 그 학부모들 안에는 유엔 캠프에 함께 피난해 있던 보스니아인과, 대량학살에 동참했던 세르비아 군인이 공존하고 있다. 그럼에도 유엔 캠프를 경계로 자신이 가르쳤던 군인 제자와도 불안한 대화를 나누던 아이다의 모습을 보여 줬던 장면들은 이 영화의 마지막 부분에 나타난 공존이 화해로 귀결될 수 없음을, 이웃과 적을 나누던 경계들이 급격하게 뒤바뀌는 과정에서 생겨난 상흔傷痕이 그들 안에 봉합되지 않은 채 내재해 있음을 환기하고 있다.

〈쿠오바디스, 아이다〉가 재현하고 있는 발칸반도의 학살들은 프랑스의 정치철학자 에티엔 발리바르로 하여금 유럽의 경계들에 대한 질문을 던지며 시민권에 대한 문제의식을 심화한 계기를 만든 요인 중 하나이기도 했다. 발리바르는 『우리, 유럽의 시민들?』에서 유럽이 발칸반도의 상황을 "저발전이나 공산주의의 병리적인 잔재"로 인지해서는 안 된다는 점을, 그 상황이 유럽적 역사의 일부임을 인정하고 문제 삼아야 한다는 점을 강조한다. 유고슬라비아의 해체 이후 부각된 민족주의 문제가 외국인 혐오증이 분출되기 시작한 서유럽 사회에 더 선명하게 나타나고 있음을, 그리고 이는 역사적 공산주의 국가, 더 나아가 서유럽의 국민사회국가에도 내재한 근본적 한계와 연동되어 있음을 말하고 있는 것이다.[1]

에티엔 발리바르는 시민권citoyenneté이 "국가적인 틀과의 관계

없이는 인식될 수 없는 하나의 제도"이며 이런 국민적 제도는 "법과 관행들 안에 물질화되어 있는 배제의 규칙"에 근거하고 있음을 강조했다. 국가의 경계(= 국경)는 그런 배제와 차별의 규칙이 가시화되는 상징적 공간인 것이다. 동시에 발리바르는 국가의 경계와 합치되면서도, 때로는 어긋나 있는 문화적·이데올로기적 경계들이 유동할 때 "가공할 만한 폭력의 저장고"를 구성한다는 점을 부각하며 이를 "경계들의 혼란"Chaos der Grezen이라 명명하고 있다. 발칸반도의 종족 학살과 유럽에서의 이주자의 권리 문제를, 발리바르가 함께 바라보려고 한 이유 또한 여기에 있다.

『우리, 유럽의 시민들?』에서 말하고 있는 '시민권'은 '유럽'의 지정학적 질서를 접경 지역으로 재규정하며 '유럽에서의 시민권', 즉 "유럽에 거주하는 다양한 주민들이 함께 참여하여 건설하는 시민권"을 부각한 문제틀로 볼 수 있다. 발리바르가 강조했듯이 '시민권'의 역사적 변화 과정이 필연적으로 '국민 형태'와 맞물려 있으며 '국민 형태'의 재생산 조건이 끊임없이 변동하고 있음[2]을 염두에 둔다면, '한국에서의 시민권'에 대한 논의는 동아시아의 (탈)식민/냉전 경험과의 연관 관계 및 분단국가의 형성 과정에 대한 고민과 더 긴밀하게 연동될 필요가 있다. 1911년 함경남도 함흥에서 태어나 만주에서 작품 활동을 하다가 해방 이후 남한으로 귀

---

1 발리바르, 에티엔, 『우리, 유럽의 시민들? : 세계화와 민주주의의 재발명』, 진태원 옮김, 후마니타스, 2010, 25~27, 192~195쪽.

2 이상의 내용은 같은 책, 57~59, 83, 393쪽.

2부 시민권의 경계, 또 다른 주체들

환한 안수길의 소설에는 동아시아 국경 질서의 변화 과정, 그리고 이에 대응했던 이주자의 시선이 밀도 있게 재현되고 있기에 이런 고민에 흥미로운 참조 지점을 제시할 수 있을 것이다.

2000년대 이전까지 안수길의 문학 세계에 대한 연구는 『북간도』, 혹은 만주국 시기의 체험을 서사화한 작품 중심으로 이루어졌다. 『안수길 연구』에서 김윤식이 안수길 문학의 본질을 "간도적인 것"으로 규정한 것은 그 대표적 예다. 김윤식은 이 책에서 "작가로서 안수길이 망명 문학을 선명히 표방"했지만 "만주국 이념 수행에 휩싸이고 말았"음을 지적[3]했고, 그의 대표작 『북간도』에 대해서는 1·2·3부와 4·5부 사이의 단절감을 강조하며 전자에서 "'어떻게 사느냐'(의미, 본질)와 일상적 삶(묘사)이 균형 감각"을 이루고 있다면 후자, 즉 4·5부에서는 "독립 투쟁이라는 의미(본질)"만이 부각되어 서사적 형식이 파탄에 이르렀음을 비판했다.[4]

그러나 2000년대에 이르면 안수길 문학에 나타난 만주 공간에 대한 평가는 전환되는데, 이는 이 시기 한국 문학 연구에 부각된 민족주의 비판 담론의 흐름과 맞닿아 있다. 대표적으로 한수영은 안수길 문학에 나타난 만주 공간의 복합적 성격을 "'친일과 항일', 혹은 '수난'과 '저항'"이라는 대립 구도에 가두어 놓은 기존 해석을 비판하며 만주국 시기 발표된 소설 작품에 나타난 "'이주자-

---

3 반면 만주국 시절 안수길의 문학작품을 민족 문학으로 해석한 연구로는 다음이 있다. 오양호, 『한국문학과 간도』, 문예출판사, 1988.

4 김윤식, 『안수길 연구』, 정음사, 1986, 48, 175~176쪽.

내부'의 시선", 즉 "새로운 이주지에서 하나의 '에스닉'ethnic으로 존재"해야 했던 재만 조선인 농민의 모순적 위치를 부각한다. 또한 1960년대를 전후로 발표된 『북간도』에서도 민족주의적 항일 의식이 아니라, 그 작품에 나타난 "자의식의 균열", 즉 "개척지와 고향에 대한 모순적인 지향, 민족적 아이덴티티와 법적 지위 사이에 생겨나는 균열과 갈등"에 초점을 맞췄다.[5] 이와 부분적으로 연결되지만 일정 부분 대치되는 관점은 김미란의 연구에서 발견된다. 이 연구에서는 안수길 문학에 나타난 '만주' 공간의 복합성을 강조하면서도 '자치'에 대한 상상력이 만주국 시기 안수길의 소설의 핵심 주조라고 규정한다. 김미란은 그 상상력이 『북간도』로까지 확장되고 있음을 지적한 뒤 '자치'의 상상력 근간에 자리한 "배타적인 자기보존의 논리"에 대해 비판하고 있다.[6]

2010년대에 이르면 안수길 작품 속 만주 서사에 대한 연구와는 별개로 1960년대 이후 발표된 안수길의 단편소설이 지니는 중요성을 부각하는 논의가 나타나기 시작한다. 한수영과 임유경의 논의는 그 대표적 예다. 한수영은 "1960년대 초반부터 작고하기 직전인 1976년까지의 약 10여 년"을 안수길의 후기 작가 세계로 규정한 뒤, 이 시기 발표된 작품에서 "만주와 관련된 역사적 성

---

5 한수영, 「만주의 문학사적 표상과 안수길의 『북간도』에 나타난 '이산'의 문제」, 한수영, 『친일문학의 재인식』, 소명출판, 2005, 133~134, 142쪽과 「친일문학 논의와 재만조선인 문학의 특수성」, 같은 책, 150, 161쪽.

6 김미란, 「만주, 혹은 자치에 대한 상상력과 안수길 문학」, 『상허학보』 25집, 상허학회, 2009.

찰"이 "사회와 현실에 관한 그의 비판 의식"과 결합되고 있음을 강조한다. 그런 성찰과 비판을 가능하게 만든 것은 "어느 곳도 뿌리내릴 '고향'이 될 수 없다는 사실, 그럼에도 생활인으로서 어딘가에 '정착'해야 한다는 '당위' 사이의 균열" 지점에 형성된 "무의식으로서의 '망명 의식'"임을 한수영은 강조하고 있다.[7]

한수영의 연구는 안수길 소설 세계의 의미망을 1960년대 이후까지 확장하는 동시에, 안수길 소설 세계의 변화를 가능하게 만든 내적 세계를 해명했다는 점에서 의의를 지닌다. 그러나 한수영의 연구는 안수길의 '망명 의식'이 비롯된 지점을 만주 체험으로 귀속하다 보니 전후 한국 사회, 혹은 4·19 이후 한국 사회와의 대면이 그 '망명 의식'을 어떻게 변화시켰는지 고찰하지 못하고 있다. 그 결과 안수길의 '망명 의식'이 왜 1960년대 이후에서야 뛰어난 단편들을 탄생하게 만들어 냈는지 충분히 해명하지 못하고 있다.

임유경의 연구는 이런 한수영 연구의 비어 있는 지점을 1960년대 한국의 통치 질서 및 '불온' 담론과 연결해 고찰하고 있다. 임유경은 「IRAQ에서 온 불온문서」, 「꿰매 입은 양복바지」 등의 1960년대 안수길 단편소설이 "작가가 포착한 '권력의 통치 기술'"을 "흥미롭고도 분명하게 형상화한 작품"이며, 자기 안에 "분명히 존재하는 '불온성'을 들여다보"고 기술한 작업으로 평가하고 있다. 이 논의들은 안수길의 단편소설이 1960년대 이후 재편된 한국의 통치 질서와 맺는 관련성을 세밀하게 분석했다는 점에서 의의를

---

7 한수영, 「내부망명자의 고독」, 『한국문학논총』 제61집, 2012, 270~272, 298쪽.

지닌다.[8]

하지만 임유경의 연구도 안수길의 후기 단편소설이 가진 의미를 부각하다 보니 그 단편소설들이 『북간도』 등 안수길의 장편소설과 맺는 관련성을 충분하게 설명하지 못했다. 이 연구가 강조하고 있는 안수길의 뛰어난 후기 단편소설들 가운데 상당수는 『북간도』 및 안수길의 신문소설이 연재되고 있는 것과 거의 유사한 시기 발표되었다. '「IRAQ에서 온 불온문서」 등 단편소설을 1960년대에 발표한 안수길'과 '『북간도』 및 신문소설을 1960년대에 연재하는 안수길'은 같은 작가의 각기 다른 면모를 드러내고 있음에도, 그 두 면모를 연결할 수 있는 문제틀을 제시하지 않았다는 점은 아쉬움으로 남는다.

안수길은 만주국 시절 발표된 『북향보』, 그리고 간도 이주민의 이야기를 본격적으로 서술한 『북간도』 외에도 1950년대 중반부터 1970년대 중반에 이르기까지 다수의 장편소설을 신문에 연재했다. 「통속소설과 순문학」이라는 글에서 안수길은 "통속적인 소재를 문학적으로 구상 표현하는 방법"에서 신문소설이 나아갈 길을 찾으며 신문소설의 문학성을 고민할 필요가 있다고 말하기도

---

8 임유경, 『불온의 시대 : 1960년대 한국의 문학과 정치』, 소명출판, 2017, 467, 483쪽. 임유경의 논의는 '불온' 개념을 중심으로 1960년 권력의 통치 기술과 이에 대응한 문학의 정치성을 예리하게 고찰하고 있다. 안수길 소설에 대한 논의는 그 고찰 과정의 한 부분으로 이루어지고 있으며 1960년대의 안수길 단편소설에 집중한 논의는 2013년 소논문으로 발표된 바 있다. 임유경, 「불가능한 명랑, 그 슬픔의 기원 : 1960년대 안수길론」, 『현대문학의 연구』 49권, 한국문학연구학회, 2013.

했다.[9] 안수길 소설 세계에서 신문 연재소설이 차지하는 비중이 적지 않음에도 이에 대한 연구는 1950년대에 발표된 연재소설들에 대해서만 부분적으로 진행되었다.[10] 신문 연재소설들 가운데 1960년대 초반, 즉 『북간도』가 연재되고 있던 시기이자 4·19와 5·16 및 한일 협정 반대 운동 등의 역사적 격변이 진행되고 있던 순간에 연재된 소설 『생각하는 갈대』 및 『백야』를 안수길의 전반적 소설 세계와 연결하는 연구는 이제까지 수행되지 않았다.

1961년부터 1962년까지 『서울신문』에 연재된 『생각하는 갈대』와 1963년부터 1964년까지 『조선일보』에 연재된 『백야』는 4·19 및 5·16 이후 본격화된 전후 한국 사회의 질서 재편에 안수길이 대응한 양상들을 보여 주는 작품이다.[11] 이 작품들에서 형상

---

9 안수길, 「통속소설과 순문학」, 『안수길 전집 16권 수필집』, 글누림, 2011, 265~266쪽.

10 허병식, 「안수길의 신문연재소설에 나타난 연애와 풍속 : 『제2의 청춘』과 『부교』를 중심으로」, 『한국근대문학연구』 제24호, 한국근대문학회, 2011; 안미영, 「안수길의 대중소설에 나타난 '외화'外畵의 의의 : 『제2의 청춘』(1957~1958), 『부교』(1959~1960)를 중심으로」, 『한국문학이론과 비평』 제27집, 한국문학이론과 비평학회, 2005; 안미영, 「안수길 대중소설의 윤리 주체 변화와 감성의 윤리화 : 「감정색채」(『국제신보』, 1960.2.14.~9.3)를 중심으로」, 『한국문학이론과 비평』 제53집, 한국문학이론과 비평학회, 2011.

11 이 글에서 주된 분석의 대상으로 삼고 있는 안수길 작품은 다음과 같다.
안수길, 「생각하는 갈대」, 『안수길 전집 7권』, 글누림, 2011.
_____, 「백야」, 『안수길 전집 9권』, 글누림, 2011.
(이하 이 작품과 인용된 부분은 면수만 표기하려고 한다.)
이 작품들 가운데 특히 『백야』에 대해 안수길은 이 소설이 "쓰고 싶었던 작품"이고 "『백야』에 계속되는 상황에 대해서도 붓을 들어야 할 의무감"을 느낀다고 말하며

화되고 있는 해방 이후부터 5·16까지 16년의 기간[12]은 『북간도』
에서 형상화되고 있는 1870년에서 1945년까지의 시간, 그리고 후
기 단편소설에서 형상화되고 있는 1960년대 중·후반부터 1970년
대 중반까지의 시간을 매개하는 지점에 위치하고 있는 것이다.[13]

특히 주목할 것은 이들 소설에 나타난 공간 표상의 변화 양상

"그 작품이 이루어진다면 그것은 『북간도』·『백야』와 더불어 작자의 본격적인 대
삼부작을 구축할 것"(안수길, 「『백야』의 붓을 놓고」, 『조선일보』, 1965/01/07)이라고
말한다. 이는 안수길이 『백야』를 『북간도』에 버금가는 자신의 대표작으로 생각했
음을 보여 준다. 이후에도 안수길은 『백야』가 해방 이후 "지금도 진행되고 있는"
역사적 사실의 의미를 살펴보려고 한 "딱딱한 의도의 작품"이라고 말하며 그럼에
도 신문소설의 독자들이 격려를 보내 주었음에 감격하고 있다. 안수길, 「『백야』」,
『안수길 전집 16권 수필집』, 2011, 190~192쪽.

12 안수길은 『백야』의 창작 과정을 회고하며 "환도 직후의 가을"에서 서사를 시작한
이유를 "해방에서 환도까지" 8년, 그리고 "환도에서 5·16까지" 8년을 서사화할 때
"환도라는 시점"이 분수령에 해당했기 때문이라고 말한다(안수길, 「『백야』」). 그러
나 실제로 『백야』는 4·19가 진행되고 있는 상황에서 서사를 종료하고 있기에 4·
19 이후부터 5·16 쿠데타가 이루어지기 전까지의 시기는 서사화되고 있지 않다.
4·19부터 5·16까지의 시기는 『백야』보다 먼저 발표된 『생각하는 갈대』에서 이야
기되고 있다.

13 또한 이들 작품에는 기존 연구에서 논의된 후기 안수길 단편소설의 여러 모티프
들이 선취되어 있다. 「IRAQ에서 온 불온문서」에서 대학 강사에게 갑자기 김일성
사진이 담긴 불온 문서가 배달되는 모티프는 『생각하는 갈대』에서 간첩이 된 처남
이 갑작스레 방문하는 이야기를 변주한 것이고, 「효수」와 「꿰매 입은 양복바지」에
서 반복적으로 나타난 '회술레', 즉 "죄인을 조리를 돌리는 풍속"(『백야』, 510쪽)에
관한 모티프는 전시 서울의 상황을 서술하는 『백야』의 여러 장면에서 선취되고 있
다. 또한 「꿰매 입은 양복바지」의 마지막 부분에 배치된 4·19에 참여한 청년의 형
상은 『백야』의 서사 후반부에서 밀도 있게 형상화되고 있다. 「IRAQ에서 온 불온문
서」, 「효수」, 「꿰매 입은 양복바지」의 의미에 대해서는 앞서 언급한 한수영, 「내부
망명자의 고독」; 임유경, 「불가능한 명랑, 그 슬픔의 기원」에서 분석된 바 있다.

　　　　　　2부　시민권의 경계, 또 다른 주체들

이다. 『백야』에서 밀도 있게 형상화되고 있는 '청계천 시장',[14] '거리'와 같은 장소는 만주를 주로 형상화했던 안수길의 장편소설, 그리고 1950년대 안수길의 신문 연재소설에서도 본격적으로 형상화되지 않았던 공간이며 '북한' 역시 1960년대 초반 안수길의 신문 연재소설에서 부각되어 나타난다. 이 공간들은 남한과 북한, 전후 한국 사회의 치안 질서와 피난민의 생활 터전을 구획하는 경계가 4·19혁명을 전후로 유동하던 양상을 드러낸다. 그렇기에 이 작품들에 나타난 공간 표상을 분석하는 작업은 전후 한국 사회에서 마이너리티의 정체성을 지녔던 '월남한 피난민'이 4·19혁명으로 표상되는 전후 한국 사회의 역동적인 변화 과정을 어떻게 바라보았는지 재조명하는 작업으로 발전될 수 있을 것이다.[15]

---

14 안수길 스스로가 『백야』를 회고하는 글에서 이 작품의 작중인물을 "청계천변의 시장 사람들로 설정"한 것의 의미를 강조하며 '청계천'이라는 공간이 피난민의 중심적 삶의 근거지였음을 말하고 있다(안수길, 「『백야』」, 191쪽). 안수길의 대표작인 『북간도』, 『성천강』이 구체적 공간을 가리키는 지역명을 표제로 설정한 작품이라는 데서도 확인할 수 있듯이 안수길 소설에서 '공간'은 중요한 위상을 차지한다. 안수길의 공간 형상화 방식에 주목한 연구로는 다음이 있다. 김창해, 「안수길 소설의 공간 모티프 연구 : 『통로』·『성천강』을 중심으로」, 단국대학교 석사 학위논문, 1995.

15 기존 4·19의 문학적 형상화 방식에 대한 연구는 김승옥, 이청준 등 이른바 4·19 세대 작가의 자기 재현 양상에 집중된 반면, 4·19 세대로 포섭될 수 없는 작가들이 4·19를 어떻게 바라보았는지에 대해서는 별다른 관심을 기울이지 못했다. 최근에는 이를 비판하고 젠더 및 서벌턴 연구의 관점에서 한국 문학에 나타난 4·19 관련 연구를 재검토하는 경향이 나타나고 있는데, 1960년대 초반 안수길의 신문 연재소설에 재현된 4·19를 재조명하는 작업 역시 이와 부분적으로 연결된다. 장성규, 「혁명의 기록과 서발터니티의 흔적」, 『한국문학이론과 비평』 제80집, 한국문학이론과 비평학회, 2018; 백지연, 「4.19 혁명과 젠더 평등의 의미 : 강신재와 박경리의 소설을 중심으로」, 『한국문학이론과 비평』 제80집, 한국문학이론과 비평학회,

2. 북한과의 교통 (불)가능성과 불안정한 감정 교류

1954년 『대구일보』에 연재된 뒤 단행본으로 발간된 안수길의 소설 『화환』은 월남한 피난민이 한국 사회에 정착해 가는 과정을 그리고 있다. 이 작품은 주인공인 월남민 화가 원남주와 그의 처제인 애숙 사이에서 생겨난 감정적 교류를 핵심 소재로 삼고 있는데, 그 교류의 이면에는 북한에 두고 온 원남주의 아내가 자리한다. 북한의 아내는 원남주와 애숙 사이의 친밀성을 증대하는 역할을 담당하지만, 다른 한편으로는 두 인물 사이의 사랑이 싹트는 것을 금지하는 역할도 수행하고 있다. 『화환』은 한국에서 안정된 가족을 형성하지 못한 채 흔들리고 있는 월남민을 형상화하고 있으며 '북한'이라는 공간이 그 흔들림에 영향을 미치고 있음을 보여 준다.

그러나 이런 흔들리는 월남민 형상은 이후 1950년대 후반 안수길의 신문 연재소설에서는 부각되지 못했다. 『제2의 청춘』 및 『부교』와 같은 소설에서는 중년 남성과 젊은 여성 사이의 연애 관계, 그리고 이를 둘러싼 중년 남성과 청년 남성 사이의 갈등 관계가 주로 이야기되고 있다.[16] 이들 작품은 의사와 신문사 사장처럼

2018. 유사한 문제의식을 드러낸 역사학계의 연구로는 오제연 외, 『4월혁명의 주체들』, 역사비평사, 2020.

16 이런 서사 구조 역시 『화환』에서부터 선취되고 있다. 원남주와 애숙의 친밀한 관계는 애숙을 연모하는 두 청년 이현철, 진우와 원남주의 갈등을 유발한다. 그 갈등은 세대 간의 대결 양상을 취하는데, 『화환』에서는 부분적으로만 드러났던 그 갈등

　　　　　　　　2부 시민권의 경계, 또 다른 주체들

안정적 직업을 가진 중년 인물을 등장시켜 중년 남성이 지니는 상징적 권위를 복원하려는 의도를 표출한다. 1950년대 후반 안수길의 신문 연재소설에서는 사라졌지만 1954년 『화환』에서는 부각되었던 '흔들리는 월남민' 인물은 1961~62년 『서울신문』에 연재된 『생각하는 갈대』에서부터 다시 등장한다.

『생각하는 갈대』의 주인공 성춘호는 1950년대 후반 신문 연재소설 속 중년 남성들과 유사한 역할을 수행하는 중년 인물이다. 그는 실업중고등학교로의 승격을 앞두고 있는 '자유공민학원'을 운영하고 있으며 그의 교육에 대한 열정과 신념은 청년들의 귀감이 되고 있다. 이 소설은 성춘호와 여성 인물 오선애 사이에 형성된 감정적 교류, 그리고 이로 인해 발생한 성춘호의 부인 정인순

양상은 1950년대 후반 연재된 신문 연재소설에서 전면화된다. 그 대표적 작품이 바로 1957~58년 『조선일보』에 연재된 『제2의 청춘』이다. 『제2의 청춘』은 엄택규와 신현우라는 두 중년 남성을 주인공으로 삼아 한 축으로는 중년 남성 엄택규와 그와 교류하는 젊은 여성 성희, 그리고 성희를 사모하는 젊은 남성 윤필구 사이의 삼각관계를 그리고 있고, 다른 한 축으로는 중년 남성 신현우와 그와 재혼한 중년 여성 유자애, 그리고 신현우를 유혹해 자기의 이익을 취하려 하는 젊은 여성 백은주 사이의 삼각관계를 그리고 있다. 허병식은 "유일한 '아프레 걸'이었던 백은주의 선택은 귀향해 교육 활동에 전념하는 최영호를 따라가서 그를 돕는 것"이었다고 지적하며 『제2의 청춘』에 "아프레 걸은 단 한명도 등장하지 않는다고 판단"해야 한다고 분석한다. 이 분석에 담긴 시각에 동의하면서도, 서사의 전면에 부각된 백은주의 면모는 '아프레 걸'이라는 말에 담긴 부정적 편견을 부각하고 있다는 점을, 그렇기에 『제2의 청춘』을 '아프레 걸이 등장하지 않는 서사'라기보다는, '아프레 걸을 훈육하려는 의도를 내포한 서사'로 재규정할 수 있다는 점을 덧붙이려고 한다. 『제2의 청춘』에 대한 분석은 허병식, 「안수길의 신문연재소설에 나타난 연애와 풍속」, 162쪽.

과의 삼각관계를 서사의 핵심 축으로 설정하고 있다. 이때 오선애
는 북한에서 헤어진 성춘호의 또 다른 부인 김선애와 같은 이름을
지녔다는 점이 부각된다. 오선애는 북한에 존재하고 있을 것으로
추정되는, 그렇지만 지금의 남한에서는 교류할 수 없는 성춘호의
또 다른 아내의 자리를 대체하고 있는 것이다.

『생각하는 갈대』에서 성춘호와 오선애 사이의 감정 교류는 본
격적인 연애 서사로까지는 발전되지 않은 채 불안정하게 전개된
다. 그 불안정한 서사가 종결되는 국면은 성춘호의 처조카인 광준
이 북한에서 내려와 성춘호의 집을 방문한 사건에서 비롯된다. 그
사건이 성춘호 가족에 미친 영향은 밀도 있게 형상화되며 그 과정
에서 4·19와의 연관성이 부각된다.

1 4·19 1주년을 앞두고 일부에서 한창 물 끓는 남북 교류의 외침에
따라 이북에서 간첩을 무수히 밀파했다는 기사가 신문 지면을 가끔 장
식하고 있었다. 때로는 그 일당이 검거됐다는 기사도 있었다.

이북에 처자를 두고 왔으며 첫사랑에서 결혼에까지 귀착된 김선애와
의 사이의 애정이 향수처럼, 못 견디게 엄습해 오는 일이 있어 감상에
잠길 때도 있는 성춘호다. (중략)

그러나 성춘호는 어디까지나 자유를 찾아 남하한 사람이다.

아내에 대한 감정은 휴전선을 넘어 자유롭고 아름답게 북녘 하늘로
넘나들고 있었으나 이성은 그의 앞에 남북 교류 같은 이론이나 실천에
귀를 기울이지 않게 했다(385~386쪽).

② 이런 성춘호였으므로 김선애의 친정 조카라는 광준 청년을 보자 먼저 떠오르는 것이 처자의 소식을 묻고 싶은 생각이었다.

그러나 그에 앞서 머리를 무겁게 억누르는 것이 남파한 간첩이 아니냐는 의혹이었다.

그래서 사명을 띠고 온 것이 아니냐고 묻는 것이었다.

그 대답에 광준이라는 청년은 얼굴이 빨개지고 난처한 표정을 짓는다.

성춘호는 다시 묻지 않을 수 없었다. 묻는다기보다 단정해서 말했다.

"그런 게로군. 그렇다면 왜 내 집을 찾아왔나?"

성춘호의 목소리는 떨렸다(386쪽).

③ 김광준의 출현은 잠깐 성춘호의 가정에 파동을 일으켰으나, 그의 자수는 얼마든지 시끄러울 수 있는 일에 얼른 종지부를 찍고 말았다.

만약, 김광준이 자수할 의사를 가지고 찾아오지 않았다면?

성춘호는, 아슬아슬하게 생각지 않을 수 없었다(419쪽).

1950년대 안수길의 신문 연재소설에서는 북한에 가족을 두고 온 월남민의 아픔들이 간헐적으로 묘사되고는 있지만, 간첩 임무를 부여받은 북한의 친족이 갑작스럽게 자신을 방문하는 모티프는 나타나고 있지 않다. 이런 모티프가 『생각하는 갈대』에 갑자기 등장한 배경에 4·19가 놓여 있음을 첫 번째 인용문은 보여 주고 있다. 4·19 이후 형성된 남북 교류의 분위기는 『생각하는 갈대』 속 청년 인물들의 대화에서도 반복적으로 나타났다. 남북 교류를 주장하는 움직임은 남북 간의 교통이 증대될 가능성을 만들어 내고 있지만, 『생각하는 갈대』는 그 가능성이 월남민들에게 양면적 감정을 야기하고 있음을 보여 준다. 두 번째 인용문의 밑줄 친 부분에서 확인할 수 있듯이 월남민들은 휴전선을 넘어 떠나온 가족의 생사를 확인할 기회를 부여받길 갈망한다. 그러나 그 갈망은 간첩과 연루될 수 있다는 격렬한 불안감을 수반하기에 이성적으로 억제되는 것이다. '남파', '사명'과 같은 어휘들은 그 불안감에 구체적 실체를 부여한다.

성춘호를 찾아온 처조카 김광준은 남파 간첩이지만 자수했기에 큰 문제를 야기하지 않았다. 그러나 세 번째 인용문에서 확인할 수 있듯이 김광준의 출현은 성춘호의 남한에서의 삶이 불안정하다는 것, 예기치 않은 계기로 위기를 겪고 뒤흔들릴 수 있음을 보여 준다. 월남민 중년 남성이 지니는 불안정한 위치는 1950년대 안수길의 신문 연재소설 속 인물에게서는 뚜렷하게 표출되지 않았음을 볼 때, 『생각하는 갈대』의 성춘호에게 드러난 불안정성은 4·19가 가져다준 사회적 변화, 그중에서도 특히 남북 교류의 목소리가 커지고 있는 분위기, 이와 맞물려 '간첩'이라는 불온한 형태로 북한과 연루될지 모른다는 불안감 또한 고조된 분위기와 맞물려 있었음을 유추할 수 있다.

그 불안정성은 성춘호와 오선애의 감정 교류 역시 종결되게 만든다. 성춘호의 아내 정인순은 간첩과의 대면으로 인해 생긴 불안감 때문에 오선애를 직접 찾아가 성춘호와 오선애의 관계를 지속할 수 없게 만든다. 정인순의 역할이 능동적으로 변화한 것과 맞물려 성춘호와 오선애의 감정 교류 역시 결말 부분에서 긴급하게 봉합되어 버린 것이다.

북한과의 교통 가능성이 월남민 중년 인물의 감정 교류 사이에 영향을 미치는 양상은 1963~64년 『조선일보』에 연재된 『백야』에도 나타나고 있다. 『백야』에서 형상화되고 있는 편종수와 천금주 사이의 관계는 여러 측면에서 『생각하는 갈대』 속 성춘호와 정인순의 결혼 직전 상황을 연상하게 만든다. 휴전협정이 조인된 직후인 1953년 다시 만난 편종수와 천금주는 월남 과정에서 북한의 내무서원에게 붙잡혀 함께 심사받았던 경험을 공유하며 감정을 교류하기 시작했고, 그 과정에서 천금주는 자신의 남편이 폭격에 희생됐다는 소식을 들었음을 토로하기도 한다.

그러나 천금주의 시형이 찾아온 뒤 편종수와 천금주 사이의 심화되던 감정 교류는 불안정해진다. 시형은 천금주의 남편이 이북에 살아 있다는 소식을 전해 줬고 천금주는 그 소식을 듣자 "스러진 것으로 믿고 있었던 남편에 대한 애정의 불길이 한꺼번에 활활 타오르는 것"(281~282쪽)을 느낀다. 남한과 북한의 교통이 차단되었지만 온전히 불가능해지지도 않은 상황들이 천금주의 감정적 불안정성, 더 나아가 편종수와 천금주 관계의 불안정성을 낳게 만든 것이다.

4 그러면서 얼핏 생각한 게 혹 외지에서면 이북에 편지를 할 수 있을 것이고, 잘하면 회답도 받아 볼 수 있을 게 아니냐는 생각이었다.

남북 간에 우편물 교환 협정이 성립된 것은 1949년 1월 1일이었다.

얼마 동안 서신의 교환이 있어, 그나마도 허락되는 범위 안에서 이북 친척의 소식을 알 수 있었으나 그것도 큰 성과 없이 사변을 맞이했다.

휴전이 성립된 뒤는 그런 것마저 생각할 여지가 없을밖에 없다.

오직 길이 있다면 외지에서 이북에 편지를 던져 보는 방법밖에 생각할 수 없었다.

　정치적인 내용이 아닌 편지를 묘하게 써서 보내고 회답을 발신지인 외지의 어느 주소로 하도록만 된다면 다른 것은 몰라도 사람 하나의 생존 여부쯤은 알 수 있을 것이라는 추측이었다(307쪽).

　인용문에서는 삼팔선이 국경처럼 변해 남북 간의 왕래가 불가능해진 한국전쟁 직전에도 남북 간의 우편 교류는 가능했음을 환기한다. 휴전 직후는 그런 우편 교류가 부분적으로 가능해질지, 아니면 그마저 불가능할지가 명확하게 결정되지 않았던 시점이었다. 그렇기에 피난민들은 남북 교류가 가능한 장소로 외지, 즉 제3국을 상상했던 것이다. 천금주는 홍콩으로 가는 문형태에게 그곳을 발신인 주소로 하여 북한에 편지를 보내 달라고 부탁한다. 이는 휴전 직후의 남한 사회에서는 여전히 북한과의 교통 가능성이 다양한 양태로 모색되었음을, 그리고 그 상상을 실현하려는 개인적 움직임이 있었음을 암시하고 있다.

　『생각하는 갈대』와 『백야』는 각기 다른 양태로 중년 인물들의 연애 감정을 서사화하지만, 그 인물들 간의 감정 교류는 불안정하게 전개된다. 불안정한 연애 서사의 이면에는 '북한'이라는 공간이 놓여 있다. 월남한 피난민들에게 '북한'은 여전히 그들의 사적私的 생활에 강한 영향을 미치는 실체적 공간이었으며 북한과의 교통은 다양한 방식으로 상상되었던 것이다. 물론 홍콩을 다녀온 뒤 천금주에게 그곳에서도 남북 간 서신 교환은 불가능하다는 것을 이야기한 문형태의 대답은 전쟁 직후 남한과 북한의 교통 가능성이 봉쇄되었음을 상징적으로 보여 준다.

그러나 『백야』에서 확인할 수 있듯이 월남한 피난민들은 북한과의 교통 가능성을 여러 방식으로 모색하기도 했고, 『생각하는 갈대』에서 보여 주었듯이 4·19 이후에는 남북 교류의 확대를 주장하는 목소리가 생겨나기도 했다. 북한과의 교통 가능성은 월남민들의 감정 교류에도 영향을 미치고 있었다. 그들은 북한과의 교통을 다양한 방식으로 상상했지만 그 상상이 현실화될 가능성이 생겨났을 때 월남민들의 불안감, 그리고 관계의 불안정성도 증대된 것이다.

『생각하는 갈대』(1961~62)가 4·19 이후 증대된 그 불안감의 동시대적 층위를 보여 준다면, 『백야』(1963~64)는 남북 간의 교통 가능성이 사라졌음을 깨닫게 된 한국전쟁 직후의 상황, 더 나아가 전시 서울의 상황을 그리며 그 불안감이 형성된 기원을 형상화해 내고 있다.

3. 전시戰時 서울의 치안 질서 재편과 심사받는 개인들

앞의 절에서 분석했듯이 『생각하는 갈대』(1961~62)에서는 북한에서 내려온 친척들이 월남민 중년 남성 인물의 정체성에 위기를 부여하는 과정이 그려지고 있지만, 이 인물들이 한국전쟁 시기 겪었던 체험들을 직접적으로 그리고 있지는 않다. 『생각하는 갈대』에서 암시만 되어 있거나 생략된 이야기들은 『백야』(1963~64)의 전반부에 본격적으로 나타나고 있다. 그 이야기들은 전시 서울의 치안 질서를 비판적으로 형상화하고 있으며 작가는 그 질서가

4·19 직전의 한국 사회에까지 이어지고 있음을 암시한다.

『백야』는 한국전쟁 시기 서울의 치안 질서 변화를 형상화하며 그 변화가 서울에 남아 있던 개인들에게 어떤 정념을 유발했는지 구체적으로 보여 주고 있다. 『백야』는 청계천 시장에서 일하는 피난 월남민의 시각에서 한국전쟁 직후 서울의 상황과 9·28 수복 이후 서울의 상황을 대비해 그리고 있다. 이런 서사 구조를 볼 때『백야』는 9·28 수복 직전까지의 서울만을 재현한 염상섭의 『취우』와 여성의 시각에서 이 시기를 본격적으로 증언한 1970년대 이후 박완서 소설의 중간 지점에 위치한다고 볼 수 있다. 물론 『백야』는 공산주의에 비판적인 시각을 지닌, 더 나아가 반공 청년단장 동생을 둔 월남민의 시각에서 전시 서울을 그리고 있기에 전향한 오빠를 둔 박완서의 소설 속 주인공들처럼 이데올로기적 균형 감각을 획득하고 있지는 않다. 그러나 전시 서울을 형상화하는 과정에서 『백야』는 박완서 소설들과 유사하게 전시 서울의 치안 질서가 변화된 양상들을 밀도 있게 형상화했고, 그 변화 과정이 서울에 남아 있던 시민들에게 준 공포와 불안의 정념들을 담아냈다.[17]

①파편은 날아오고, 불길은 뭉클뭉클 뜨거운 기운을 휘몰아친다. 이런 분위기 속에서 반장을 통한 동원명령이었다.

---

[17] 이 시기 박완서 소설에 나타난 전시 서울 상황을 분석한 논문으로는 다음을 참조할 수 있다. 차미령, 「한국 전쟁과 신원 증명 장치의 기원 : 박완서 소설에 나타난 주권의 문제」, 『구보학보』 18집, 구보학회, 2018.

이미 대세는 결정되었다. 최후의 순간은 오직 시간문제다.

그러나 90일 가까이 그들의 명령에 끌려다니지 않아서는 안 되었던 시민들.

하자는 대로 하지 않아서는 당장 화가 미칠 것이 두려웠던 선량한 시민들 중에는 이 동원명령을 어떻게 받아들였으면 좋을지 몰랐다. (중략)

"얼른 나와요. 동 위원회관에 얼른얼른……"

반장의 목소리만이 아니었다. 귀에 익지 않은 목소리도 다급하고 악에 치받친 발음으로 들려왔다.

"어떡하면 좋아요?" <u>아내의 불안한 목소리였다</u>(411쪽).

② 경찰서로 뛰어가서야 많은 사람들이 연행되어 왔음을 알 수 있었다.

아직 경관이 경찰권을 행사하기 전의 일이었다.

그러므로 이번 조치는 <u>순전히 주민들의 자치조직인 치안대에서 취해진 것이었다.</u>

경찰이 본격적인 기능을 발휘할 때까지의 짧은 기간이나마 치안을 자치한다는 것은 있어 마땅한 일이다. 그러나,

'내 아내가 무슨 죄가 있어서……'

생각하니 <u>큰일이라 싶었다</u>(422쪽).

③ 그리고 서울에는 계엄령이 선포된 중에 계엄사령부 밑에서 경찰이 기능을 발휘하게 되었다.

<u>부역자의 색출과 검거가 경찰이나 군 특무대에 의해 진행되었다.</u>

뚜렷한 부역 행위가 있었던 분자는 당장 검거되었으나 그렇지 않은 사람들도 전반적으로 심사의 대상이 되었다.

편종수의 아내가 유치장에서 듣고 나왔다는 것은 이것을 말함이었다.

그리고 그 전반적인 심사는 진행되었다.

가족 전원을 반별로 동회에 모이게 했다.

동회 사무실에 경관이 나와 있었다. 그리고 한 사람씩 문초하는 것이었다.

편종수네 가족도 동회에 함께 출두했다.

동회 앞에는 자연히 장사진이 쳐지지 않을 수 없었다. 장사진을 치고 순번을 기다리는 사람들.

그들의 차림이며 얼굴에서 그동안의 고초를 역력히 살필 수 있었다. 남루한 의복, 영양실조의 앙상한 얼굴들.

거기에 강제로건, 생명을 부지하기 위했건, 그 밖에 어떤 사정에서건, 그들이 하자는 대로 근로 동원에 나간 일도 있었고, 여맹 같은 데도 이름이 적혀 있었던 선량한 남녀들이었다. 또 가슴이 두근거리지 않을 수 없었다.

초라한 얼굴에 근심기까지……

"시민증 내놔요."

미리 시민증은 꺼내 가지고 경관 앞에 나가기로 되어 있으나, 없는 사람이 가끔 있었다. (중략) 우선 시민증이 없으면 심한 문초를 받는 것이었다(427쪽).

인용한 세 부분은 한국전쟁 이후 서울의 치안 질서가 바뀌고 있는 상황들을 형상화하고 있다. "정부가 이미 없는 서울"에서 "불안을 지나 공포에 가까운 감정"(367쪽)을 느끼던 시민들은 북한군 지배하에 신분을 심사받고 다양한 방식으로 전시戰時 행정에 동원된다. 그 동원은 이미 북한군의 후퇴가 가시화된 시점에도 이루어졌으며, 시민들은 불안해하면서도 동원 명령에 따를 수밖에 없었음을 『백야』는 보여 준다. 물론 이런 특징은 한국전쟁 직후 북한군의 행태를 비판적으로 다룬 소설들에서도 반복적으로 나타나고 있는 내용들이다.[18] 『백야』의 독특한 점은 북한군 점령 시기 동원된 서울 주민들이 9·28 수복 이후 한국의 치안 질서에 의해서도 심사 대상이 되었다는 것을 비중 있게 형상화했다는 데 있다.

인용문 ③에서는 한국 경찰이 치안 기능을 수행하기 전 이미 자치 조직인 치안대가 부역 혐의로 편종수 아내를 연행했음을 보여 준다. 북한군이 점령했던 시기 편종수 가족이 적극적으로 북한의 동원 정책에 호응하지 않았음에도 편종수는 "부역 혐의라면 당장 어떻게 될지 그 결과를 예측할 수 없는 일"(424쪽)이라고 생각한다. 한강을 건너지 않은, 이른바 잔류파들은 모두 다 혹독한 심사를 받을 것이라는 불길한 소문이 팽배했기 때문이다.

인용문 ④에서는 그 불길한 소문이 현실화되었음을 보여 준다. 부역 행위의 여부와 상관없이 서울에 잔류해 있던 모든 개인들이 전반적으로 심사 대상이 된 것이다. 김영미는 「해방 이후 주민등록 제도의 변천과 그 성격」에서 1950년 10월 20일 "피난 가지 않고 남아 있던 서울 시민들에 대한 사상 검열의 결과물로써 시민증

---

18 다음의 연구들에서 이를 확인할 수 있다. 유임하, 「이데올로기의 억압과 공포 : 반공 텍스트의 기원과 유통, 1950년대 소설의 왜곡」, 『현대소설연구』 제25호, 한국현대소설학회, 2005; 이민영, 「전시의 서울과 피난의 (불)가능성」, 『현대소설연구』 제71호, 한국현대소설학회, 2018.

이 발급"되었으며 이는 "남한 주민을 간첩과 양민으로 구분"하려
는 목적을 내포했다고 분석한다. 이 연구에서는 "번잡하고 불편
한 절차를 치러야 했지만 전쟁 기간 중 서울 시민들은 시민증 발
급과 검인을 받는 데 목숨을 걸었다"고 서술[19]하는데, 『백야』에도
그런 서울 시민들의 불안감이 형상화되고 있다. 심사를 받는 사람
들의 남루하고 초라한 모습 이면에 근심이 깃들어 있음을 보여 주
고 있는 것이다. 서울에 잔류했던 사람들 대다수는 북한군 점령
시기의 치안 질서와 부분적으로나마 연루되어 있었기에 그들이
받고 있는 심사가 예기치 않은 방향으로 전개될 수 있다고 생각했
다. 『백야』는 그 심사가 한 번으로 그친 것이 아니라 직장과 단체
에서, 그리고 동회에서 반복되고 있음을 강조한다.

『백야』는 전시 서울의 치안 질서 변화 과정에서 지속적인 심사
를 받아야 했던 개인들, 그리하여 끊임없이 자기의 신분을 증명해
야 했던 개인들의 고충이 전시 치안 질서를 담당했던 정치권력에
대한 비판으로 이어지고 있었음을 보여 준다. 이는 편창수가 함께
의용군에 동원되었던 유동철과 만나 대화를 나누는 장면에서 부
각된다.

4 청년의 얼굴에 괴로운 표정이 떠돌았다.
"가슴이 뭉클해 며칠을 울적했었죠."

---

19 이상의 내용은 김영미, 「해방 이후 주민등록제도의 변천과 그 성격」, 『한국사연구』
제136호, 한국사연구회, 2007, 303~307쪽.

"그런 추태를 보여 드려서……"

"천만에, 추태긴……"

<u>"놈들의 집뒤짐에 개처럼 잡혀가고, 유엔군에겐 회술레를 당하고……"</u>

"그런 걸 지금 생각해선 뭘 해요."

"그러나 결국 풀려났죠."

"그 반공애국포로 석방 통에?"

"6·18(1953년) 새벽에 있었던 거 말이요?"

"그렇죠. 6월 18일 새벽에였죠."

"아니죠."

그리고 청년은 다시 한번 윤덕숙 부인에 시선을 돌렸으나, 윤 부인, 이 불의의 침입자가 못마땅했음인지? 둘의 대화에는 통 무관심이었다. 그걸 눈치 채고 청년은,

"그 전해(1952년) 7월에 남한 출신 의용군을 유엔군에서 석방한 일이 있었죠"(486쪽).

유엔군에게 포로로 잡혔다 석방된 유동철은 유엔군에 대한 원한 감정을 토로하며 '회술레'라는 용어를 발화하고 있다. 『표준국어대사전』에 따르면 '회술레'는 "목을 벨 죄인들을 처형하기 전에 얼굴에 회칠을 한 후 사람들 앞에 내돌리던 일"을 의미한다.[20] 이 어휘는 1966년 발표된 「꿰매 입은 양복바지」에도 나타나고 있으며 기존 연구에서도 지적했듯이 안수길은 "'아버지'와 '나'와 '아들',

---

20 국립국어원, 『표준국어대사전』, https://stdict.korean.go.kr 참조.

이 삼대가 목격한 '회술레를 통해 구한말과 만주국 시절과 1960
년대의 권력을 비교 검토할 수" 있었다.[21] '회술레'라는 표현에 담
긴 문제의식은『백야』에서 선취되고 있었다. 안수길은 이 용어를
통해 치안 질서가 반복적으로 재편되고 있던 전시 서울에서 개인
들이 겪었던 고통을 형상화하고 있다. 이 점은 4·19 이후의 한국
사회와 식민지 시기 간도의 상황을 비교 검토할 수 있게 된 안수
길 시선의 이면에 전시 서울의 폭력적 상황에 대한 응시가 있었음
을 환기한다.

"나를 강아지 새끼처럼 빨갱이 새끼들에게 끌어가게 만들고,
또 나를 회술레를 시킨 자유당을 지지하지 않"(494쪽)는다고 말하
는『백야』의 유동철, 그리고 그 유동철에게 폭력을 행사한 전시
서울의 치안 질서는『백야』가 연재되기 직전인 1963년 1월『사
상계』에 발표되었던『북간도』의 3부 중 한 장면을 연상하게 만든
다.『북간도』의 3부에서는 1959년에 연재되었던 1부 및 2부와는
달리 '간도협약' 이후 간도의 치안 질서가 뒤바뀐 양상이 면밀하
게 서술되어 있다.[22] 일본 영사관의 관할 안에 있는 용정과 관할

---

21 임유경,『불온의 시대』, 469쪽.

22 『북간도』의 서술 양상에 대해서는 김윤식의 지적 이래로 1·2·3부와 독립운동이
   전면적으로 서술되고 있는 4·5부 사이의 간극이 집중적으로 논의되어 왔다. 그러
   나『북간도』를 면밀하게 검토해 보면 연재본 중 간도를 조선의 옛 영토로 고찰하
   는 시각이 두드러지는 1·2부와 간도협약 이후 치안 질서의 중층적 변화가 조선인
   들에게 미치는 영향을 주되게 서사화한 3부 사이의 간극 또한 발견된다. 전반적으
   로『북간도』의 서사는 민족주의적 서술이 과잉된 한계를 드러내지만,『북간도』의
   3부는 그중 가장 흥미로운 이야기를 담아내고 있다. 특히 3부에 나타난 천보산 제

밖에 있어 청나라의 법질서를 따르는 비봉촌 일대가 공간적으로 분할되었기에 재만 조선인들이 겪게 된 분열감이 형상화되고 있는 것이다. 그 분열감은 일본 순사와 청국의 순경이 조선인 죄인을 체포할 권한 문제로 다투는 상황을 묘사하는 장면에서 두드러진다.

안수길은 특정한 공간을 지배하는 치안 질서의 전면적 변화가 그 공간 안에서 살아가야 하는 개인들에게 숨 막히는 폭력으로 다가왔음을 전시戰時의 서울에서 포착해 내고 있으며 이는 식민지 시기 만주를 형상화하던 안수길의 소설들에 내재해 있던 문제의식이기도 했다.[23] 『백야』에서는 수복 이후 남한의 치안 권력이 북한군 지배하의 서울에 남아 있던 모든 구성원들을 잠재적 부역자로 간주하며 심사받을 것을 강요한 양상을 형상화하며 '시민증'을 지니고 있던 개인들이 그 심사의 과정을 통과한 뒤 드러내는 안도감을 형상화하고 있다. 그 안도감의 이면에는 '시민증'을 지니지 못한 개인들이 대면할 폭력의 강도가 놓여 있다. 시민증을 받게 된 한 인물이 내뱉은 "시민권 없는 사람이 이 나라 백성일 수 있

련소 및 그 안에서의 계급적·민족적 갈등이 중첩된 양상에 대한 이야기가 이후 『북간도』의 4·5부에서 충분히 발전되지 못한 점은 아쉬움으로 남는다.

23 앞에서 언급한 김영미의 연구에서도 양민과 불순분자를 구분하는 "기제로서의 신분증은 만주국에서 일제가 유격대와 주민들을 분리하기 위해 도입"했다고 분석한다. 김영미는 이런 신분증이 '양민증', '도민증' 및 '국민증'이라는 이름으로 "제주 4·3과 여순사건 직후"에, 그리고 "1949년 10월 1일 '공비토벌' 지역"에서 시행되었음을 지적하며 이를 한국전쟁 시기 발급된 시민증의 기원으로 규정하고 있다. 김영미, 「해방 이후 주민등록제도의 변천과 그 성격」, 301~302쪽.

어요?"(437쪽)라는 반문이 역설적으로 시민증 없는 사람들이 겪어야 했던 고초를 드러내 준다.[24] 이런 폭력에 대한 응시는 4·19 직전 월남한 피난민들에 은밀한 압력을 행사하며 그들을 끊임없이 관제 데모에 동원하는 전후 한국 사회의 분위기, 그리고 〈보안법〉 개정안이 날치기 통과되고 있는 정치적 상황들을 서사화하고 있는 『백야』의 후반부와도 긴밀하게 조응하고 있다.

4. 무정부 상태의 거리와 종결되지 않는 데모

『백야』는 전시 서울의 치안 질서 변화가 서울에 남아 있던 사람들에게 가한 폭력을 비판적으로 서술하고 있다. 그러나 다른 한편으로 『백야』는 전시 서울에서도 폭력의 완충 지대 역할을 수행한 시장 공간도 주목하고 있다. 이 소설은 시장 공간의 경우 정치적 색채가 짙지 않았기에 전시 서울의 치안 질서 변화에도 불구하고 지속적으로 유지될 수 있었음을 보여 준다. 『백야』는 전후 한국 사회의 재편 과정을 그릴 때에도 '청계천 시장'에 초점을 맞추

---

24 『백야』에는 형상화되어 있지 않지만 1957년 발표된 단편소설 「갱생기」의 여성 인물 지애는 수복 이후 부역자 혐의를 받게 될 이들이 겪어야 했던 고초를 간접적으로 보여 준다. 오빠인 국군 중위의 행방을 숨기기 위해 여맹의 열성분자로 활동해야 했던 지애는 국군이 서울에 들어오자 목숨을 끊는다. 「갱생기」는 이런 지애의 죽음을 서사 안에 담아냈지만, 한편으로 이를 오빠를 살리기 위한 거룩한 사명으로 예찬하는 한계를 드러낸다. 안수길, 「갱생기」, 『안수길 전집 1권 단편집』, 글누림, 2011.

고 있다. 이 공간은 소설 속에서 전시 서울의 상황과 4·19가 일어나고 있는 거리를 연결하는 역할 또한 담당하게 된다. 특히 1958년부터 4·19까지를 본격적으로 다룬 소설 후반부에서 '시장'은 정치적 사건에 적극적으로 반응하는 여론 형성 공간으로 작동하게 된다.

『백야』의 후반부 첫 장에 해당하는 「낮도 밤도 아닌 세월」은 청계천 상인들의 삶의 양태 자체가 변화했음을 부각한다. 가장 큰 변화는 포목점을 운영하던 문형태에게 일어났고 새로운 사업을 구상하던 문형태는 정계로까지 진출한다. 이런 문형태의 역할 변화를 매개로『백야』는 4·19 직전 일어났던 정치적 사건과 소설 속 인물들의 개인적 삶을 매개할 가능성을 획득한다. 두 번째 변화는 편종수가 운영하던 화장품 노점상을 대신 운영하던 동생 편창수에게 일어났으며, 편창수의 점포는 동대문 시장으로 옮겨 갔다고 서술되어 있다.

1960년대 이전 '동대문 시장'은 "오늘날 우리가 광장 시장이라고 부르는 종로 4가 예지동 면을 일컫는 말"이었고 박완서는『도시의 흉년』등의 작품에서 한국전쟁 직후의 동대문 시장을 소설적으로 형상화하며 "전통적인 남녀 공사 이분법의 성별 구조"가 뒤집어지는 상황들을 담아낸 바 있다.[25] 『백야』는 박완서의『도시의 흉년』(1975)이 연재되기 10년 전쯤 동대문 시장을 주목했지만,

---

[25] 신수정, 「박완서 소설에 나타나는 동대문시장의 젠더정치학과 전후 중산층 가정의 균열」, 『한국문예비평연구』 제51집, 한국현대문예비평학회, 2016, 275, 282쪽.

그 주목의 의도는 박완서 소설의 문제의식과는 달랐다. 『백야』에서 동대문 시장은 청계천 시장에 삶의 임시 터전을 마련했던 월남 피난민들이 이동한 장소이자, 이승만 정권을 뒷받침하던 깡패 이정재가 영향력을 행사하고 있는 공간이라는 점이 부각되고 있다.

    ① 크리스마스 전날 밤이라고 하나, 예상보다 선물을 사는 손님이 뜸했다.
    불경기가 휘몰아치고 있는 탓일까? 창수네 가게는 적었으므로 사치한 손님에게 무시를 당하고 있는지도 모를 일이었다.
    그것도 화나는 일이었다. 거기에 오늘 낮에 벌어진 국회의사당에서의 사태는 시장 사람들에게 많은 화젯거리를 제공했을 뿐 아니라 울화를 치미게 만들었다. 정치와는 인연이 먼 것 같으면서, 정치에 가장 민감한 사람들이 시장 사람들이다. 자유롭게 주고받는 말 가운데 신랄한 비평의 비수가 번뜩거리고 있는 것이다.
    벌써 시장에는 자유당의 끈이 들어와 완강히 뿌리를 박고 있었다.
    동대문시장연합회장이고 대한청년단동부단장인 이정재의 세력이었다.
    일개 씨름꾼에 지나지 않았던 이는 해방 후부터 동대문 시장에 진출했다.
    환도 뒤에는 파괴된 시장 중심부의 공지를 헐가로 사들였다. 완성 후 가게를 빌려준다는 전제로 계약금을 받아 방대한 시장 건물을 세웠다.
    (중략)
    창수는 이정재가 지어 놓은 가게를 빌려 쓰고 있으나, 그의 행장에 대해서는 맵짜게 비판하는 사람 중의 하나였다(627쪽).

인용된 부분에서는 1958년 12월 24일이라는 시간과 동대문

시장이라는 공간이 지니는 정치적 의미를 소설 속 인물들의 삶과 연결하고 있다. 12월 24일은 동대문 시장에서 화장품 가게를 하는 창수에게 대목을 기대하게 하는 시기이지만, 그 대목이 실현되지 않았기에 창수는 실망한다. 그 실망을 『백야』는 1958년 12월 24일 일어난 정치적 사건과 연결한다. 24 파동으로 일컫는 그 사건은 국회에서 〈보안법〉 개정안이 날치기 통과된 것으로 이는 1958년 5월 개헌선 확보에 실패했던 자유당이 언론을 통제하기 위해 강행한 것이다.[26] 『백야』는 그 사건을 바라보는 창수의 시각을 시장 상인들의 비판적 여론과 연결한다. 동시에 그 상인들이 자리하고 있는 동대문 시장 역시 자유당으로 대표되는 정치 세력의 영향력하에 있었음을 소설은 환기하고 있다.

〈보안법〉 날치기 통과를 시작으로 『백야』는 경향신문사에 대한 탄압, 3·15 부정선거 직전의 선거 유세, 대구 학생 데모 사건을 비롯한 학생들의 시위 현황 등 4·19가 일어나기까지의 역사적 상황을 과도할 정도로 세밀하게 그려내고 있다. 이런 재현 방식은 소설의 전반적 서사 구조에 불균형을 낳는 한계를 드러내지만, 『백야』에서는 그 정치적 사건을 바라보는 정치인 문형태의 태도와 편종수·편창수 형제로 대표되는 시장 상인들의 여론을 대비해 보여 주면서 그 불균형을 일정 부분 해소하고 있다.[27]

---

26 후지이 다케시, 「4·19/5·16 시기의 반공체제 재편과 그 논리 : 반공법의 등장과 그 담지자들」, 『역사문제연구』 통권 25호, 역사문제연구소, 2011, 11쪽. 최근 연구에서는 "보안법 파동과 최인훈 초기작의 관련성"을 고찰하고 있다. 안서현, 「최인훈 소설과 보안법」, 『한국현대문학연구』 제55집, 한국현대문학회, 2018.

4·19 직전의 정치 상황을 신문 기사처럼 상세하게 재현한『백야』의 서술 의도는 소설의 마지막 장인「이 밤에 다할 때까지」가 이끌어 내는 정서적 효과로 집약되고 있다. 이 부분은 4·19에 대한 본격적인 형상화라는 점에서도 주목할 만하지만, 4·19혁명의 과정에서 발생했던 폭력과 무정부 상태의 상황을 가감 없이 그려냈다는 점에서도 의미를 지닌다.

또 한 가지 주목할 것은 4·19에서 희생당하는 주체로 편종수의 아내인 천금주의 시동생 영호를 상정했다는 점이다. 영호는 천금주의 북한 남편의 동생으로, 월남한 피난민 청년 세대를 상징하는 인물이다. 개인사적 아픔 때문에 고시를 통한 입신출세를 꾀하던 인물이 4·19혁명에 뛰어들게 된 상황을『백야』는 효과적으로 형상화해 내고 있다. 그 과정에서『백야』는 기존의 안수길 소설에서는 부각되지 않았던 '거리' 표상을 드러낸다.

1961~62년 연재되었던『생각하는 갈대』에서만 해도 '거리'는 "썩어 문드러져 구린내가 콧구멍을 푹푹 찌르는" 이미지로 형상화되고 있고 이런 이미지가 집중된 공간은 주로 "종로·명동 거리" (21쪽)다. 특히 명동의 바$_{bar}$에서 향유되고 있는 일본적 문화의 분

---

27 『백야』는 1958년부터 4·19가 일어난 1960년까지의 상황을 서사화한 부분에서만 정치적 사건들을 세밀하게 재현하고 있다.『안수길 전집』이 발간될 때 이 소설을 처음 논한 연구자 역시 전반부 서술과 후반부 서술의 불균형을 지적하면서도 작가의 의도는 "처음부터 정치역사적 현실에 대한 진지한 접근에 있었다고 보는 게 옳다"고 추정한다. 이런 추정은 정치적 사건과 인물들의 사적 생활을 매개한 '시장' 공간에 대한 서사적 분석을 통해 뒷받침될 필요가 있다. 정재림,「가족 만들기, 혹은 뿌리내리기 : 안수길『백야』,『초가삼간』」,『안수길 전집 9권』, 글누림, 2011, 935쪽.

위기에 이 작품은 강한 거부감을 표출하고 있다. '거리' 공간뿐만 아니라 4·19 역시 『생각하는 갈대』에서는 혼란의 이미지로 형상화되고 있다. 4·19혁명 1주년 직전의 분위기를 묘사하는 작품의 후반부에서도 "혁신 계열의 반공법 반대 시위"와 "이에 반대하는 용공분자 타도의 시위행진"(309쪽)이 교차하는 정치적 혼란이 부각된다. 그러나 다른 한편으로 『생각하는 갈대』에서는 4·19에 참여했던 학생들을 의미 있게 평가하는 시각도 나타난다. 『생각하는 갈대』에서 외교관을 목표로 고등고시를 준비하고 있는 성근식이 4·19의 데모에 참여했던 학생들에게 느꼈던 부끄러움에서 이를 확인할 수 있다.[28]

1963년부터 연재되기 시작한 『백야』에서는 『생각하는 갈대』에서 간헐적으로만 언급되었던 4·19혁명의 상황을 본격적으로 재현하고 있다. 『생각하는 갈대』에서 고시 준비를 하던 최근식은 "사상적으로 현실적으로도 몹시도 소란"(339쪽)한 4·19 직후의 상황에 갈대처럼 흔들리고 있다. 이 소설의 제목인 '생각하는 갈대'는

---

28 그럼에도 『생각하는 갈대』는 4·19 시기 거리 풍경을 재현하거나 등장인물의 시각으로 4·19와 관련된 기억들을 떠올리고 있지도 않다. 오히려 이 작품은 자유공민학원을 운영하는 성춘호 원장의 사명감과 학교의 대지 문제로 말미암아 그 사명감이 실현되기 어려운 상황, 그리고 난관에도 불구하고 성춘호를 조력하는 인물들의 모습을 부각하는 데 주력하고 있다. 이선미는 이를 근거로 안수길이 "중년 세대의 민족적 주체성을 부각하고, 4·19와 청년의 의미를 부정하고 주변화시키는 정체성의 정치"를 드러냈다고 비판한다. 이는 『백야』를 염두에 두지 않은, 『백야』와 『생각하는 갈대』의 연결 지점을 고찰하지 않은 분석이라는 점에서 한계를 지닌다. 이선미, 「4·19와 안수길의 연애소설」, 『안수길 전집 7권』, 글누림, 2011, 721쪽.

일차적으로는 그 상황과 대면하는 최근식의 태도를 가리키고 있다. 『백야』에서 『생각하는 갈대』의 최근식과 유사한 역할을 담당하는 인물이 바로 영호다. 영호는 앞에서 언급했듯 고시 공부에 몰두하고 있는 월남민 대학생이다. 영호는 1958년 시점에서는 다른 대학생들과 달리 데모에 대해 부정적 견해를 표출하고 있다. 이런 부정적 견해는 데모 군중이 동원되고 있다는 판단에 기인하며 그 견해는 중학교 이후 휴전 반대 데모 등에 동원되었던 그의 기억과 조응하고 있다. 이때 영호가 비판적으로 평가하고 있는 데모는 1958년 있었던 재일교포 북송 반대 시위다.

『백야』는 재일동포 북송 반대 데모가 동회를 통해 대대적으로 동원되었으며 그런 동원이 월남한 피난민들에게 집중적으로 강요되었음을 보여 준다. 동회의 반장이 편종수 부부에게 한 "이 집에서 안 나온대서야 말이 됩니까?"(653쪽)와 같은 말에서 피난민들이 북송 반대 데모에 나오는 것을 당연시하며 압력을 행사하는 분위기가 발견된다. 작가는 북송 반대 시위의 양상을 비판하는 영호의 견해, 그리고 영호의 견해에 동감했던 한 학생의 "군중 시위의 존엄성이 상실"(668쪽)되었다는 말을 통해 동원된 군중들에 대한 비판적 거리 감각을 드러낸다.

그 거리 감각은 3·15 부정선거 직전 일어났던 대구 학생 데모 사건을 "여느 데모와는 모습이 달랐다"(692쪽)고 표현하며 "행사 같은 분위기"가 아니라 "절박한 부르짖음"(693쪽)이었음을 강조하고 있는 것에서도 확인된다. 야당의 연설회가 있던 일요일에 고등학생들을 등교하도록 지시한 것에 반발해 일어난 대구 학생 데모 사건[29]은 영호의 친구 함재석의 시선에서 묘사되고 있다. 학생들

2부 시민권의 경계, 또 다른 주체들

의 시위뿐만 아니라 북송 반대 시위에도 동참한 함재석은 그 시위와 거리를 두려 하는 영호와 긴장 관계를 이루고 있다. 북송 반대 데모에 대한 두 인물의 대화를 형상화하는 장면에서 『백야』는 섣부르게 감격하는 함재석보다 그 데모에 동원된 군중의 성격에 신중하게 접근하는 영호의 논리에 초점을 맞췄다. 그러나 3·15 부정선거 전후의 상황을 그릴 때에는 학생들의 시위에서 아픔을 느낄 정도로 성숙해진 함재석의 변모가 부각되고, 영호 역시 함재석의 논리에 공감하며 4·19혁명에 동참한 것으로 서술된다. 바로 그 영호가 경찰의 실탄에 맞아 쓰려져 병원에 실려 가는 장면, 그리고 실탄 발포와 맞물려 군중의 분노 또한 고조되기 시작한 장면을 『백야』는 집중적으로 형상화하고 있다.

2 학생들만의 데모대는 질서가 있었다. 그대로 평화데모였다.

그러나 시민이 합류한 뒤의 데모는 그렇지 않았다.

살벌한 면모를 띠게 되었다.

---

29 이완범은 이를 "2·28 대구민주운동"으로 지칭하며 "4·19의 전조가 된 고등학생시위"였다고 평가한다. 이완범은 이 운동과 부정시위를 규탄했던 3·15 마산의거를 연결하며 4·19를 서울과 대학생에 초점을 맞추어 해석하는 방식을 비판한 뒤 4·19의 "지역중심적 성격과 자연발생적이고 시민운동적인 의거의 성격"을 강조한다. 이런 이완범의 견해는 4·19의 순간뿐만 아니라, 2·28 대구민주운동과 3·15 마산의거도 비중 있게 형상화한 안수길의 시각과도 연결된다고 볼 수 있다. 이완범, 「4·19 전조로서의 1960년 초봄 지역 시민운동 : '4·19'의 '대학생-서울' 중심 사관을 넘어서」, 『한국정치외교사논총』 제34집 2호, 한국정치외교사학회, 2013, 47, 66쪽.

앞을 막는 소방차에 투석, 그걸 빼앗아 까맣게 올라탔다. 사이렌을 울리고, 만세와 구호를 외치면서 질주하기 시작했다. 광화문 소방서에서도 소방차를 끌어내 운전했다. 세종로, 태평로 중심의 지나가는 지프, '관'차, 고급차, 백차, 트럭까지 빼앗아 타고 시내를 돌아다녔다. 파출소가 파괴되기 시작했다. 통의동 파출소가 그 시초였다. 기물을 길가에 끌어내다가 불을 질렀다. 건너편인 중앙청 서면 광장에 공문서가 낙엽처럼 흩어졌다. 오후 1시에 경비계엄령이 선포되었다. 그러나 그런 것이 아랑곳없었다. 3시 전후해 태평로의 서울신문사에 불이 질러졌다. (중략) 데모대는 더욱 살기를 띠었다. 태평로 파출소가 습격당했다. 경관이 쫓기었다. 세종로 일대에는 경관의 그림자를 볼 수 없었다. 완전히 무정부 상태였다(779쪽).

『백야』의 4·19 표상이 지니는 독특한 점은 4·19의 평화 시위로서의 측면이 아니라 폭력적이고 무정부적 측면을 부각했다는 점에 있다. 이는 1968년 발표된 박태순의 「무너진 극장」에서 본격적으로 형상화된 바 있는데, 『백야』는 이보다 4년 앞서 「무너진 극장」에서 그리려 했던 바를 부분적으로 선취하고 있다. 시민들이 참여한 뒤 변화한 데모대의 움직임은 짧은 문장의 연쇄로 형상화되었고 그 연쇄를 통해 작가는 무정부 상태의 거리 모습과 데모대의 파괴적 움직임을 재현한다. "폭력을 갖춘 시위"(779쪽)와 비상계엄령 선포 이후 무장한 경찰관이 대치하는 장면은 "시가전을 방불케 하는 총소리"(780쪽)라는 표현에서 확인할 수 있듯 내전에 가까운 상황으로 묘사되고 있는 것이다.

무정부 상태의 거리를 형상화하며 4·19가 지니는 폭력적 측면을 보여 준 작가의 의도는 4·19의 부정적 특성을 부각하거나 이에 대응한 치안 질서를 변호하려 한 데 있지 않다. 무정부 상태의 거리를 재현한 뒤 작가는 "영호가 입원하고 있는 P병원"(780쪽)에 뛰어든 주인공 편종수의 모습을 그려내고 있다. 데모대를 지켜보며 동생 창수가 월남 전 가담했던 학생 의거 사건을 떠올리는 편종수의 형상, 그런 편종수에게 "왜 마구 쏩니까? 왜 영호 같은 앨 죽입니까?"(782쪽)라고 말하는 창수의 모습에서 확인할 수 있듯 작가는 궁극적으로는 시위에 참여했다가 희생당한 학생들에게 공감을 보내고 있다.

작가는 월남하기 전 편창수가 참여했던 함흥 학생 의거를 4·19와 연결하며 그 공감에 월남한 피난민의 기억을 개입시키고 있다. 4·19에 참여한 피난민 청년 세대를 대표하는 영호가 4·19의 구호에 나타난 반공주의적 시각을 보고 안도하며 시위에 더 공감하는 장면에서도 이를 확인할 수 있다. 4·19가 공산주의에 반대하는 시각 또한 담고 있음을 강조하는 작가의 세계 인식은 4·19를 '반공주의'라는 한국 사회의 지배 이데올로기 틀 내에서 전유하려는 한계를 드러낸다.

그러나 월남한 피난민의 관점에서 4·19를 재현한 『백야』의 시도는 역설적으로 4·19를 주도한 대학생들의 시각만을 강조해 4·19 세대의 주체성에 과도한 의미를 부여했던 기존의 소설들과 차이를 드러내는 효과를 발생시키고 있다. 그 효과가 바로 무정부 상태의 4·19 거리를 재현하는 방식으로 표출되고 있는 것이다.

이 방식이 지니는 독특함은 이 소설의 결말 부분과도 연결된다. 1964년 연재되었음에도 『백야』는 4년 전에 일어났던 4·19를 동시대에 일어나고 있는 사건, 그리하여 아직 종결되지 않은 사건처럼 재현하고 있다. 이는 이 소설이 이승만 대통령의 하야, 혹은 4월 19일에 총상을 입은 영호가 죽는 장면이 아니라, 4월 19일 밤의 시간대에서 서사를 끝맺고 있는 것에서 확인된다.

> ③ 밤이 깊어 갔다. 10시가 지났을까?
>
> 우루룽, 우루룽, 탱크 구르는 소리가 들려왔다. 장갑차도 들어오는 모양이었다.
>
> 이따금 멀고 가까운 총소리도 들려왔다. 그러나 그런 속에서도 데모대의 아우성은 그치지 않았다 동대문 밖으로 나가는 것인가?
>
> 편종수는 밖으로 나갔다. 병원 담장 밖은 큰길이었다.
>
> '이 밤이 새고 내일 아침은 어떻게 되는 것인가.'
>
> 데모는 밤새껏 그칠 것 같지 않았다(782쪽).

영호의 곁을 지키며 병원에 있던 편종수는 "탱크 구르는 소리", 총소리, "데모대의 아우성"을 동시에 듣다가 결국은 병원 밖으로 나간다. 『백야』는 마지막 장면에서 편종수가 어떤 선택을 내렸을지 명시적으로 보여 주지 않고 있으며 이는 "이 밤이 새고 내일 아침은 어떻게 되는 것인가"(782쪽)라고 생각하는 편종수의 모습과도 연결된다. 명확하게 결정되지 않은 편종수의 선택은 "데모는 밤새껏 그칠 것 같지 않았다"라는 마지막 문장, 그리고 이 작품의 제목인 『백야』가 가져다주는 감각과 맞물려 4·19의 비종결성을 이미지의 형태[30]로 보여 주고 있다.

4·19를 주도적으로 체험했던 세대들의 관점을 부각한 서사에

서 4·19는 대체로 과거에 완료된 사건으로 형상화된다. 이때 부각되고 있는 것은 4·19 자체가 아니라 4·19가 청년 세대의 주체 형성 과정에 미쳤던 영향, 그리고 그 영향을 끝까지 지속시키지 못했던 세대적 좌절감이다. 그러나 월남한 피난민의 시각에서 4·19를 재현하고 있는 『백야』는 4·19를 현재 진행형 사건으로 종결하며 4월 19일 이후의 세계가 어떤 방향으로 전개될지 예측할 수 없는 것처럼, 그리고 서술자 스스로도 알고 있지 못한 것처럼 그려내고 있다. 4·19가 지니는 폭력성, 그리고 예측 불가능성을 보여 주는 결말 장면은 4·19를 이미 완료된 사건으로 기념하는 방식에서 벗어나 4·19가 지니는 "봉기적 계기", 즉 현재의 가치 체계에 따라 그 사건을 판단하기 어렵게 만드는 순간[31]을 부각하고 있다.

5. 폭력의 공간화와 마이너리티의 시민권

1960년대 초반 안수길의 신문 연재소설에 나타난 4·19 표상

---

30 그 이미지는 이 작품의 제목이 '백야'인 것에서도 암시되고 있다. 안수길 스스로도 그 제목은 해방 직후부터 4·19까지의 "우리나라 현실을 낮도 아니요 밤도 아닌 상태"로 그리려는 의도를 담고 있다고 말하고 있다. 안수길, 「『백야』의 붓을 놓고」, 『조선일보』, 1965/01/07.

31 발리바르, 에티엔, 「민주주의적 시민권인가, 인민주권인가?」, 『정치체에 대한 권리』, 진태원 옮김, 후마니타스, 2011, 231, 238쪽.

은 안수길 소설이 혼란과 폭력의 발현 양상을 주시하고 있음을 보여 준다. 특히『백야』에서 4·19는 무정부 상태의 '거리' 표상을 통해 형상화되고 있으며 그 과정에서 치안 질서를 유지하려는 폭력과 이에 대응해 기존의 사회질서를 재구축하려는 대항 폭력이 맞부딪히는 양상이 부각되고 있다.

발터 벤야민이 「폭력의 비판을 위하여」에서 서술했듯이 "적법한 강제력과 비적법한 폭력의 구분의 의미는 직접적으로 자명하지" 않으며 "개인들에게 맞서 폭력을 독점하려는 법의 이해관계"는 "법 자체를 보존하려는 의도"를 내포하고 있다.[32] 데리다는 "법을 설립하고 정립하는" 법정립적 폭력die recht-setzende Gewalt과 "법의 영속성과 적용 가능성을 유지하고 확증하고 보장하는" 법보존적 폭력die rechtserj-altende Gewalt을 구분하는 벤야민 논의를 재구축하며 "새로운 법을 정초하기 위해 기존의 법을 중단"시키는 폭력은 "법 속에 있는 비법적非法的인 심급"임을 부각한다.[33]

안수길은 앞에서도 분석했듯『북간도』를 비롯한, 간도를 형상화하는 작품에서도 '법적 질서'가 지니는 근본적 폭력성을 응시하고 있었다. 각기 다른 성격의 법적 질서가 뒤섞이며 충돌한 1930년대의 '만주' 자체가 법적 질서의 폭력성을 상징적으로 보여 주는 공간이었으며 안수길은 그 공간의 성격을 감지하고 있었던 것

---

32 벤야민, 발터, 「폭력의 비판을 위하여」, 데리다, 자크,『법의 힘』, 진태원 옮김, 문학과지성사, 2004, 142~144쪽.

33 데리다, 자크, 「벤야민의 이름」,『법의 힘』, 75, 84쪽.

2부 시민권의 경계, 또 다른 주체들

이다.[34] 1950년대 중반 이후 발표한 안수길의 신문 연재소설에서는 전후 한국의 법적 질서가 지니는 폭력성을 형상화하고 있지 않지만, 4·19 표상을 담아내고 있는 1960년대 초반 『생각하는 갈대』와 『백야』에서는 변화의 징후가 감지된다. 이 소설들에서 4·19는 때로는 혼란, 때로는 무정부 상태로 표상되지만 이는 4·19가 지닌 정치적 가능성을 부정하려는 의도를 내포하고 있지 않다. 앞에서도 이야기했듯 안수길의 1960년대 초반 신문 연재소설에서는 4·19가 기존의 법적 질서를 새롭게 정초하기 위한 폭력적 순간을 내포하고 있다는 점을 형상화했고, 이를 통해 전후 한국 사회의 법적 질서 자체가 행사하고 있었던 폭력을 부각하는 역할 또한 수행했다.

이런 특성은 치안 질서의 폭력과 대항 폭력이 맞부딪히는 4·19의 거리를 재현한 『백야』의 후반부에 가장 잘 드러나고 있으며, 『백야』의 전반부에 재현된 전시 서울 역시 치안 질서의 재편이 개인들에게 야기했던 폭력을 보여 주고 있다. 이때 눈여겨볼 것은 안수길 소설에서 그 폭력이 '경계에 놓여 있는 공간'과 긴밀하게 연결되고 있다는 점이다. 중국과 일본의 법적 질서의 경계에 놓여

---

34 안수길의 초기 소설에 나타난 폭력에 대한 양상을 '간도 공간'과 연결해 고찰한 논문으로는 다음을 참고할 수 있다. 송기섭, 「폭력의 내면과 정주화의 미망」, 『현대소설연구』 제27호, 한국현대소설학회, 2005. 윤대석은 2000년대 발표된 김연수의 『밤은 노래한다』를 중심으로 만주 공간과 국민국가의 폭력, "탈국민국가적 욕망"에 대해 논한 바 있다. 윤대석, 「21세기 한국 소설에서의 만주: 『밤은 노래한다』론」, 『현대소설연구』 제55호, 한국현대소설학회, 2014.

있던 만주, 남한과 북한의 치안 질서를 동시에 경험해야 했던 전시 서울이 그 대표적 예다. 4·19를 형상화할 때에도 안수길은 4·19를 주도한 청년들의 내면세계가 아니라 폭력이 맞부딪히는 무정부 상태의 '거리' 공간에 초점을 맞추고 있다.

만주와 전시 서울, 그리고 4·19의 거리가 각기 다른 유형의 폭력이 충돌하는 경계 공간이라면 한국전쟁 이후의 남한 사회에서 북한은 그 경계의 바깥에 위치하게 된 공간이었다. 그러나『생각하는 갈대』에서는 4·19 이후 남한과 북한의 경계 역시 재편될 수 있다는 점이 암시되고 있으며, 그 재편의 가능성이 월남한 피난민들에게 야기한 불안감 또한 형상화되고 있다.『백야』에서는 한 걸음 더 나아가 그 불안감의 기원이 9·28 수복 이후 서울의 치안 질서에 있음을 보여 준다.

『백야』에서 부각되고 있는 시민증은 전후 한국 사회의 시민권이 분단국가의 국적과 긴밀하게 결합되고 있었음을, 그리고 그 권리는 분단국가의 다른 한 축, 즉 '북한'과의 단절을 증명하는 자에게만 부여될 수 있었음을 보여 준다. 에티엔 발리바르가 강조했듯이 국민적 제도와 긴밀하게 연결되어 있는 시민권, 그리고 국가적 틀을 규정하는 국경은 배제와 차별의 규칙이 가시화되는 영역이다.[35] 『백야』를 비롯한 안수길의 소설은 궁극적으로는 시민증을 획득한 사람들의 시선, 즉 국가의 경계를 넘어서려 하지 않는 자

---

35 발리바르, 에티엔, 「민주주의적 시민권인가, 인민주권인가?」; 발리바르, 에티엔, 「국민적 인간」,『우리, 유럽의 시민들?』, 59쪽.

의 시선에서 그려지고 있으며 그의 소설 세계를 '자기보존'으로 해석하는 관점은 이런 시선과 연결된다.[36]

그러나 안수길의 소설 속 '자기보존'의 논리 이면에는 시민증을 획득하지 못한 자, 즉 경계 공간에 놓여 있는 자가 감당해야 했던 폭력을 응시하는 태도가 깔려 있다. 그 응시 때문에 안수길 소설의 주인공들은 가까스로 획득한 시민권을 물신화하지 않고 거리 감각을 유지할 수 있게 된 것이다. 4·19를 대면한 안수길이 신문 연재소설을 통해 시민권의 한계를 본격적으로 문제 삼기 시작한 것에서도 이를 확인할 수 있다. 『생각하는 갈대』에서는 월남한 피난민들이 획득했던 시민적 정체성이 북한에 있던 친척의 방문으로 인해 손쉽게 동요될 수 있음을 보여 주고 있으며, 『백야』에서는 공권력에 적극적으로 항의하기 어려울 것으로 규정된 월남민들이 3·15 선거 때 투표권마저 부여받지 못했음을 형상화하고 있다.

월남한 피난민들은 전후 한국의 사회질서에서 일종의 마이너리티였고, 그렇기에 그들은 자신들에게 부여된 시민권이 미완의

---

36 안수길 소설이 전후 한국 사회를 형상화하고 있는 양상을 분석하지는 않았지만, 안수길의 만주 서사에 나타난 '자기보존의 논리'를 비판한 김미란, 「만주, 혹은 자치에 대한 상상력과 안수길 문학」을 그 대표적 예로 볼 수 있다. 여러 장점이 있는 연구이지만, 김미란의 논문은 안수길 소설 속 '자기보존의 논리'에 마이너리티가 겪은 폭력 체험이 깃들어 있음을 간과했기에 아쉬움을 남긴다. 그 결과 김미란의 논의는 불안정한 국민국가 형성기에 폭력으로부터 자기의 생명을 보존하려 했던 마이너리티의 생존 방식을, 신자유주의 사회를 살아가는 오늘날 한국 사회 구성원들의 처세술과 별다른 매개 없이 연결하는 한계를 드러내고 있다.

형태임을 누구보다 잘 알았던 것이다. 『백야』는 월남민 청년 세대를 상징하는 영호가 4·19에 참여했다가 부상당하는 장면, 그리고 그를 치료하던 편종수가 거리로 발을 내딛는 결말 장면을 보여 주며, 시민증을 부여받은 것에 안도하던 마이너리티가 역동적인 시민권의 재구축 과정과도 결합될 수 있었음을 드러낸다. 그러나 안수길의 1960년대 초반 신문 연재소설은 4·19에 참여한 주체의 내면을 부각해 4·19 및 이른바 4·19 세대를 신화화하려 하지 않고 있다. 대신 4·19가 가지고 있던 폭력과 무정부적 혼란을 형상화하며 4·19가 개개인들에게 맞닥뜨리게 했던 '예측 불가능성'의 순간들[37]을 보여 주고 있다.

안수길의 소설 속 피난민들은 미래를 예측할 수 없는 그 순간에 북한의 통치 권력과 긴장을 빚었던 상황들을 기억하며 4·19의 가능성에 동참하려 한다. 그 기억은 '반공주의'라는 한국 사회의 지배 질서를 위협하지 않는 한계 내에서 4·19의 봉기적 순간을 수용하려는 안수길 소설의 특성을 드러내고 있다.[38]

---

[37] 그 순간은 데리다가 『마르크스의 유령들』에서 "우리가 시간이라고 부르는 것에 순응하지 않는" 순간을 부각하며 언급한 "유령적 시간성"과 연결된다. 여기에서 '시간'은 "우리의 오늘, 현재성 자체"를 의미하며 '유령적 시간성'은 "생생한 현재를 은밀하게 어그러지게 하는 것"이다. 그렇기에 데리다는 그 순간이 "정의로서 도착하는 이arrivant의 절대적이고 예견 불가능한 독특성에 대한 기다림"으로 이어질 수 있음을 강조한다. 데리다, 자크, 『마르크스의 유령들』, 진태원 옮김, 이제이북스, 2007, 13~26, 50~71쪽.

[38] 또 다른 한계는 안수길의 신문 연재소설에서 그려지고 있는 '시장' 공간과도 맞물려 있다. 전시 서울에서도 '시장'이 작동되고 있는 것을 보여 주었듯이 『백야』에서 '시장'은 전시 사회의 폭력적 질서에서 완충지대 역할을 하는 공간으로 그려진다.

그럼에도 안수길의 1960년대 초반 신문 연재소설은 월남한 피난민, 즉 전후 한국 사회의 마이너리티에 해당하는 이들[39]이 시민권을 획득하게 된 과정, 그리고 그 시민권이 미완의 성격을 지녔음을 깨닫는 과정을 함께 보여 주었다는 점에서 의미를 지닌다. 그렇기에 안수길의 신문 연재소설, 특히 『백야』는 "완수되지 않으며 완수 불가능한 과정"[40]으로서의 '시민권'이 지니는 성격을 마이너

　　그러나 1950년대 후반 안수길의 신문 연재소설부터 『생각하는 갈대』에 이르기까지 '시장'은 부정적 공간으로 형상화되고 있었으며 이는 '시장'에 뛰어든 노동하는 여성을 폄하하는 안수길 소설의 젠더 이분법과도 맞닿아 있다. 『백야』 역시 그 이분법에서 온전히 벗어나지는 못했다. 그렇지만 『백야』는 월남한 피난민들의 생존 공간이었던 '청계천 시장'이 4·19 직전 비판적 여론의 표출 공간으로 자리매김했음을 보여 주었다는 점에서는 의미를 지닌다.

　　최근 연구들은 '박순녀'를 비롯한 월남 여성 작가들이 자신의 정체성을 인식하며 냉전 이데올로기와 남한 사회를 비판해 간 과정에 주목하고 있다. 이런 연구들은 안수길의 소설이 지닌 한계들을 인식하는 데 유효한 참조점이 될 수 있다. 김윤선, 「월남 여성작가 박순녀의 '체험'과 문학」, 『한국학연구』 제33집, 고려대학교 한국학연구소, 2010; 김주리, 「박순녀 소설의 이방인의식과 탈주 : 월남여성지식인 작가의 소설 속 거주의 표상」, 『현대소설연구』 제74호, 한국현대소설학회, 2019; 김은하, 「해방세대 여성의 이동과 탈주 : 박순녀의 소설을 중심으로」, 『인문학연구』 제32집, 인천대학교 인문학연구소, 2019.

39 유효종의 연구에 따르면, '마이너리티'를 개념화하는 방식은 나라마다 차이가 있다. 유효종은 한국의 경우 "'약자' 일반을 '마이너리티'로 보는 유형"에 해당하며 2000년대를 전후해 한국에서 마이너리티, 혹은 "'소수자'로 간주된 사람들은 여성, 장애인, 성적 소수자, 미숙련·비정규·외국인 노동자, 아동, HIV 감염자나 에이즈 환자" 등이었고 "'비전향장기수', '양심수', '탈북자', '실향민'(고향상실자), '양심적 병역거부자' 등 분단국가로서의 한국 현실에 생겨난 사람들"도 포함되어 있었다. 유효종 외, 『마이너리티란 무엇인가』, 한울, 2012, 23, 217쪽.

40 발리바르, 에티엔, 「민주주의적 시민권인가, 인민주권인가?」.

리티의 시각에서 형상화한 문학작품으로 규정할 수 있다.

안수길은 1963~64년 연재된 『백야』에서 4·19와 전시 서울을 연결하며 시민증을 획득하지 못한 자들에게 가해진 폭력과 4·19에서 행해진 치안 질서의 폭력을 겹쳐 놓았다. 그 겹침의 지점에 자리하는 폭력을 응시했기에 안수길은 1960년대 중반 발표된 「효수」에서는 '중국인의 시선'으로 만주국 체험을 재인식[41]했고, 「꿰매 입은 양복 바지」에서 만주국의 치안 질서와 전후 한국 사회의 치안 질서를 비교[42]한 것이다. 안수길의 소설들이 만주 공간을 새롭게 성찰한 시기, 그리고 안수길 자신이 『분지』 필화 사건의 변론에 직접 뛰어들어 시민권의 영역에서 배제될 위협에 놓인 자들에 관심을 기울인 시기[43]는 『백야』의 연재 과정과도 맞물려 있다.[44]

---

41 이에 대한 분석은 한수영, 「만주, 혹은 체험과 기억의 균열」, 『친일문학의 재인식』.

42 이에 대한 분석은 임유경, 『불온의 시대』.

43 이에 대한 분석 역시 앞에서 언급한 한수영과 임유경의 선행 연구에서 확인할 수 있다. 이 글은 안수길의 1960년대 단편소설에 대한 한수영과 임유경 연구의 전반적 논지에 동의한다. 다만 이 글에서는 안수길이 1960년대 만주 공간을 성찰하고, 불온한 것을 기술하는 방향으로 나아갈 수 있었던 원동력은 '폭력(의 공간화)에 대한 응시'에 있었음을 부각하려고 한다.

44 『생각하는 갈대』와 『백야』를 안수길의 소설 세계 전반과 연결한 선행 연구가 없기에 이 글은 우선적으로 이들 신문 연재소설의 서사적 특성을 분석하는 데 초점을 맞췄다. 지면 한계상 본격적으로 분석하지 못했지만, 안수길은 1963~64년 『백야』를 연재하는 과정에서 같은 시기 발생했던 한일 협정 반대 운동의 영향을 받은 것으로 추정된다. 안수길이 한일 협정 반대 운동의 전개 양상을 바라보며 전시 서울의 치안 질서와 무정부 상태의 4·19 거리를 재인식할 수 있게 된 것은 아닐지, 그 재인식 과정이 『백야』에 드러나고 있는 것은 아닐지 고민해 볼 만하다. 그러나 이에 대한 명확한 근거를 확보하지 못했기에 이 글에서는 한일 협정 반대 운동과

1960년대 안수길 소설의 문제의식은 4·19 이후 1987년 6월 항쟁, 최근의 촛불 항쟁에 이르기까지 시민권citoyenneté의 지속적 재구축 과정을 경험하고 있는 한국 사회 구성원들에게 여러 고민할 지점을 던져 주고 있다. 안수길 소설 속 4·19 표상은 우리가 체험한 어떤 사건도 시민권을 완결 짓게 만든 것이 아니며 그 사건의 의미를 규정하는 작업 자체도 예측 불가능한 변화의 과정에 놓여 있다는 것을 환기한다. 또한 작가 안수길의 4·19 이후 행보는 예측 불가능한 순간에 대한 응시가 시민권의 지속적 재구축 과정을 위해 주체가 내려야 할 결단과도 조우할 수 있다는 것을 보여 준다. 그 결단에는 '시민권을 획득한 피난민'이라는 자기 자리에 대한 성찰이 담겨 있었고, 시민권에서 배제된 자들에게 가해지는 폭력에 대한 문제 제기도 내포되어 있었다.[45]

『백야』의 관련성은 가설 형태로만 제기하고 후속 연구에서 보완하려고 한다. 『사상계』를 중심으로 한일 협정 반대 운동 시기 한국 사회의 공론장 변화를 고찰한 논문으로는 장세진, 「'시민'의 텔로스telos와 1960년대 중반 『사상계』의 변전 : 6·3운동 국면을 중심으로」, 『서강인문논총』 제38집, 서강대학교 인문과학연구소, 2013 참조.

45 이 같은 안수길 소설 속 피난민 형상을 2018년 개봉된 다큐멘터리 〈마담 B〉 속 탈북 여성의 모습과 비교해 보면 안수길 소설에서 발견된 문제들이 오늘날의 한국 사회에도 변용된 양태로 제기될 수 있음이 확인된다. 다큐멘터리의 주인공 마담 B는 중국에 들어오면 일을 시켜 준다는 말에 속아 2003년 북한에서 탈출했지만 인신매매를 당해 중국 산둥까지 오게 된다. 마담 B는 공식 신분증을 지니지 않은 채 중국인 남성과 함께 살아가며 북한 주민의 탈북을 지원하거나 북한 이탈 주민들이 중국에서 번 돈을 북한 가족들에게 주는 브로커 역할을 수행하고 있다. 국경을 넘은, 신분증 없는 여성들은 다층적 폭력과 대면하지만, 이 작품의 주인공은 그녀들이 그 폭력을 능동적으로 전유하는 주체일 수 있다는 점 또한 보여 준다. 이런 특

성은 이 작품의 핵심적 서사에서도 발견된다. '마담 B'는 북한에 살고 있던 아들과 남편을 데리고 한국으로 이동했지만, 가족과 함께 정착할 목적으로 한국행을 택하지는 않았다. 중국으로 데려온 큰아들이 동생, 아버지와 함께 살 수 있게 하고자 한국으로 이주했지만, 마담 B는 한국 국적을 취득한 뒤 중국의 남편과 공식적으로 국제결혼을 할 것을 꿈꾸고 있다. 이 같은 마담 B의 모습은 2000년대 이후의 서사에 나타난 피난민 형상이 1960년대의 안수길 소설 속 인물들에 비해 입체적 양상을 드러내게 되었음을 보여 준다.

그러나 한국에 온 이후 마담 B와 가족들이 겪은 고초는 1960년대 초반 안수길의 신문 연재소설에 나타난 피난민 형상과도 부분적으로 겹친다. 마담 B와 가족들은 북한 보위부와 연루된 간첩일 수 있다는 의심을 국정원으로부터 받게 되고 마담 B는 결국 '비보호' 처분을 받는다. 간첩이라면 온 가족이 북한에서 나올 리가 없지 않느냐는 작은아들의 항변, 한국에 신물을 느꼈고 중국에 가서 살고 싶다고 말하는 마담 B의 고백은 '피난민의 시민권' 문제에 대해 다시 한번 고민하게 만든다. 시민권을 온전히 부여받지 못한 그들은 국가의 보호를 받을 권리를 우선 희망하지만, 그 시민권은 자신들이 선택한 한국 사회를 자유롭게 비판할 권리, 더 나아가 안수길 소설 속의 주인공들이 보여 준 것처럼 이런 시민권의 한계 자체를 역동적으로 재편할 권리로까지 확장되어야 할 것이다. 그렇기에 '시민권'의 틀로 탈북 서사와 피난민들을 다시 바라보는 일은 기존 담론들, 예를 들어 '인권에 대한 논의가 배제된 통일 담론'과 '한반도 질서(와 탈냉전 후 동아시아 지역 질서)의 변화 가능성에 대한 고민이 담겨 있지 않은 북한 인권 담론'의 한계를 동시에 넘어서는 작업과도 연결될 수 있을 것이다.

2부 시민권의 경계, 또 다른 주체들

참고문헌

◆ 기본 자료

안수길, 『안수길 전집 1권 단편집』, 글누림, 2011.
_____, 『안수길 전집 2권 중·단편집』, 글누림, 2011.
_____, 『안수길 전집 3권 북향보·화환』, 글누림, 2011.
_____, 「제2의 청춘」, 『안수길 전집 4권』, 글누림, 2011.
_____, 『안수길 전집 5권 북간도』, 글누림, 2011.
_____, 『안수길 전집 6권 부교·감정색채』, 글누림, 2011.
_____, 「생각하는 갈대」, 『안수길 전집 7권』, 글누림, 2011.
_____, 「백야」, 『안수길 전집 9권』, 글누림, 2011.
_____, 『안수길 전집 16권 수필집』, 글누림, 2011.

◆ 문헌

김미란, 「만주, 혹은 자치에 대한 상상력과 안수길 문학」, 『상허학보』 25집, 상허학회,
　　　　2009.
김영미, 「해방 이후 주민등록제도의 변천과 그 성격」, 『한국사연구』 제136호,
　　　　한국사연구회, 2007.
김윤선, 「월남 여성작가 박순녀의 '체험'과 문학」, 『한국학연구』 제33집, 고려대학교
　　　　한국학연구소, 2010.
김윤식, 『안수길 연구』, 정음사, 1986.
김은하, 「해방세대 여성의 이동과 탈주 : 박순녀의 소설을 중심으로」, 『인문학연구』
　　　　제32집, 인천대학교 인문학연구소, 2019.
김주리, 「박순녀 소설의 이방인의식과 탈주 : 월남여성지식인 작가의 소설 속 거주의
　　　　표상」, 『현대소설연구』 제74호, 한국현대소설학회, 2019.
김창해, 「안수길 소설의 공간 모티프 연구 : 『통로』·『성천강』을 중심으로」, 단국대학교
　　　　석사 학위논문, 1995.
데리다, 자크, 『마르스크스의 유령들』, 진태원 옮김, 이제이북스, 2007.
_____, 『법의 힘』, 진태원 옮김, 문학과지성사, 2004.
발리바르, 에티엔, 『우리, 유럽의 시민들? : 세계화와 민주주의의 재발명』, 진태원 옮김,

후마니타스, 2010.

_____,『정치체에 대한 권리』, 진태원 옮김, 후마니타스, 2011.

백지연, 「4.19 혁명과 젠더 평등의 의미 : 강신재와 박경리의 소설을 중심으로」,
　　『한국문학이론과 비평』 제80집, 한국문학이론과 비평학회, 2018.

송기섭, 「폭력의 내면과 정주화의 미망」, 『현대소설연구』 제27호, 한국현대소설학회,
　　2005.

신수정, 「박완서 소설에 나타나는 동대문시장의 젠더정치학과 전후 중산층 가정의 균열」,
　　『한국문예비평연구』 제51집, 한국현대문예비평학회, 2016.

안미영, 「안수길 대중소설의 윤리 주체 변화와 감성의 윤리화 : 「감정색채」(『국제신보』,
　　1960.2.14.~9.3)를 중심으로」, 『한국문학이론과 비평』 제53집, 한국문학이론과
　　비평학회, 2011.

_____, 「안수길의 대중소설에 나타난 '외화'外畫의 의의 : 『제2의 청춘』(1957~1958),
　　『부교』(1959~1960)를 중심으로」, 『한국문학이론과 비평』 제27집,
　　한국문학이론과 비평학회, 2005.

안서현, 「최인훈 소설과 보안법」, 『한국현대문학연구』 제55집, 한국현대문학회, 2018.

안수길, 「『백야』의 붓을 놓고」, 『조선일보』, 1965/01/07.

염복규, 「청계천 복개와 '1960년대적 공간'의 탄생」, 『역사비평』 통권 113호, 역사비평사,
　　2015.

오양호, 『한국문학과 간도』, 문예출판사, 1988.

오제연 외, 『4월혁명의 주체들』, 역사비평사, 2020.

유임하, 「이데올로기의 억압과 공포 : 반공 텍스트의 기원과 유통, 1950년대 소설의 왜곡」,
　　『현대소설연구』 제25호, 한국현대소설학회, 2005.

유효종 외, 『마이너리티란 무엇인가』, 한울, 2012.

윤대석, 「21세기 한국 소설에서의 만주 : 『밤은 노래한다』론」, 『현대소설연구』 제55호,
　　한국현대소설학회, 2014.

이민영, 「전시의 서울과 피난의 (불)가능성」, 『현대소설연구』 제71호, 한국현대소설학회,
　　2018.

이완범, 「4·19 전조로서의 1960년 초봄 지역 시민운동 : '4·19'의 '대학생-서울' 중심
　　사관을 넘어서」, 『한국정치외교사논총』 제34집 2호, 한국정치외교사학회, 2013.

임유경, 「불가능한 명랑, 그 슬픔의 기원 : 1960년대 안수길론」, 『현대문학의 연구』 49권,
　　한국문학연구학회, 2013.

_____, 『불온의 시대 : 1960년대 한국의 문학과 정치』, 소명출판, 2017.

장성규, 「혁명의 기록과 서발터니티의 흔적」, 『한국문학이론과 비평』 제80집,
　　한국문학이론과 비평학회, 2018.

장세진, 「'시민'의 텔로스telos와 1960년대 중반 『사상계』의 변전 : 6·3운동 국면을 중심으로」, 『서강인문논총』 제38집, 서강대학교 인문과학연구소, 2013.

차미령, 「한국 전쟁과 신원 증명 장치의 기원 : 박완서 소설에 나타난 주권의 문제」, 『구보학보』 18집, 구보학회, 2018.

한수영, 「내부망명자의 고독」, 『한국문학논총』 제61집, 2012.

_____, 『친일문학의 재인식』, 소명출판, 2005.

허병식, 「안수길의 신문연재소설에 나타난 연애와 풍속 : 『제2의 청춘』과 『부교』를 중심으로」, 『한국근대문학연구』 제24호, 한국근대문학회, 2011.

후지이 다케시, 「4·19/5·16 시기의 반공체제 재편과 그 논리 : 반공법의 등장과 그 담지자들」, 『역사문제연구』 통권 25호, 역사문제연구소, 2011.

8장

정착 너머의 이민 서사
: 주노 디아스의 『드라운』을 통해 본
이주와 기억

1

역사적으로 미국 문학 이민 서사에서 정착의 문제는 큰 비중을 차지해 왔다. 특히 20세기 미국 문학 안에서 이주의 경험을 재현해 온 방식은 이민자가 미국에 도착한 이후 성공적으로 정착하기까지 겪게 되는 일련의 과정에 대한 묘사를 통해서다. 그리하여 흔히 이민 서사라 할 때 자연스럽게 떠올리게 되는 것은 이민자가 익숙한 고국을 떠나 낯설고 새로운 곳에서 겪는 문화적 충돌과 정착의 어려움 그리고 그것을 극복하는 과정에 대한 이야기이다. 물론 작품마다 묘사하고 있는 이주의 경험은 매우 다양하며, 사회 역사적 맥락에 따라 개별 작품에서 그려지는 이민자 또는 이주자의 모습 또한 서로 다르다. 미국 문학사에서 이주 문학의 다양성은 20세기 중후반부터 두드러지기 시작했는데, 역사적으로 이 시기는 다양한 이민자 집단과 디아스포라의 경험이 문학을 통해 재현되었던 시기이다. 19세기 말에서 20세기 초 사이의 이민 문학은 유럽에서 미국으로의 이주 경험에 대한 서사가 중심을 이루었다면, 20세기 중후반부터 활발하게 등장하기 시작한 이주 문학은 아시아, 라틴아메리카, 그리고 아프리카와 같이 다양한 지역에서 미국으로 이주한 경험을 다루고 있다. 이민 서사의 이런 다양성에도 불구하고 정착으로 귀결되는 것은 미국 문학 이민 서사의 중요한 서사적 장치이며 특징이다.

전통적으로 미국에서 이민 서사가 정착의 과정을 강조해 온 측면에 대해 베트남계 미국 작가 비엣 타인 응우옌Viet Thanh Nguyen은 최근 인터뷰에서 다음과 같이 말하고 있다. "이민 서사는 일반적으로 한 국가에서 다른 국가로 이동한 이야기를 담고 있다. 그리고 이민 서사는 보통 새로운 국가에서의 정착을 전제로 한다."[1] 응우옌에 따르면 정착은 미국 문학 전통 안에서의 이민 서사에 두드러지게 나타나는 점이며, 이는 다음과 같은 그의 말에서도 잘 드러난다. 즉, "이민 서사가 강하게 자리하고 있는 미국의 경우 정착은 곧 아메리칸드림 신화의 실현을 의미한다." 응우옌의 설명에서 알 수 있듯이 미국의 역사적 맥락에서 성공적인 정착은 보통 아메리칸드림을 실현하는 형태를 띠며, 이는 미국 이민 서사를 규정해 온 중요한 특징이기도 하다. 인터뷰에서 응우옌은 미국 이민 서사를 정의해 온 재현 방식이 이민이 아닌 다른 형태의 이주를 서사화함에 있어 특정한 한계가 있다는 사실에 주목한다. 그는 이를 최근에 떠오르기 시작한 난민 서사와 비교해 보여 주고 있다. 응우옌에 따르면 이민 서사가 아메리칸드림 실현을 통한 정착 과정을 강조해 왔다면, 난민 서사의 경우 정착 문제를 다루고 있다는 점에서 이민 서사와 비슷하지만 정착 중심의 서사적 틀을 깨는 새로운 요소들을 포함하고 있다는 점에서 다르다.

이와 비슷한 주장은 인도계 미국 작가 바라티 무커르지Bharati Mukherjee의 최근 논의에서도 발견되는데, 무커르지는 미국 이민 문학이 20세기 후반부터 새로운 형태를 띠었다고 주장한다. 무커르지에 따르면 이민의 경험은 전통적으로 미국 문학 안에서 정착

---

1 Viet Thanh Nguyen, Interview by Jianan Qian, "Unsettling the American Dream: The Millions Interviews Viet Thanh Nguyen", *The Millions*, 17 Oct. 2019.

과정을 중심으로 서사화되어 왔다. 보통 정착 과정은 이민자로서 미국 문화와의 동화를 의미했으며, 이는 특히 초기 미국 이민 문학 전통 안에서 강조되어 왔다.[2] 무커르지는 이런 전통에서 벗어나는 새로운 형태의 이민 서사가 20세기 말부터 등장했다고 보는데, 그녀는 이런 새로운 형태의 서사를 "새로운 도착의 문학"Literature of New Arrival이라고 일컫는다.[3] 무커르지에 따르면 "새로운 도착의 문학"은 1950~60년대 이민 서사의 전통에서 벗어나 "트랜스내셔널한 미학"transnational aesthetics을 강조하며, 플롯, 캐릭터, 그리고 언어 사용과 같이 다양한 요소들에 대한 실험을 통해 새로운 형태의 서사를 제안한다고 보고 있다.[4]

응우옌과 무커르지가 주목하고 있는 이민 문학의 새로운 양상은 조금씩 다르다. 응우옌은 최근에 떠오르기 시작한 난민 서사가 기존 이민 서사와 보이는 차이에 집중하는 반면, 무커르지는 이민 서사 장르 자체가 20세기 후반부터 변화해 온 측면에 관심을 가진다. 이런 차이에도 불구하고 두 작가 모두 기존 이민 서사가 가지는 한계를 공통적으로 지적하고 있다는 점은 흥미롭다. 이 글은 20세기 후반에 들어서면서 이민 또는 이주의 경험이 기존의 정착 중심 서사를 넘어 새롭게 쓰이기 시작했다는 사실에 주목하면서, 두 작가가 언급하고 있는 이민 서사가 보이는 새로운 양상에 대한

---

2 Mukherjee, Bharati, "Immigrant Writing: Changing the Contours of a National Literature", *American Literary History*, vol. 23, no. 3, 2011, p. 687.

3 같은 글, p. 683.

4 같은 글, pp. 683~684.

논의를 구체적인 작품 분석을 통해 확장하고자 한다. 특히 이 글은 이민 서사의 새로운 양상이 도미니카계 미국 작가 주노 디아스의 작품 『드라운』에서 서사 방식에 대한 실험을 통해 어떻게 나타나는지를 고찰하고자 한다. 20세기 후반부터 활발하게 작품을 발표해 온 디아스는 도미니카공화국 출신 작가로서 1968년에 산토도밍고에서 태어나 여섯 살 때 가족과 함께 미국으로 이주했다. 그는 유년 시절과 청소년기를 미국 뉴저지에서 보냈는데, 그의 많은 작품은 그가 살았던 뉴저지 지역을 주요한 공간적 배경으로 삼고 있다. 이 글에서 다루려는 작품 『드라운』은 디아스가 1996년에 발표한 첫 번째 작품으로 총 10편의 짧은 소설을 묶은 단편소설집이다. 『드라운』에 실린 단편소설들은 모두 도미니카공화국 또는 미국을 배경으로 하고 있으며, 도미니카계 이주자들의 이야기를 다양한 화자의 시각과 등장인물들을 통해 보여 주고 있다.

　단편소설집 『드라운』에서 두드러진 특징들 가운데 하나는 작품을 이루는 단편소설들이 연결성을 가지고 있다는 점이다. 『드라운』에서 단편소설 간의 연결 가능성은 특히 유니오르Yunior라는 화자의 반복적 등장을 통해 잘 드러난다. 유니오르는 『드라운』에 실린 여러 단편소설의 서사를 이끄는 1인칭 화자의 이름이다. 유니오르가 화자로 등장하는 이야기들에서 그의 모습이 비슷하게 그려지고 있다는 점에서 독자는 이야기들 사이의 연결 관계를 유추하게 된다. 유니오르가 화자로 등장하는 이야기에서 그가 보이는 성격은 매우 비슷하며, 가족 관계 또한 유사한 점이 많다. 가령, 『드라운』에 실린 여러 이야기에서 등장하는 유니오르는 모두 현재 미국 뉴저지에서 살고 있으며, 유년 시절을 어머니, 형, 그리고 외할아버지와 함께 도미니카공화국의 수도인 산토도밍고에서 보낸 것으로 소개된다. 유년 시절을 산토도밍고에서 보냈다는 사실뿐만 아니라 작품 속 모든 유니오르는 가족이 함께 미국으로 이주하기 이전 아버지가 가족과 떨어져 미국에서 지냈다는 공통점이 있다.

유니오르를 동일 인물로 간주했을 때, 『드라운』은 도미니카공화국 또는 미국을 배경으로 하는 서로 독립된 이야기의 모음이라기보다는 유니오르라는 화자의 삶을 중심으로 서로 이어진 이야기 연결망으로 읽힌다. 유니오르는 모든 이야기에서 화자로 등장하지는 않는다. 하지만 『드라운』을 구성하는 이야기들은 그의 삶과 직접적으로 또는 간접적으로 연결된 이야기들로 보인다. 기존 비평은 유니오르라는 이름의 화자가 반복해 등장하고 있다는 사실을 기반으로 단편소설집 『드라운』을 유니오르와 그의 가족의 산토도밍고 그리고 미국에서의 삶을 연결된 이야기 형태로 다룬 작품으로 간주하는 측면이 강했다.[5] 『드라운』의 독특한 형식 때문에 존 리오프리오John Riofrio 같은 학자는 『드라운』을 단편소설집 보다는 한 편의 소설에 가까운 작품이라고 보기도 한다.[6] 대부분

---

5 Marin, Luis F. Paganelli, "Creating a 'Novel' Dominican Male Subjectivity: Genre and Narrative in Junot Díaz's Drown", *CEA Critic*, vol. 78, no. 3, 2016, p. 335; Mendez, Danny, *Narratives of Migration and Displacement in Dominican Literature*, New York: Routledge, 2012, p. 127; Irizzary, Ylce, "This is How You Lose It: Navigating Domini-canidad in Junot Diaz's Drown", *Junot Diaz and the Decolonial Imagination*, Hanna, Monica ed., Durham: Duke UP, 2017, p. 150; Ostman, Heather, *The Fiction of Junot Díaz: Reframing the Lens*, Lanham: Rowman&Littlefield, 2017, p. 40.

의 기존 비평가들이 주장했듯이 『드라운』에서 여러 차례 화자로 등장하는 유니오르는 삶의 여러 측면에서 비슷한 면모가 많아 동일 인물로 읽힐 가능성이 충분하다.

그러나 흥미롭게도 디아스는 단편소설집에서 반복해 등장하는 유니오르가 동일 인물이라는 사실을 확실하게 밝히고 있지는 않다. 『드라운』을 구성하는 작품 가운데 다섯 편에서만 유니오르가 화자로 등장한다. 나머지 다섯 편 속 화자는 이름을 밝히고 있지 않을 뿐만 아니라, 가족 관계 또한 다른 면들이 있어 그들이 모두 유니오르인지 여부는 명확하지가 않다. 가령 「드라운」에 등장하는 화자는 어머니와 함께 뉴저지에 위치한 어느 소도시에서 살고 있는 것으로 자신의 삶을 소개하고 있다. 화자는 자신의 동네를 스페인어가 일상 속에서 자주 사용되는 곳으로 묘사하고 있다. 그가 거주하고 있는 곳이 라틴아메리카계 커뮤니티라는 사실을 고려했을 때, 「드라운」 속 화자는 유니오르일 가능성이 있다. 하지만 디아스는 화자의 이름을 밝히지 않음으로써 그가 유니오르가 아닐 가능성 또한 동시에 열어 놓고 있다. 이런 모호성은 단편소설집에서 이야기가 서술되는 방식에서도 발견되는데, 유니오르라는 이름을 가진 화자가 등장하는 이야기에서 각각의 화자가 보이는 이야기 서술 방식 또는 화자로서의 목소리는 다른 점이 많다. 이렇듯 『드라운』을 구성하는 단편소설들이 가지는 연결성은 견고

---

6 Riofrio, John, "Situating Latin American Masculinity: Immigration, Empathy and Emasculation in Junot Díaz's Drown", *Atenea*, vol. 28, no. 1, 2008, p. 23.

하기보다는 느슨하다. 이 글은 『드라운』 속 이야기 간 연결성이 느슨하다는 사실에 주목하고 있으며, 서로 느슨하게 이어진 이야기 연결망 형태가 만들어 내는 서사적 모호성이 가지는 확장성을 자세하게 고찰하고자 한다. 나아가 이 글은 디아스가 작품 『드라운』에서 화자가 겪은 이주 경험을 하나의 플롯을 가진 소설의 형태가 아니라 여러 편의 단편소설이 서로 느슨하게 연결된 방식으로 서사화하는 작업이 기존 정착 중심의 패러다임을 넘는 이주 서사를 제시하는 동시에 20세기 후반 도미니카계 이주자를 포함한 다양한 라틴아메리카계 이주자들의 집단적 기억을 아우르는 열린 형태의 서사를 보여 주고 있다고 논한다.

2

『드라운』 속 작품 중에서 「아관탄도」Aguantando는 유니오르가 미국으로 가족과 함께 이주하기 전 도미니카공화국에서 보낸 어린 시절에 관한 이야기를 담고 있다. 「아관탄도」에서 화자 유니오르는 고향 산토도밍고에서 보낸 자신의 유년 시절을 회상하는 내레이션 형식으로 이야기를 서술하고 있으며, 아버지가 자신이 아홉 살이 되던 해까지 가족과 떨어져 있었다는 사실을 밝히며 자신의 이야기를 시작한다. "나는 아버지 없이 삶의 첫 아홉 해를 보냈다. 그는 미국에서 일을 했는데, 내가 그를 볼 수 있는 유일한 방법은 침대 밑 플라스틱 가방에 보관된 사진들을 통해서이다. 우리 집의 지붕은 물이 샜기 때문에 우리가 소유한 모든 물건들은 젖어 있었다. 우리의 옷들, 어머니의 성경책, 그녀의 화장품, 우리가 소유한 음식들, 아부엘로의 도구들, 우리 집의 값싼 원목 가구. 나의 아버지의 사진들이 생존할 수 있었던 것은 오직 그 플라스틱 가방 때문이었다."[7] 내레이션의 첫 문장에서부터 유니오르는 자신의 유년 시절에 대한 기억에서 아버지의 부재를 강조하고 있다. 유년기를 아버지 없이 보낸 그가 아버지를 알 수 있었던 것은 어머니가 소중하게 간직한 사진들 때문이었다고 말하는 대목에서 우리는 그가 아버지에 대한 구체적 기억이 없었음을 알 수 있다. 그는 이어서 아버지가 가족을 떠난 것은 자신이 네 살 때였다고 밝힌다. "나는 그에 관한 생각을 자주 하지 않았다. 그는 내가 네 살 때 뉴욕으로 떠났고 나는 그와 함께했던 한순간도 기억하지 못해 그의 존재를 내 삶의 첫 9년 동안 지워 버렸다."[8] 아버지에 대한 회상은 "나는 그를 전혀 알지 못했다. 나는 그가 우리를 저버렸었다는 사실을 몰랐다. 그를 기다리는 것이 다 거짓이라는 것을 몰랐다"라고 말하는 것으로 끝난다.[9]

작품 초반 유니오르의 언급에서 알 수 있듯이 아버지가 5년간 부재했던 것은 산토도밍고에 사는 그의 가족에게 커다란 영향을 끼친 중요한 사건으로 기억되고 있다. 「아관탄도」에서 디아스는 아버지의 부재가 유니오르뿐만 아니라 그의 어머니, 할아버지, 그

---

7 Diaz, Junot, *Drown*, New York: Riverhead Books, 1996, p. 69.

8 같은 책, p. 70.

9 같은 곳.

리고 형 라파를 비롯해 가족 구성원 모두에게 미친 영향을 어린 유니오르의 시선을 통해 섬세하게 보여 준다. 유니오르가 기억하는 산토도밍고에서의 유년 시절에서 우리는 유니오르를 비롯해 가족 구성원 모두 아버지가 언젠가는 고국에 있는 가족의 곁으로 돌아오리라는 희망을 간직한 채 견뎠음을 알 수 있다. 유니오르는 이야기 초반부터 도미니카공화국에서의 삶이 경제적으로 빈곤했다는 사실을 강조하는데, 산토도밍고에 남겨진 가족에게 아버지의 귀환은 삶이 나아질 수 있으리라는 유일한 희망이자 꿈이었다. 특히 초콜릿 공장에서 저임금 노동을 하며 홀로 가족의 생계를 책임졌던 유니오르 어머니의 모습에서, 오로지 언젠가는 남편이 돌아올 것이라는 희망으로 일상의 고단함을 버텼다는 사실을 엿볼 수 있다. 유니오르는 어머니가 일을 마친 뒤 집에 도착했을 때의 모습을 다음과 같이 회상한다. "어머니는 퇴근 후 흔들의자에서 휴식을 취하기 전까지는 저녁 식사를 차리는 것을 비롯해 아무것도 하지 않았다. 그녀는 우리의 문제에 대해 들으려 하지 않았고, 우리가 왜 무릎에 상처가 났는지 알고 싶어 하지 않았다. 그녀는 눈을 감고 벌레가 그녀의 팔다리를 물도록 내버려 둔 채 현관에 한참 앉아 있곤 했다."[10] 일을 마치고 돌아온 어머니의 지친 모습에서 우리는 그녀의 고단한 일상을 알 수 있다. 이 장면에서 묘사된 어머니의 모습은 유니오르의 아버지가 떠나 있는 동안 여러 차례 가족의 곁으로 돌아올 것이라는 약속을 한 뒤 지키지 않았음에

---

10 같은 책, p. 73.

도 그녀가 왜 남편이 돌아올 것이라는 희망을 놓지 못했을까를 짐작하게 하는 대목이기도 하다.

이야기의 중반부에서 유니오르는 문득 아버지의 귀국에 대해 언급한다. "아버지가 우리에게 돌아온 해는 내가 아홉 살이던 해이기도 한데, 우리는 그때 그 무엇도 기대하고 있지 않았다."[11] 이 문장을 통해 유니오르는 아버지가 가족이 아무도 예상하지 못한 시기에 고향 산토도밍고로 돌아왔다고 밝힌다. 흥미롭게도 화자인 유니오르는 이야기 내내 아버지의 귀환과 관련해서는 자신이 아홉 살 되던 해에 아버지가 돌아왔다는 사실만을 잠시 언급할 뿐, 아버지의 귀국과 관련한 구체적인 기억 그리고 아버지가 돌아온 뒤 본인과 가족의 삶이 어떻게 변화했는지는 이야기하지 않는다. 유니오르는 그저 자신의 아버지가 어느 날 가족의 곁으로 예고 없이 돌아왔다는 사실만을 서술하고 있다. 유니오르는 아버지가 왜 고국을 떠나 미국에서 살았으며 미국에서의 삶이 어떠했는지에 대해 「아관탄도」에서 이야기를 마칠 때까지 말하지 않는다. 가족들이 오랫동안 기다려 왔던 아버지의 귀국이 「아관탄도」에서 유니오르의 서사를 이끌어 온 중요한 사건임에도 그는 그 사건에 대한 언급을 자신의 내레이션에 포함하지 않는다.

유니오르는 아버지의 귀환에 대해 이야기하는 대신 자신과 형 라파가 아버지 귀국에 대해 상상했던 내용을 소개한다. 라파는 아버지의 귀환을 다음과 같이 상상한다. "그는 키가 더 클 것이라고

---

11 같은 책, p. 77.

라파는 예상했다. 북미의 음식이 사람을 그렇게 만든다. 그는 퇴근하는 어머니를 놀라게 할 것이며 독일 승용차로 그녀를 데리러 갈 것이다."[12] 라파의 상상과 마찬가지로 유니오르는 아버지가 부유한 모습으로 마을에 돌아올 것이라고 상상한다. "나는 그가 돌아오는 것을 나의 나무에서 바라볼 것이다. 나와 눈이 비슷한 남자가 양팔을 흔들며 올 것이다. 그는 금반지를 끼고 있을 것이며, 목에 향수를 뿌렸고, 실크 셔츠를 입었으며, 좋은 가죽 신발을 신고 있을 것이다."[13] 라파의 상상이 고향으로 돌아온 아버지가 어머니와 재회하는 것을 강조하고 있다면, 유니오르는 마을 사람들과 가족 모두가 귀향한 아버지를 반갑게 맞이하는 모습을 상상하고 있다. 특히 아버지가 모두와 인사를 나눈 뒤 유니오르에게 다가와 이름을 불러 주는 것으로 그의 상상은 자신과 아버지의 재회에 초점이 맞춰져 있다. "유니오르라고 그는 마침내 말할 것이다. 그는 얼굴을 가까이 대며 엄지손가락으로 내 볼에 원을 그릴 것이다."[14] 두 형제의 상상은 조금씩 다르지만, 아버지가 경제적 부를 이룬 상태로 잘 차려입고 멋진 모습으로 가족의 곁으로 돌아온다는 면에서 유니오르와 라파의 상상은 매우 유사한 바람을 담고 있다.

아버지의 귀환이 유니오르를 비롯해 가족 구성원 모두에게 산토도밍고에서의 가난한 삶을 견디게 하는 유일한 희망이었다는

---

12 같은 책, p. 87.
13 같은 곳.
14 같은 책, p. 88.

2부 시민권의 경계, 또 다른 주체들

사실을 고려할 때, 「아관탄도」에서 유니오르가 아버지의 귀환에 대해 자세히 언급하지 않는 점은 의미가 크다. 유니오르는 가족이 기다리는 동안 아버지가 보냈던 미국에서의 삶에 대해 언급하지 않으며, 왜 아버지가 5년 동안 가족의 곁으로 돌아오지 못했는지도 설명하지 않는다. 아버지의 경험에 대해 언급하지 않는 유니오르의 내레이션은 아버지가 부재했던 5년의 시간을 강조하는 동시에 그 시간 동안 가족이 견뎌야 했던 기다림과 인내의 시간을 부각하고 있다. 서사적인 측면에서 봤을 때, 「아관탄도」는 아버지의 이주를 중요한 소재로 다루지만 어린 화자의 시선을 통해 아버지의 경험보다는 그가 미국으로 떠난 뒤 고향에 남겨진 가족의 경험에 초점을 둔 서사이다.

이주자가 떠나 있는 동안 고국에 남겨진 가족의 이야기를 상세히 다룬다는 점에서 「아관탄도」는 기존 이민 서사와 차이가 크다. 웅우옌과 무커르지가 언급하듯이, 20세기 미국 이민 서사는 이주자 경험 중심의 정착 서사가 주를 이루었다. 미국에서의 정착이 중심을 이루는 서사가 아니라 아버지가 떠나 있는 동안 고향 산토도밍고에 남겨진 가족의 이야기를 다룬다는 점에서 「아관탄도」에서 디아스가 이주 이야기를 들려주는 방식은 이주자 중심의 서사에서 벗어나 고향에 남겨진 가족의 시선에서 이주를 바라보게 한다. 아버지가 미국으로 이주한 점은 중요한 사실이다. 하지만 「아관탄도」는 이주 이야기를 이주자 중심의 서사가 아닌 아버지의 부재가 고국에 남겨진 가족에게 미친 영향을 세밀하고 정교하게 다루는 방식으로 들려준다. 특히 아버지가 돌아오리라는 가족의 계속된 희망과 기다림을 통해 디아스는 「아관탄도」에서 도미니카공화국을 이주자인 아버지의 삶에서 미국으로 이주한 이후 분리되거나 단절된 공간이 아니라 정착하고자 하는 미국에서의 삶과 계속해서 밀접하게 연결된 곳으로 그리고 있다.

「아콴탄도」에서 산토도밍고가 중요한 공간적 배경으로 등장하듯이 『드라운』을 구성하는 단편소설들은 유니오르의 가족을 비롯해 도미니카계 이주자들의 이야기를 미국과 도미니카공화국이라는 두 공간적 배경을 중심으로 들려준다. 『드라운』에서 디아스가 그리는 이주 서사에서 주요한 특징은 새롭게 이주한 곳에서의 이야기뿐만 아니라 이주자들이 떠나온 고국과 고국의 역사가 차지하는 존재감이 크다는 점이다. 기존 이민 서사가 이주자가 도착한 이후의 삶을 중점적으로 다루었다면, 『드라운』에서 디아스가 그리는 이주 이야기는 미국 중심의 서사에서 벗어나 고국에서의 삶 또한 비중 있게 다룬다. 산토도밍고의 중요성은 『드라운』을 구성하는 소설들의 순서에서도 잘 드러나는데, 디아스는 단편소설집 속 첫 번째 소설로 산토도밍고를 배경으로 하는 작품을 위치시키고 있다. 「이스라엘」Ysrael에서 유니오르는 산토도밍고에서 보낸 어린 시절 이웃에서 알고 지낸 친구 이스라엘의 이야기를 들려준다. 도미니카공화국 그리고 미국을 배경으로 하는 다양한 이야기가 느슨하게 연결된 형태로 유니오르의 가족 이야기를 들려주는 『드라운』의 서사 방식은 도미니카계 이주자들에게 미국과 도미니카공화국은 서로 연결되어 있을 뿐만 아니라 계속해서 영향을 주고받는 공간임을 효과적으로 보여 준다.

3

『드라운』속 「네고시오스」Negocios는 단편소설집에 실린 마지막 작품으로 이름을 밝히지 않는 1인칭 화자가 자신의 아버지 삶에 대해 들려주는 것을 주요 내용으로 한다. 화자의 내레이션은 아버지가 자신이 어릴 때 고향 산토도밍고를 떠난 사실을 서술하며 시작한다. "나의 아버지 라몬 드라 카사스Ramon de las Casas는 나의 네 번째 생일 직전에 산토도밍고를 떠났다. 아빠는 오래전부터 떠날 계획을 세웠는데, 친구들을 비롯해 그가 돈을 부탁할 수 있는 모든 사람으로부터 떠날 자금을 준비했었다. 하지만 그가 비자를 발급받을 수 있었던 것은 순전히 운이 좋아서였다."[15] 화자는 이어 자신의 아버지가 산토도밍고를 떠날 수 있었던 것은 결정적으로는 할아버지가 빌려준 돈 때문이었다고 밝히고 있다. 돈을 빌리기 위해 화자의 아버지는 장인을 찾아갔는데, 장인에게 돈을 부탁하는 말에서 우리는 그가 고향을 떠나서 가려던 곳이 미국이었음을 알게 된다. "나는 당신의 딸과 함께하는 나의 삶에 관해 이야기하기 위해 왔다고 그는 모자를 벗으며 말했다. 당신이 무슨 말을 들었는지 모르지만 나는 그것이 진실이 아니라고 맹세한다. 내가 당신의 딸과 우리의 아이들을 위해 바라는 것은 그들을 미국으로 데려가는 것이다. 나는 그들이 좋은 삶을 살기를 원한다."[16] 할아버

---

15 같은 책, p. 163.
16 같은 책, p. 164.

지에게 왜 돈이 필요한지를 밝히는 말에서 우리는 화자의 아버지가 돈을 빌리는 보답으로, 자신이 미국에 정착한 뒤 아내와 아이들을 데리러 온다고 약속했다는 사실을 알 수 있다. 산토도밍고에서는 가족에게 기회가 없다고 생각한 할아버지는 그런 아버지의 말을 믿고 돈을 빌려준다. 「네고시오스」속 화자는 아버지가 미국으로 떠나는 날 어머니가 아버지에게 그 약속을 지킬 것을 당부하는 장면을 묘사하고 있다. 화자는 "그녀는 돈이 어디서 왔는지를 꼭 기억하라고 말했는데, 이 말은 그들이 5년 동안 마지막으로 교환한 말이 되었다"라고 말한다.[17]

　「네고시오스」의 초반부에서 화자가 들려주는 자신의 아버지와 가족 이야기는 많은 면에서 「아관탄도」에서 소개된 유니오르의 가족 이야기와 닮았다. 「네고시오스」속 화자의 내레이션은 「아관탄도」를 떠오르게 하면서도 동시에 화자가 이야기 초반에서 자신의 이름을 밝히지 않아 두 이야기의 연결성은 처음에는 명확하지가 않다. 그러나 두 이야기의 관계는 화자의 내레이션이 진행되면서 점차 강화된다. 이야기의 후반부에서 화자는 자신의 이름이 유니오르라고 밝힐 뿐만 아니라, 이야기 내내 화자가 묘사하고 있는 아버지와 그가 미국에서 보낸 삶은 「아관탄도」에서 화자 유니오르가 그리는 아버지를 떠올리게 한다. 두 아버지 모두 아이들이 어릴 때 가족의 곁을 떠나 홀로 미국으로 이주했으며, 편지를 통해 가족과 관계를 이어간 것으로 묘사된다. 아버지가 「네고시오

---

17 같은 곳.

스」에서 고국을 떠나면서 가족에게 곧 돌아오겠다는 약속을 오랫동안 지키지 못하는 모습은 「아관탄도」에서 유니오르의 아버지가 산토도밍고로 돌아오겠다는 약속을 반복하면서도 지키지 않는 모습과 많이 유사하다. 두 이야기 속 아버지의 비슷한 면모에 주목했을 때 「네고시오스」에서 화자가 들려주는 미국에서 아버지의 삶은 유니오르가 「아관탄도」에서는 밝히지 않았던 아버지의 이야기로 읽힌다. 「아관탄도」에서 유니오르가 아버지가 고국을 떠나 미국에서 보냈던 5년간의 삶이 어떠했는지에 대해 침묵했다면, 「네고시오스」에서 화자는 미국에서 아버지의 삶이 어떠했는지를 상세하게 들려준다는 점에서 두 이야기는 서로 보완적인 관계를 가진다.

아버지의 이야기를 들려주는 「네고시오스」는 단편소설집 『드라운』에 실린 작품 가운데 가장 전형적인 미국 이민 서사에 가까운 형태를 보이는 글이기도 하다. 「네고시오스」가 보이는 서사적 특징 중 하나는 화자 유니오르가 아버지의 이야기를 정착 과정 중심으로 들려준다는 점이다. 특히 화자는 아버지 라몬이 미국에 도착한 뒤 혼자의 힘으로 마이애미를 거쳐 뉴욕에서 성공적으로 정착하기 위해 계속해서 노력했던 과정을 순차적으로 서술한다. 아버지가 산토도밍고를 떠나 처음 도착한 곳은 플로리다주에 위치한 도시 마이애미이다. 화자는 아버지가 마이애미에 도착했을 때의 상황을 다음과 같이 묘사하고 있다. "그는 비행기를 타고선 새벽 4시에 마이애미에 도착했다. 그는 검색대를 쉽게 통과했는데, 이는 그가 옷 몇 벌, 타월 한 장, 비누 한 개, 면도기 하나, 돈, 그리고 주머니 속 담배 한 갑이 그가 가진 전부였기 때문이다. 마이애미행 비행기표를 끊은 덕분에 그는 돈을 아낄 수가 있었다. 하지만 그는 최대한 빨리 뉴욕으로 갈 계획이었다."[18] 아버지 라몬은 마이애미의 레스토랑에서 접시 닦기 일을 하면서 뉴욕으로 이주할 준비를 했는데, 화자는 그가 마이애미에서 지낸 시간을, 산토도밍고에 있는 가족을 생각하기보다는 생존을 위해 미국에서의 삶에 집중한 시간으로 그리고 있다. 마찬가지로 뉴욕에서의 삶을 그리는 화자의 내레이션은 아버지가 자리를 잡기 위해 끊임없이 노력하는 과정을 주로 서술하는데, 영어를 못 하는 도미니카계 이주자에게 일할 기회는 딱히 주어지지 않았다. 초기에 아버지는 뉴욕에서 사무실을 청소하고 식당에서 접시를 닦으며 살아갔던 것으로 묘사된다. 특히 뉴욕에 도착한 뒤 아버지의 힘든 일상은 "그는 잠을 잘 시간이 없었다. 신문 1면을 장식하고 있는 콘서트나 미술관에 갈 시간은 더더욱 없었다"라는 화자의 말에서 잘 나타난다.[19]

미국에 도착해 온갖 노력을 했음에도 「네고시오스」에서 정착의 문제는 아버지만의 힘으로 이루지 못할 과제임이 드러난다. 사실 「네고시오스」에서 아버지가 궁극적으로 정착하는 방법은 같은 고향 출신인 닐다Nilda라는 여성과의 결혼을 통해서이다. 미국 시민권을 가진 여성과 결혼함으로써 아버지는 스스로 해결하지 못하는 '불법 체류자' 신분을 벗어날 수 있게 된다. 또한 레스토랑을

---

18 같은 책, p. 167.
19 같은 책, p. 179.

운영하고 있는 닐다와 결혼하면서 아버지는 미국 국적을 얻고 경제적 안정을 이룬 것으로 묘사된다. 도미니카공화국에 남겨진 가족을 미국으로 데려오겠다는 약속을 지키려면 미국에서 성공적으로 정착하는 것이 중요했을 것이다. 하지만 「네고시오스」에서 아버지 라몬의 삶은 스스로의 힘으로 아메리칸드림을 실현할 수 없는 것으로 그려진다. 이렇듯 「네고시오스」는 기존 이민 서사에 가장 가까운 형태를 띠고 있지만 스스로의 힘으로는 정착하지 못하는 아버지 라몬의 모습을 통해 아메리칸드림을 통한 정착이 도미니카계 이주자들에게 소원한 일임을 보여 준다. 나아가 아버지 라몬이 닐다와의 결혼을 통해 이루는 정착은 고국에 남겨진 가족에게도 영향을 미친다. 미국에 도착한 이후, 사실 그는 고향에 남겨진 가족에 대해 생각하지 않으려고 노력하는 모습들을 계속해서 보이는데, 우리는 화자의 말에서 이것이 그가 미국에서의 현재 삶에 집중하려는 선택이었음을 짐작하게 된다. "그는 집에 대한 생각을 멀리했다. 그의 두 아들에 대한 그리고 아내에 대한 생각을 멀리했다. 그는 오직 오늘과 내일만을 생각하겠다고 다짐했다."[20] 뉴욕에 도착하면서 가족에게 편지와 함께 돈을 부치기 시작하지만, 그가 연락하는 횟수는 간헐적이다. 산토도밍고에 있는 유니오르의 어머니가 보낸 편지가 계속 도착하지만, 이야기에서 그가 답장하는 모습은 자주 등장하지 않는다.

궁극적으로 아버지 라몬은 산토도밍고에 있는 가족을 미국으

---

[20] 같은 책, p. 173.

로 데려오겠다는 약속을 지킨다. 그러나 라몬이 미국에서 닐다와의 생활을 정리하고 산토도밍고에 있는 가족의 곁으로 돌아온 것은 성공적인 정착을 이룬 순간이 아니라 미국에서의 삶이 위기를 맞이한 순간이다. 유니오르는 아버지가 가족의 곁으로 다시 돌아온 것은 자신의 건강과 닐다와의 관계가 모두 악화되었을 때라고 언급하고 있다. 이야기 속 아버지의 성공적인 정착의 부재는 디아스가 이야기를 끝맺는 방식에서도 잘 드러나는데, 「네고시오스」는 「아관탄도」와 비슷하게 아버지가 산토도밍고에 있는 가족과 재회하는 이야기를 담고 있지 않다. 「네고시오스」에서 유니오르는 아버지가 가족을 미국으로 데려간 이야기 또한 들려주지 않는다. 대신 그는 자신이 미국으로 이주하고 시간이 많이 흐른 뒤 아버지가 이전에 함께 살았던 닐다를 찾아간 이야기를 들려주는 것으로 이야기를 끝맺는다. 유니오르는 자신이 왜 닐다를 찾아갔는지를 밝히지 않는다. 유니오르는 그저 그가 닐다를 찾아간 시점이 아버지가 자신 그리고 가족의 곁을 "완전히 떠난 뒤"였다고만 밝힌다. 이런 그의 말에서 우리는 아버지 라몬이 도미니카공화국에 남겨진 가족의 곁으로 돌아온 뒤 다시 그들의 곁을 떠났다는 사실을 짐작하게 된다.[21] 유니오르가 방문했을 때 닐다가 그에게 들려주는 이야기는 아버지 라몬이 그녀의 곁을 떠났던 날에 대한 기억이다. 닐다가 들려주는 이야기에서 우리는 유니오르의 아버지가 아무런 예고도 없이 그녀의 곁을 떠났다는 사실을 알게 된다. 우리

---

21 같은 책, p. 206.

는 또한 그녀가 오랫동안 깊은 상처를 안고 살았다는 사실을 짐작하게 된다. "나는 이 아픔이 영영 멈추지 않으리라고 생각했다. 너의 어머니가 무엇을 겪었을지 나는 알 수 있었다. 그녀에게 이 말을 전해 주렴."[22] 닐다의 말을 들은 유니오르는 고향에 있는 가족들을 데려오기 위해 닐다와 같이 살던 집을 나서는 아버지의 모습을 상상하는데, 이는 「네고시오스」의 마지막 장면이다.

4

　「아관탄도」와 「네고시오스」를 유니오르라는 동일 인물의 삶을 들려주는 연결된 이야기로 보았을 때, 단편소설집 『드라운』은 유니오르의 가족이 미국으로 이주하게 된 이야기를 하나의 플롯과 서사적 관점이 아닌, 서로 느슨하게 이어진 상이한 이야기로 구성된 연결망 형태로 들려주고 있다. 느슨하게 연결된 복수의 이야기 파편을 통해 유니오르의 가족 이야기를 들려주는 『드라운』은 유니오르 가족이 산토도밍고에서 미국으로 이주하는 이야기를 이주자 중심 시각에서 벗어나 가족을 이루는 다양한 구성원의 관점에서 서술한다. 공간적으로는 산토도밍고를 포함한 다양한 공간을 배경으로 가족의 이주 경험을 들려주고 있다. 이주 이야기를 다양한 공간과 인물들의 시각을 통해 그린다는 점에서 단편소설집 『드라

---

22 같은 책, p. 207.

운』의 이야기 연결망 형식은 기존 이민 서사가 보여 온 정착 중심 서사의 한계를 넘어 보다 다양한 경험을 포괄하는 이야기 확장성을 가진다. 가령, 「아관탄도」에서 유니오르가 들려주는 가족 이야기는 아버지의 부재가 고향에 남겨진 가족에게 미친 영향을 자세하게 보여 준다. 미국에서의 정착 과정 중심으로 이주를 살펴보았을 때 간과되기 쉬운 이주자의 가족 이야기를 디아스는『드라운』에서 아버지의 정착 이야기와 함께 들려주고 있다.

『드라운』의 이야기 연결망 형식의 서사적 확장성은 유니오르의 가족 이야기를 다양한 가족 구성원의 시각을 통해 서술한다는 사실에서 출발해 한층 더 나아가는 측면이 있다. 특히 이는 작가 디아스가 단편소설집에서 반복해 등장하는 화자 유니오르가 하나의 동일 인물이 아니라 동명이인으로 해석될 가능성을 열어 둠으로써 더욱 확대된다. 흥미롭게도 작품 내내 독자는 단편소설집 속 유니오르가 동일 인물이라고 확신하지 못한다. 이런 시각에서 「아관탄도」와 「네고시오스」를 살폈을 때, 이제 두 단편소설은 산토도밍고와 미국을 배경으로 하는 한 가족의 이야기가 아니라 유사한 경험을 가진 서로 다른 두 가족의 이주 이야기로 읽힌다. 즉, 유니오르를 동명이인으로 간주했을 때,『드라운』을 구성하는 작품들은 서로의 이주 경험이 많이 닮아 있는 다수의 도미니카 출신 가족의 이야기 모음이다. 역사적으로 도미니카공화국에서 미국으로의 이주가 본격화된 시기는 1960년대 초반이며, 이주는 1990년대까지 활발하게 이루어졌다. 이 시기에 이주해 온 대부분의 도미니카인은 유니오르의 가족처럼 뉴욕 및 뉴저지 지역에 정착했다.[23] 디아스가 단편소설집『드라운』을 발표한 시기가 1996년임을 고려할 때, 『드라운』이 취한 이야기 연결망 형태는 실험적일 뿐만 아니라, 20세기 후반 도미니칸 디아스포라의 집단적 기억을 담은 서사로서 문학사적 의의가 있다.

『드라운』 속 이주에 대한 집단적 기억은 도미니칸 디아스포라의 기억을 넘어 라틴아메리카계 이주자들의 기억을 아우른다. 이런 집단적 기억의 확장은 흥미롭게도 『드라운』에 실린 작품 가운데 가장 전형적인 이민 서사 형태를 띠는 「네고시오스」에서 두드러진다. 라틴아메리카계 이주자의 이야기는 「네고시오스」 속 아버지 라몬이 미국에 처음 도착해 일하게 된 곳과 알고 지내게 된 다른 이주자들에 대한 묘사에서 발견된다. 「네고시오스」에서 아버지 라몬이 처음 도착한 도시는 마이애미이다. 마이애미에서 생활하면서 그가 주로 만나고 교류한 사람들은 그와 이주 경험이 비슷한 카리브해 및 중앙아메리카 지역 출신 이주자들이다. 그들은 모두 스페인어를 모국어로 사용하는 라티노이다. 출신 지역과 함께 그들을 이어 주는 중요한 공통점은 가족을 고향에 남겨둔 채 홀로 이주한 남성이라는 점이다. 미국 생활 초반에 아버지 라몬은 과테말라 출신 남성 세 명과 생활하는데 화자는 그들을 다음과 같이 소개하고 있다. "아빠와 같이 살았던 사람 중 두 명은 형제로 스테판 그리고 토마스 헤르난데즈였다. 스테판은 토마스보다 스무 살 위였다. 둘 다 고향에 가족이 있었다."[24] 미국에 막 도착한 화자

23 Krohn-Hansen, Christian, *Making New York Dominican: Small Business, Politics, and Everyday*, Philadelphia: U of Penn P, 2012, p. 3.

의 아버지와 달리 헤르난데즈 형제는 미국에 산 지 오래된 것으로 소개되고 있다. 비록 출신 국가는 다르지만, 아버지 라몬의 삶은 홀로 미국에서 생활하면서 언젠가 고향에 있는 가족을 데려오겠다는 꿈을 안은 채 살아가는 두 형제의 이주자로서의 삶과 많이 닮았다.

라틴아메리카계 이주자들과의 교류는 미국 생활 내내 이어지는데, 마이애미를 떠나 뉴욕으로 이주한 뒤에도 아버지 라몬이 알고 지내는 대부분의 사람은 헤르난데즈 형제와 같은 라틴아메리카 출신 이주자들이다. 뉴욕에서 살아가는 다양한 라티노 이주자들의 존재는 화자가 뉴욕을 소개하는 대목에서도 잘 드러난다. 그는 자신의 아버지가 미국에서 궁극적으로 자리를 잡고 싶어 한 곳이 뉴욕이었다는 사실을 다음과 같이 표현한다. "일자리의 도시인 뉴욕은 처음에는 쿠바인과 그들의 시가 산업을, 뒤이어 푸에르토리코인을 초청했다. 이제는 그의 차례였다."[25] 뉴욕으로의 이주 역사를 라틴아메리카에 위치한 여러 나라 출신의 이민자들이 도착한 순서로 묘사함으로써 화자는 아버지의 도착을 뉴욕의 이민 역사 안에 위치시킨다. 그리고 이를 통해 다양한 라틴아메리카계 이주자들이 뉴욕에서 함께 살아가고 있음을 보여 준다.

아버지 라몬이 교류한 사람 중에서도 가장 믿고 의지한 친구는 푸에르토리코 출신 이민자인 조조Jo-Jo이다. 조조는 자수성가한 인

----

24 같은 책, p. 170.
25 같은 책, p. 167.

물로 뉴욕에 여러 개의 가게를 소유한 것으로 그려지고 있다. 아버지 라몬과 같이 조조 또한 홀로 미국에 도착했는데, 정착한 뒤 고향에 남겨진 자신의 가족을 비롯해 여러 친척을 미국으로 초대한 것으로 묘사된다. 아버지 라몬을 아끼는 조조는 그에게 애정이 어린 조언을 하는데, 미국에서 닐다와 새로운 가정을 이루고 사는 아버지 라몬에게 계속해서 본인의 가게를 열어 경제적인 독립을 이루고 산토도밍고에 남겨진 가족을 잊지 않고 미국으로 데려올 것을 당부한다. 이렇듯 미국에서 생활하며 알고 지내는 대부분의 사람이 카리브해 및 중앙아메리카 지역 출신 라티노임을 고려할 때, 「네고시오스」에서 아버지 라몬의 정착 이야기는 저마다 배경이 다양한 라틴아메리카계 이주자들의 이야기를 포함하고 있다. 디아스가 단편소설집 『드라운』에서 그리는 이주에 대한 기억은 도미니칸 디아스포라의 기억에서 시작해 다양한 지역에서 미국으로 이주해 온 라틴아메리카계 디아스포라의 기억으로 확장되는 양상을 보인다.

이런 집단적 기억의 확장은 유니오르가 화자로 등장하지 않는 단편소설에서 두드러진다. 단편소설집과 제목이 같은 「드라운」은 뉴저지에 거주하는 10대 소년이 자신의 일상을 들려주는 방식으로 전개된다. 이야기 초반에 화자는 홀어머니와 함께 뉴저지에 위치한 소도시에서 보내는 일상을, 자신이 속한 동네를 묘사함으로써 보여 준다. 「드라운」의 내레이션을 이끄는 화자는 이야기가 끝날 때까지 자신의 이름을 밝히지 않아 독자는 그가 정확하게 누구인지를 알지 못한다. 화자는 이야기 중반에서 자신의 아버지가 가족을 떠나 플로리다에서 지내고 있다고 언급하지만, 자신의 부모가 헤어진 이유는 설명하지 않는다. 그가 살고 있는 도시 이름에 대해서도 화자는 침묵한다. 이렇듯 여러 가지 면에서 「드라운」 속 화자와 그가 사는 곳의 정체는 모호하다. 하지만 독자가 화자에 대해 알 수 있는 분명한 사실 한 가지는, 그가 스페인어가 일상 속에서 통용되는 라티노 커뮤니티에서 산다는 점이다. 화자의 삶에서 스페인어의 중요성은 그의 내레이션에서 잘 드러나는데, 화자는 자신이 어머니와 함께 스페인어 방송을 시청했다는 사실을 이야기 내내 여러 차례 언급한다. 가령, 이야기 초반에 그는 자신이 수영을 마친 뒤 어머니와 함께 텔레비전을 시청하는 장면을 다음과 같이 묘사한다. "나는 소파 위에 수건을 깔고 우리는 함께 텔레비전을 본다. 우리는 스페인어로 진행되는 뉴스를 함께 보았다. 뉴스 속에는, 어머니에게는 드라마가 있었고 나에게는 폭력이 있었다."[26] 화자는 이야기 끝까지 자신의 이름 그리고 어느 나라 또는 지역 출신 이주자인지를 밝히지 않아 독자는 그의 정체성을 정확하게 알지 못한다. 「드라운」에서 그는 그저 스페인어가 모국어인 라틴아메리카계 이주자들이 모여 사는 커뮤니티의 일원으로만 소개될 뿐이다.

화자의 모호한 정체성이 가지는 확장성은 「드라운」 다음에 실린 「보이프렌드」에서도 이어진다. 앞서 살펴본 「드라운」에서처럼 「보이프렌드」에 등장하는 화자는 자신의 이름을 밝히지 않는다. 「보이프렌드」에서 이름 없는 화자는 관찰자 시점에서 자신과 같

---

26 같은 책, pp. 94~95.

은 아파트에 거주하는 한 젊은 여성과 그녀의 남자 친구에 관한 이야기를 독백 형식으로 들려준다. 관찰 대상은 화자가 걸프렌드라고 칭하는 이웃집 라티노 여성이다. 이야기 내내 화자는 위층에 사는 걸프렌드의 일상생활에 대한 이야기를 들려주면서도 그녀의 정체에 대한 정보는 독자에게 거의 제공하지 않는다. 그러나 제한된 정보 안에서 화자가 유독 강조하고 있는 걸프렌드의 신상과 관련한 내용은 그녀의 고향이 자신과 같다는 사실과 함께 스페인어를 할 수 있다는 점이다. 특히 그녀가 남자 친구와 스페인어를 공유한다는 점이 화자에게 큰 매력으로 다가오는데, 이는 그의 고백에서 잘 드러난다. "가장 마음에 들지 않는 점은 그들이 스페인어를 함께 나눈다는 사실이다. 내 여자 친구들 중 누구도 스페인어를 할 줄 몰랐다. 푸에르토리코계였던 로레타도 마찬가지였다."[27] 걸프렌드가 자신이 사귀어 온 여성들과 달리 스페인어를 할 줄 안다는 사실에 매료되는 화자의 모습에서 독자는 그가 자신의 고향이 어디인지를 밝히고 있지는 않지만, 스페인어가 모국어인 라티노 이주자임을 짐작하게 된다. 이 대목은 또한 현재 미국에 거주하지만 친밀한 관계의 사람과는 스페인어를 나누고 싶은 화자의 숨겨진 심리를 엿볼 수 있는 순간이다.

「드라운」과 「보이프렌드」에 등장하는 이름 없는 화자들은 스페인어가 익숙하다는 공통점을 가진 라틴아메리카계 이주민으로 묘사되고 있다. 그리고 이들은 자신이 라틴아메리카계 이주자임을 간

---

27 같은 책, p. 113.

접적인 방식으로 드러내는 경향이 있다. 이는 『드라운』 속 유니오르가 화자로 등장하는 단편소설들이 도미니카공화국 출신 이주자들의 경험을 강조해 왔다면, 「드라운」과 「보이프렌드」는 미국에서 살아가는 젊은 라틴아메리카계 이주자의 기억으로 확장된다.

5

기존 비평이 주장했듯이 『드라운』을 이루는 단편소설들은 유니오르라는 이름을 가진 화자가 들려주는 자신의 가족 이야기로 읽힐 여지가 크다. 그러나 이 글에서 살펴보았듯이, 이야기 간 연결이 견고하지 않고, 서사 구조가 느슨한 단편소설집 『드라운』의 연결망 형식은 하나의 도미니카계 가족의 이주와 관련한 기억을 들려주는 동시에 이주 경험이 비슷한 다수의 도미니카계 가족의 이야기 모음으로도 읽힌다. 나아가 『드라운』은 도미니카계 이주자의 경험뿐만 아니라 다양한 지역 출신의 라틴아메리카계 이주자들의 집단적 기억을 아우르는 서사로 읽힐 만큼 다양한 해석이 가능한 열린 형태의 서사이다. 기존 미국 문학 이민 서사가 정착 중심 패러다임을 보여 왔다면, 디아스가 단편소설집 『드라운』에서 들려주는 독특한 방식의 이주 이야기는 기존 이민 서사의 한계에서 벗어나 20세기 후반의 맥락에서 미국으로 이주해 온 다양한 라틴아메리카계 이주자들의 집단적 기억을 포괄하는 서사로서의 가능성을 가진다.

참고문헌

Diaz, Junot, *Drown*, New York: Riverhead Books, 1996.

Irizzary, Ylce, "This is How You Lose It: Navigating Dominicanidad in Junot Diaz's Drown", *Junot Diaz and the Decolonial Imagination*, Hanna, Monica ed., Durham: Duke UP, 2017, pp. 147~172.

Krohn-Hansen, Christian, *Making New York Dominican: Small Business, Politics, and Everyday*, Philadelphia: U of Penn P, 2012.

Marin, Luis F. Paganelli, "Creating a 'Novel' Dominican Male Subjectivity: Genre and Narrative in Junot Díaz's Drown", *CEA Critic*, vol. 78, no. 3, 2016, pp. 334~339.

Mendez, Danny, *Narratives of Migration and Displacement in Dominican Literature*, New York: Routledge, 2012.

Mukherjee, Bharati, "Immigrant Writing: Changing the Contours of a National Literature", *American Literary History*, vol. 23, no. 3, 2011, pp. 680~696.

Ostman, Heather, *The Fiction of Junot Díaz: Reframing the Lens*, Lanham: Rowman & Littlefield, 2017.

Riofrio, John, "Situating Latin American Masculinity: Immigration, Empathy and Emasculation in Junot Díaz's Drown", *Atenea*, vol. 28, no. 1, 2008, pp. 23~36.

Viet Thanh Nguyen, Interview by Jianan Qian, "Unsettling the American Dream: *The Millions* Interviews Viet Thanh Nguyen", *The Millions*, 17 Oct. 2019, https://themillions.com/2019/10/unsettling-the-american-dream-story-the-millions-interviews-viet-thanh-nguyen.html.

찾아보기